Historia de Israel

Gerardo Stuczynski

Historia de Israel
Las fuerzas ocultas en la epopeya judía

Segunda edición

ALMUZARA

© Gerardo Stuczynski 2017
© Editorial Almuzara, s.l., 2017

Primera edición: octubre de 2017
Segunda edición: septiembre de 2020

Reservados todos los derechos. «No está permitida la reproducción total o parcial de este libro, ni su tratamiento informático, ni la transmisión de ninguna forma o por cualquier medio, ya sea mecánico, electrónico, por fotocopia, por registro u otros métodos, sin el permiso previo y por escrito de los titulares del *copyright*.»

EDITORIAL ALMUZARA • COLECCIÓN HISTORIA
Director editorial: Antonio E. Cuesta López
Edición de Antonio de Egipto
www.editorialalmuzara.com
pedidos@editorialalmuzara.com — info@editorialalmuzara.com

Imprime: Gráficas La Paz

ISBN: 978-84-17044-82-4

Depósito Legal: CO-1900-2017

Hecho e impreso en España — *Made and printed in Spain*

A Nadin, mi amada esposa. Siendo adolescentes decidimos transitar la vida juntos y tomados de la mano compartimos los momentos de mayor felicidad y los más profundamente dolorosos. Mi soporte y fuente de inspiración ante todo desafío y circunstancia, me ayudó a convertirme en quien soy. Espero estar a su lado hasta dar la vuelta a la última página de mi vida.

ÍNDICE

Israel, la historia interminable. Por Marcelo Birmajer 11

Historia y memoria, razón y sentimiento. Por Julio María Sanguinetti ... 15

Introducción 19

Los espíritus 21
Raíces 38
Altalena 46
Rebeliones 55
Profesiones 67
Una noche diferente 81
La paz de Oslo 95
Extranjeros 107
Relatos 123
El baúl 135
El año próximo en Jerusalén 149
Desconexión 161
Ashkelon 176
Campamento 188
Encuentro 202
La esperanza 220

Israel, la historia interminable

Marcelo Birmajer

En 2018 el Estado de Israel cumplirá setenta años. Pero su historia es varias veces milenaria. Este libro, estructurado como un *Séder* de *Pésaj* con sus lectores, atiende a estas dos dimensiones: la de un pueblo que busca ininterrumpidamente la libertad y la verdad desde que el patriarca Abraham abandonó la casa de su padre, cuando los viajes se hacían a pie; y la de ese mismo pueblo en la modernidad, en un Estado que le legó a su tiempo la posibilidad de trasladar toda la información de un país, de una punta a otra del mundo, en un *pendrive*. Los judíos, que grabaron en piedra los Diez Mandamientos —que aseveran la igualdad en sus posibilidades y límites de todos los hombres—, mantienen la trascendencia de sus principios en el ciberespacio: su capacidad tecnológica es una de las postas de su recorrido ético.

El *start up nation* israelí que asombra a Bill Gates no es una elusión de la primigenia reunión en el Monte Sinaí, ni una nueva versión del becerro de oro: solo reunida en su tierra ancestral pudo esta tribu, 2.000 años exiliada, reencauzar su destino para dar lo mejor de sí. Los resultados son probablemente los más exitosos de los últimos dos siglos. Una de las grandes virtudes de este relato de Gerardo Stuczynski es situar a su personaje entre dos de las revoluciones más comentadas del siglo XX: la revolución cubana de 1959 y la gesta sionista de 1948.

La isla de Cuba y el pequeño Estado de Israel quizá sean dos de los territorios sobre los que más se hayan escrito, en desproporción manifiesta con su tamaño y su juventud como construcciones políticas. La Cuba revolucionaria, luego comunista, nació bajo la égida insurgente de Fidel Castro, gozó de una breve simpatía de Estados Unidos y el mundo libre en general, y pronto derivó hacia un comunismo unipersonal. Castro y el castrismo marcaron cualquier desliz de la vida cubana desde el triunfo «rebelde», del 1 de enero de 1959, hasta la muerte del dictador el 25 de noviembre de 2016. Lo continuó su hermano menor, Raúl, a quien Fidel había cedido el mando años atrás. El patetismo de esa sucesión nepótica no lo padeció ningún otro país latinoamericano desde la recuperación democrática continental de los años 80.

Israel fue un esfuerzo colectivo, literalmente popular, desde los primeros albores sionistas modernos de fines del 1800. David Ben Gurión, una de las mentes más preclaras del pueblo judío en el siglo XX, tuvo la voz decisiva en la fundación del Estado, pero el modo de construcción de poder fue democrático: existieron disidencias, rupturas, reconciliaciones. Decisiones partidarias que desafiaban la voluntad del líder. Una vez creado el Estado, no se penalizó la disidencia, ni existía el temor a pensar distinto. En las vísperas y postrimerías de la Declaración de Independencia, existieron enfrentamientos violentos entre los grupos de autodefensa judíos: Ben Gurión ordenó reprimir al *Irgún* de Menajem Beguin.

Pero con el Ejército (*Tzahal*) unificado como única fuente de poder armado, todas las batallas políticas fueron incruentas y permitidas. La resolución violenta de desacuerdos políticos fue absolutamente excepcional, con un nivel de incidencia semejante o menor al de cualquier otro régimen democrático y pluripartidista del llamado Primer Mundo.

En Cuba, que pasó a convertirse en El Dorado de los universitarios y jóvenes de todos los continentes, con su icónico Che Guevara como estandarte, desapareció por completo la libertad de expresión, de circulación y de elección. En Israel, en cambio, el homenaje a la capacidad visionaria de Ben Gurión no mutó en adoración; la libertad de prensa se expandió en múltiples posiciones e idiomas, la de circulación se incrementó al ritmo de su economía, y la de elección es una de las más vibrantes del mundo.

Los jóvenes revolucionarios judíos latinoamericanos, que fracasaban en sus chisporroteos nihilistas, obcecados en hacerse matar por causas desconocidas, matando por un marxismo de pacotilla, no obstante, con la muerte pisándoles los talones, fueron en muchos casos rescatados y recuperados por el pequeño Estado de Israel. Allí lograron encontrarse con sus propias vidas, mirar con extrañeza esa supuesta épica de salvar a «los oprimidos» a los que nunca les habían pedido siquiera su opinión, y que en muchos casos sencillamente los odiaban por ser judíos.

El destino de Anael Cobas, la profesora de historia, narradora y protagonista del libro que nos ocupa, tiene puntos en común con esa generación descarriada, y muchas más diferencias. El azar la hizo nacer en la isla de Cuba, de madre judía y padre criollo mulato, con algo de chino. Pero miles de años de linaje y epopeya definen a Anael, y en esta definición su propia voluntad es soberana, como una judía cabal, de corazón y sangre. Asistimos no a una conversión —Anael es halájicamente judía por nacer de madre judía—, sino al encuentro de una mujer con su más raigal judaísmo, expresado en un sionismo vivo, práctico y dinámico.

El viaje de Anael de Cuba a Israel no es solo espacial, sino identitario. Es el viaje de toda una generación: de las cenizas de un marxismo violento, pendenciero e inútil; a una realización plena, ética, científica y social, en el moderno Estado de Israel: la revolución que le aportó a los siglos XX y XXI la convicción de que la partera de la Historia no es la violencia, sino la creatividad.

Muchos de los eventos que se describen en estas páginas resultarían inverosímiles en un libro de ciencia ficción. La capacidad del pueblo de Israel para sobreponerse a su peor catástrofe, la *Shoá*, y a la vuelta de la esquina consagrar su más poderoso sueño: el Estado judío. La necedad de miles de intelectuales, políticos y actores sociales cuya hostilidad contra la única democracia del Medio Oriente parece seguir el reguero de los terroristas: más atacar cuando más se les concede.

El incombustible talento con que los judíos israelíes conservaron su capacidad de convivencia, realimentándose entre polos opuestos inéditos en cualquier otro contingente institucional: negros judíos *falashas* y rusos de escritura cirílica; ultraortodoxos y marchas judías del orgullo gay, profetas bíblicos y locutores de champú: todos judíos, todos israelíes, e incluso muchas veces amigos. Casi todos, compañeros de armas por años.

Gerardo Stuczynski ha logrado plasmar este mosaico multicolor, como uno de esos pósteres precisamente israelíes, que los adolescentes comprábamos en nuestras visitas colectivas a Israel en los años 80: en apenas un metro de papel ponían en escena toda la vida de un trozo de ciudad. Israel crece y cambia día a día. No es menos milagroso que mantenga su esencia; no a despecho, sino gracias a su dinamismo.

Libros como el de Stuczynski son valiosos para dar cuenta de esta feliz odisea. Los rigores del comienzo, la irredenta brutalidad homicida de los terroristas fundamentalistas islámicos —la OLP, Hamás, Hezbollah, Jihad Islámica—, el bullicioso avispero político israelí, y la integración de los refugiados de todo el orbe a una nueva patria judía, caben sin amucharse ni excluirse en esta magnética saga. Si el autor quería cantarle el feliz cumpleaños en sus primeros setenta al primer Estado judío en dos milenios, ha logrado su cometido: nos sentimos parte de ese festejo. Es un libro necesario. Su voluntad de decir la verdad es otra de las tantas fuerzas ocultas que mantienen vivo al Estado de Israel.

Historia y memoria, razón y sentimiento

Julio María Sanguinetti

A esta altura es difícil agregar algo nuevo sobre Israel, los valores que representa, su indiscutible éxito como nación judía y democracia plural. Basta, sin embargo, pasar de la abstracción ideológica o el debate político y acercarse a la vida real de los individuos para encontrarse con la más rica, variada, dramática y esperanzada peripecia humana. A través de cada intransferible individualidad pueden asomar los valores universales de la cultura judía —fundamento de lo que es hoy Occidente— tanto como los debates cotidianos de la batalla diaria del pueblo israelí para sobrevivir en medio de una región hostil y una comunidad internacional entre indiferente y errática.

En esa dimensión, esta obra de Gerardo Stuczynski se instala en los relatos existenciales de individuos y familias. Con el telón de fondo de los acontecimientos políticos y militares, fluye una humanidad de carne y hueso. No transita por abstracciones. Nos convoca a un imaginario *Séder*, la comida clásica de *Pésaj*, la Pascua, en que, al tiempo de cultivar las tradiciones, cada cual reflexiona sobre la vida, relata sus peripecias, confiesa sueños, revela los sentimientos de ajenidad de sus familiares lejanos. Así desfilan personajes que, todos reales, nos ofrecen un testimonio emocionante sobre ese largo periplo aún en curso.

Los relatos de los más viejos llegan hasta la Segunda Guerra Mundial, los horrorosos recuerdos del Holocausto, la dominación británica, la frustrada esperanza de que el triunfo laborista de aquel momento le ofreciera a los colonos judíos la perspectiva cierta de un Estado. Aquí, en nuestro Uruguay, estaba naciendo un movimiento favorable a la creación del Estado de Israel, y es en ese 1946 que se hace el primer acto público en que el orador principal es el presidente de la Cámara de Diputados Luis Batlle Berres, que luego será el presidente de la República que reconozca al nuevo Estado; primero en Sudamérica en ese gesto. En ese momento, el atentado contra el Hotel King David pone en duda a alguna gente, porque Gran Bretaña había sido la heroína de la resistencia al nazismo y los sentimientos se hacían encontrados ante el método terrorista. Pese a esos cuestionamientos, los gobiernos de la época siguieron adelante y construyeron una feliz tradición de amistad con Israel, sostenida pese a la influencia de corrientes políticas que en los últimos años se han manifestado favorables a los extremistas movimientos palestinos.

Cuesta entender esos conflictos de sentimientos. Recuerdo haberle preguntado al presidente Herzog, general, abogado, historiador militar, especialista en servicios de inteligencia, cuál había sido su peor momento en las tantas guerras en que participó. Me contestó que cuando había tenido que dispararle al ejército británico, del que fue parte en la Segunda Guerra Mundial, como tantos otros grandes militares judíos de aquel tiempo.

En los relatos recogidos aparece Cuba, donde vivían varios de la familia, con toda la consternación de la esperanza revolucionaria, y más tarde el desencanto por su aproximación a una causa palestina tan tergiversada por grupos radicales que aún hoy siguen sin querer la paz.

Cuando se mira en la perspectiva del tiempo, mueve a la rebeldía todo lo que ha ocurrido, desde el inicio mismo del Estado, porque si los estados árabes hubieran aceptado el Estado que se creaba junto al judío, se habría evitado un mar de sangre y de dolor. Aún en tiempos más cercanos, es inexplicable la frustración de proyectos esperanzados, como el que Barak le ofrece a Arafat generosamente y termina en una Intifada. O el asesinato de Sadat y de Rabin, hombres de la paz, que enterraron odios y sus propias glorias militares para buscar caminos de entendimiento, generando inexplicables resentimientos que armaron el brazo de compatriotas que los ultimaron. Es muy curioso: Rabin era un hombre apacible, sereno, no es lo que uno pudiera imaginarse de un militar de tanta aventura. Le conocí poco después de la Guerra de los Seis Días, en que como jefe de Estado Mayor había conducido la mayor victoria militar. Estos recuerdos acuden a mi memoria mientras voy siguiendo los pasos de esa comida imaginaria en que la familia judía se recoge en la intimidad. La historia joven de Israel nos dio a los periodistas de la época la posibilidad de conocer a los Artigas, Bolívar y San Martín del pueblo judío: los ya mencionados, el inolvidable Ben Gurión, Isaac Navón, Menahem Beguin, Shimon Peres, figura clave en la construcción del poderío militar de Israel cuya memoria se asocia, sin embargo, y con justicia, a la idea de la paz.

Estamos a cincuenta años de la Guerra de los Seis Días. El año que viene se cumplirán setenta de la creación del Estado de Israel. Sin embargo, las amenazas siguen vigentes, los prejuicios antijudíos activos. El panorama, no obstante, ha cambiado. Ya Israel no es el pequeño David que lucha por su vida frente a la multitud de sus enemigos del vecindario. Ha demostrado que es fuerte y tiene capacidad de supervivencia. Ha construido un país próspero, una democracia sólida y una sociedad libre. Paradójicamente, esa capacidad demostrada le ha debilitado simpatías. También se ha alterado el escenario del cuestionamiento: los extremistas islámicos ya no solo se proponen la destrucción de Israel sino la del Occidente todo, hoy sometido a la amenaza constante de un terrorismo cruel, que nace de las propias entrañas de las sociedades democráticas. Hijos y nietos de inmigrantes, que han recibido los beneficios de una educación británica o francesa, reavivan esos recónditos odios, que mantienen vivos ciertas corrientes religiosas del mundo musulmán. Le ha costado mucho a Occidente asumir la realidad de esa guerra, refugiado en la comodidad de pensar que el conflicto palestino-israelí era simplemente una controversia local; no pensar que un Israel derrotado sería el preludio de una batalla final contra la Europa occidental, la que Charles Martell salvó en Francia en el 570 o Don Juan de Austria y Andrea Doria en Lepanto en 1571.

Estas evocaciones históricas son fundamentales para entender la hondura del conflicto y asumir que Occidente es una construcción que se nutre del principio de igualdad ante la ley del judaísmo, la libertad racionalista de Atenas, la piedad cristiana y el derecho romano como código de convivencia. Contra esa larga configuración cultural combaten hoy los extremistas islámicos. Y en esa deriva siniestra se llega a la negación del sionismo, o sea, a la posibilidad de que exista un Estado judío, descalificándolo como racismo. El antisemitismo o antijudaísmo pretende desconocer el valor de las personas; el antisionismo es algo más complejo, niega la posibilidad de que un pueblo entero pueda autogobernarse y trabajar para su propia subsistencia.

Valgan estas reflexiones como introducción a un libro emotivo y cierto, que recoge historias y también memorias individuales, una obra que piensa y hace pensar. Ojalá sea leída por quienes aún no entienden lo que es esa sobrevivencia del pueblo judío, que un líder católico como Juan Pablo II ha considerado un «acontecimiento sobrenatural».

Introducción

La epopeya del pueblo judío es asombrosa, con aristas que rondan lo sobrenatural, y merece ser contada. Debido al conflicto árabe-israelí, palestino-israelí, y a los efectos del poderoso y a veces subrepticio antisemitismo, existen prejuicios, errores históricos y falsos axiomas sobre los que pretendo echar luz.

La impresionante historia del pueblo de Israel está conformada por tragedias y peripecias que este ha debido sortear para sobrevivir a lo largo de los siglos. Solo en los últimos cien años, los judíos padecieron la catástrofe del Holocausto y produjeron el extraordinario surgimiento y desarrollo del Estado de Israel.

Alrededor de la mesa de cada familia judía hay protagonistas de verdaderas odiseas. Personas que tuvieron que afrontar con valor e ingenio situaciones extremas. La manera que encontraron de sobrellevarlas nos ilustran acerca de los complejos eventos que en cada época les tocó vivir.

A través de las historias personales de los miembros de una familia radicada en Israel, que celebra la Pascua judía, relato todos los acontecimientos que tuvieron lugar en el último siglo. Pongo especial énfasis y tomo una postura definida sobre los temas más controversiales desde la óptica de sus propios actores. Gente común, cuya percepción y punto de vista es ignorado, y muchas veces distorsionado por la opinión pública mundial: observadores lejanos que, influidos por las creencias más extendidas y la propaganda, parten de premisas falsas y arriban a conclusiones equivocadas.

Todos los personajes de este libro son reales y sus historias verídicas; aunque sus nombres y vínculos entre sí han sido modificados. Todos los hechos históricos mencionados, y las acciones y dichos de sus protagonistas, son estrictamente ciertos y ocurrieron tal como se narran.

En décadas de activismo sionista he escuchado directamente esas historias y consideré valioso plasmarlas en un libro. Sin embargo, no hay ninguna fuente de información confidencial. Todos y cada uno de los acontecimientos históricos a los que hago referencia están abundantemente documentados en publicaciones, periódicos y filmaciones, y son de fácil acceso.

Espero que esta historia sirva para esclarecer temas espinosos y para derribar algunos mitos y falsos conceptos. Que ilustre al lector acerca de la visión que tiene una mayoría creciente de los judíos e israelíes, que se sienten —como tantas veces en la historia— solos, incomprendidos y discriminados.

Si este texto logra, al menos, generar en el lector una duda razonable que sirva como estímulo para que se informe o, mejor aún, indague, estaré más que satisfecho. Y si no es así, admito que el mero hecho de intentarlo ha tenido de por sí un efecto catártico.

Gerardo Stuczynski

Los espíritus

Me considero, y además pretendo ser, una persona racional. En mi Cuba natal no tuve educación religiosa de pequeña. Supongo que la niñez es la etapa de la vida en que somos más permeables a las cuestiones de la fe y cuando las creencias profundas se arraigan en nosotros; asumo que a una persona ya adulta le es más difícil adquirir hábitos de acuerdo a convicciones religiosas. Por supuesto que debe haber excepciones, nunca es bueno generalizar. Pero, al menos en mi caso, intento no darle explicaciones metafísicas a los fenómenos naturales, humanos o sociales que observo.

Sin embargo, debo admitir que esta concepción general tiene alguna excepción. Soy profesora de historia y, más precisamente, dicto cursos de historia del pueblo judío en la Universidad de Bar Ilán en Ramat Gan, Israel.

La historia es la ciencia social que tiene como objeto el estudio de los hechos y acontecimientos que ocurrieron en el pasado. Por su propia característica, es imposible realizar una aproximación objetiva; por el contrario, su estudio siempre estará impregnado de subjetividad. A pesar de esto, no suelo mencionar en mis clases mi percepción particular, que es: la historia del pueblo judío contiene elementos misteriosos, hasta sobrenaturales, que la historiología encuentra difíciles de explicar.

Como disciplina científica, la historia requiere utilizar un racionalismo interpretativo para determinar lo que sucedió. Al analizar e indagar, la historia judía aparece como el escenario de confrontación entre dos fuerzas cósmicas. Una es el espíritu de continuidad que anima al pueblo judío; la otra es la fuerza maléfica del antisemitismo que intenta acabar con la primera. Cabe aclarar que, aunque los árabes sean también semitas, con la expresión «antisemitismo» me refiero exclusivamente al odio a los judíos. El impreciso término se explica por razones históricas.

Paul Johnson, historiador británico católico, autor de *Historia del cristianismo* y *La historia de los judíos*, sostiene en esta, en el último párrafo: «En el curso de los milenios, que los judíos provocasen un odio sin igual, incluso inexplicable, era lamentable pero de esperar. Sobre todo que los judíos sobreviviesen, cuando todos los restantes pueblos antiguos se habían transformado o desaparecido en los entresijos de la historia, era completamente previsible (...). La providencia lo decretaba, y los judíos obedecían. El historiador puede decir: no hay nada a lo que pueda denominarse providencia. Quizá no. Pero la confianza humana en esa dinámica histórica sí es intensa y lo bastante tenaz, constituye en sí misma una fuerza que presiona sobre el curso de los hechos y los impulsa. Los judíos han creído que eran un pueblo especial, y lo han creído con tanta unanimidad y tal pasión, y durante un período tan prolongado, que han llegado a ser precisamente eso».

Es que, impregnado por el espíritu que alienta la continuidad, cada judío siente que es un eslabón de una larga cadena que no debe interrumpir. Los judíos tienen la singular característica de asumir que son un pueblo eterno; una cualidad vigorosa que fue percibida por muchos pensadores de todas las épocas. Por poner solo algunos ejemplos:

John Adams, segundo presidente de Estados Unidos y uno de sus fundadores, escribió: «Los hebreos han contribuido más para civilizar a los hombres que ninguna otra nación. Si yo fuera ateo y creyera en el eterno ciego destino, todavía creería que el destino ha ordenado a los judíos ser el más esencial instrumento para civilizar a las naciones. Son la nación más gloriosa que jamás habitó esta tierra. Los romanos y su imperio no fueron sino una burbuja en comparación con los judíos».

El escritor alemán Heinrich Heine expresó: «Pueblos se elevaron y desaparecieron; Estados florecieron y marchitaron, revoluciones conmovieron la superficie de la Tierra; y ellos, los judíos, estaban encorvados sobre libros, y no notaron las tormentas del tiempo, que pasaron sobre sus cabezas sin conmoverlos».

El matemático francés Blaise Pascal opinó: «Encuentro en una esquina del mundo un pueblo especial, segregado de todos los pueblos sobre la Tierra, el más antiguo de todos. Un pueblo cuyos orígenes preceden muchos siglos de historia de los más antiguos que hay (...). El hecho de la existencia de ese pueblo me maravilla, y me parece que debe ser analizado, aunque no tenga explicación».

Mark Twain, el escritor estadounidense, reflexionó: «Los egipcios, los babilonios y los persas ascendieron y cubrieron el mundo con bullicio, grandiosidad y excelencia, hasta que se apagó su iluminación... los griegos y los romanos siguieron sus huellas, conmovieron al mundo en tormenta y se esfumaron... El judío los vio a todos, los derrotó a todos, y hoy es lo que fue desde el alba de las civilizaciones... todos son mortales menos los judíos».

Arnold J. Toynbee, historiador británico especialista en filosofía de la historia, elaboró una teoría cíclica sobre el desarrollo de las civilizaciones, de los judíos estableció: «La preservación de la identidad nacional por parte de una nación sin independencia política, sin un idioma hablado común, nación que no está concentrada, sino dispersa en todos las direcciones de la veleta, frente a persecuciones tremendas y permanentes, esa es una manifestación carente de racionalidad, frente a la cual todos los historiadores se quedan con la boca abierta».

Jean-Paul Sartre aseveró: «Yo no puedo juzgar al pueblo judío según las reglas aceptables de la historia humana. El pueblo judío es algo más allá del tiempo».

León Tolstói sostuvo: «¿Qué es ser judío? ¿Qué clase de única criatura es esta, que los gobernantes de todas las naciones del mundo han deshonrado y aplastado y expulsado y destruido; perseguido, quemado y ahogado, y que, a pesar de su odio y su furia, sigue viviendo y floreciendo? ¿Qué es este judío, cuyos opresores y perseguidores solo sugerirían que ellos negaran y deshonraran su religión y dejaran de largo la fidelidad a sus antepasados? Un pueblo como este nunca puede desaparecer. El judío es eterno. Es la encarnación de la eternidad».

El papa Juan Pablo II expresó: «La permanencia de Israel... es un hecho histórico y una señal que debemos interpretar como parte del plan Divino... Sigue siendo el pueblo elegido: la oliva pura donde se injertaron las olivas silvestres que son los gentiles». Y en otra ocasión aseveró: «Este pueblo... ha sido llamado y guiado por Dios, creador del cielo y la tierra. Su existencia no es apenas un acontecimiento natural o cultural (...). Es un acontecimiento sobrenatural. A pesar de todo, este pueblo continúa siendo el pueblo de la alianza».

El espíritu de la continuidad se retroalimenta de la libertad, que es su ingrediente esencial. El concepto de libertad está en la cúspide de la pirámide de los valores judíos. Dice en Deuteronomio 30:19: «Hoy te he dado a elegir entre la vida y la muerte, entre bendiciones y maldiciones. Ahora pongo al cielo y a la tierra como testigos de la decisión que tomes. Escoge, pues, la vida para que vivas, tú y tus descendientes». El hombre tiene la libertad de elegir entre el bien y el mal; ese es el fundamento del libre albedrío y lo que lo convierte en una criatura moral.

El patriarca Abraham es convocado por Dios, quien le ordena: «Vete de tu tierra, de tu patria y de la casa de tu padre a la tierra que yo te mostraré. Y haré de ti una nación grande, y te bendeciré», Génesis 12:1. Su nieto Jacob, cuyo nombre es cambiado a Israel, tiene doce hijos. De ellos surgen las doce tribus de Israel que deben trasladarse a Egipto debido a la hambruna. Allí sus descendientes son tomados como esclavos y permanecen así por centurias.

Todos los pueblos tienen narrativas épicas sobre sus inicios. Muchos pueblos antiguos atribuían su linaje a dioses, semidioses, poderosos reyes o heroicos guerreros. Los pueblos más modernos asignan su origen a fantásticos triunfos militares. Por el contrario, los hijos de Israel reconocen su procedencia como la más humilde, ya que eran esclavos, simples objetos de la historia. Al ser liberados elevaron su jerarquía a sujetos de la historia. El fuego de la libertad los fundió, los moldeó y les dio origen, y a esa libertad le rinden culto.

Toda la historia del pueblo de Israel está impulsada por un motor que es la búsqueda permanente de la libertad. El pueblo judío nace y adquiere identidad nacional con la obtención de su libertad.

La Pascua judía (*Pésaj*) es la fiesta de la libertad por antonomasia. Celebra la liberación del pueblo hebreo de Egipto, que en el Éxodo marcha hacia la libertad. La libertad definitoria no es la física sino la espiritual. Se produce una liberación física cuando los esclavos dejan la tierra de sus antiguos amos. Pero la verdadera libertad se conquista cuando se deja atrás la mentalidad de esclavo y se toma conciencia de que el destino está en las propias manos. Por lo tanto, esta festividad no es solo acerca del pasado. No se trata solo de recordar hechos acaecidos hace más de tres mil trescientos años, sino que es una reafirmación del compromiso con la libertad y con la ética judía, que permanece vigente desde entonces.

La festividad se extiende durante una semana y se inicia con una cena especial, en la que se reúnen la familia y los amigos, y es costumbre invitar a los necesitados a la mesa. Todos los hogares judíos, en todas sus generaciones, en todo tiempo y comarca del planeta, se unen a través de una eterna cadena invisible. Los participantes quedan saciados, pero más que ellos, el espíritu de la continuidad se siente particularmente revitalizado esa noche. La celebración de *Pésaj* es, en sí misma, una manifestación explícita de continuidad.

Esta cena tan peculiar se llama *Séder*, que literalmente significa «orden». Establece una pormenorizada secuencia de ritos, himnos, metáforas y simbología, cuyo objetivo es no solo rememorar el éxodo bíblico, sino hacer sentir a cada uno de los comensales que es protagonista de él.

A través de una antología, con narraciones y cánticos, se reconstruye la epopeya, cuyos eventos más determinantes fueron la salida de Egipto hacia la Tierra Prometida y la revelación en el Monte Sinaí, donde Dios les entregó las tablas de la ley.

Los diez mandamientos allí recibidos son uno de los aportes más influyentes del pueblo judío a la humanidad. La civilización occidental se sustenta sobre esos valores éticos. Y ya el primero de ellos hace referencia a la libertad. Éxodo 20:2:

«Yo soy el Señor, tu Dios, que te sacó de la tierra de Egipto, de la casa de la esclavitud». Dios, único y todopoderoso, elige para presentarse ni más ni menos que la cualidad de haber sido quien los condujo hacia la libertad.

Moisés le pidió al faraón que dejara libre a su pueblo, pero este se negó. Solamente accedió después de que Dios enviara diez plagas que castigaron duramente al pueblo egipcio. El faraón fue el primero que se propuso eliminar a los judíos, al decretar que todos sus bebés fueran ahogados al nacer. Moisés logró sobrevivir gracias a los artilugios que pergeñó su madre para salvarlo. Años después fue el líder de los oprimidos.

En el transcurso de la historia muchos otros faraones, poseídos por la maldad antisemita, se propusieron exterminar a los judíos. Los opresores, enemigos de la libertad de todos los tiempos y todas las naciones, siempre han considerado a los judíos como sus enemigos.

Haber sido liberados en el pasado remoto otorgó esperanza a millones de judíos que, en distintas épocas y lugares, ansiaron quitarse el yugo de la opresión y las persecuciones, y desearon fervientemente estar el año próximo en Jerusalén como hombres libres.

El libro que se utiliza en la noche del *Séder* se llama *Hagadá*, que en hebreo significa «el relato». Su lectura se acompaña de prácticas rituales en las que intervienen los cinco sentidos. La *Hagadá* dispone que: «En todas las generaciones, cada persona debe considerarse como si ella misma hubiera salido de Egipto». Parecería ser un buen ejercicio reflexionar acerca de cómo sería la vida bajo total sumisión, y, para ser auténticamente libres, recorrer el proceso interior que nos permite alcanzar la liberación espiritual.

Sin embargo, el espíritu del antisemitismo, en mayor o en menor medida, siempre ha estado presente, angustiando, amedrentando o subyugando a los judíos. En cada *Pésaj*, las distintas generaciones no debieron usar mucho la imaginación para sentir en toda su dimensión la importancia, la necesidad y el verdadero valor de ser libres. Libres de las cadenas de la esclavitud, pero también libres de las cadenas del sometimiento a amenazas, odios, persecuciones y matanzas.

El espíritu maligno del antisemitismo surge concomitantemente a la conformación de la nación judía. Insufla un odio tan profundo que lo convierte en una especie muy particular de racismo o xenofobia. Ese comportamiento es tan irracional, ilógico y contradictorio que debería haber quedado totalmente superado por la evolución del pensamiento humano. El hecho de que se mantenga persistentemente incólume demuestra sus características enigmáticas y, quizá, hasta sobrenaturales.

La *Hagadá* acertadamente predice: «Pues no es uno solo que se alzó contra nosotros para exterminarnos, sino que en cada generación se levantan contra nosotros para aniquilarnos, pero el Santo, bendito sea, nos salva de sus manos».

El espíritu de la continuidad ha estado permanentemente amenazado. Los judíos fueron perseguidos en todas las épocas, en todos los puntos geográficos, por distinto tipo de sociedades y por todas las razones imaginables y opuestas entre sí. Este odio, que es el más antiguo de la historia, para mantenerse vigente debió mutar y adaptarse a las distintas etapas históricas.

Quinientos años antes de Jesús, ya el imperio de turno aborrecía a los judíos por ser el único pueblo monoteísta de la Antigüedad. Posteriormente la Iglesia cristiana no toleraría la libertad de cultos o de pensamiento. El cristianismo acusó a los judíos de deicidio. Asesinar a Dios es, sin duda, el peor de los crímenes que alguien pueda cometer. Para el antisemitismo cristiano, los judíos no aceptaban la ley de Dios; no por desconocimiento, sino por pecadores. Conocían la verdad pero igual la rechazaban, por tanto no podían ser humanos. Si no eran humanos, debían tener características que los diferenciaran de ellos, por ejemplo, despedir un olor peculiar o poseer cuernos o colas ocultas. Seguramente debían servir al demonio en ceremonias secretas. Múltiples obras de arte de la época representan a los judíos con estas inhumanas características.

En Rusia la acusación de deicidio por parte de la Iglesia ortodoxa provocó que los privasen de sus derechos. A menos que renunciaran a su religión, tenían prohibido establecerse en el territorio del imperio, por lo que debieron residir en la periferia, como Lituania, Polonia, Ucrania o Bielorrusia. Tampoco podían estudiar o ejercer cargos administrativos altos.

En Oriente, bajo las autoridades musulmanas, los judíos eran *dimmi*, ciudadanos de jerarquía inferior a los que el soberano podía dispensarles el trato o maltrato que quisiera. Pagaban impuestos especiales a cambio de que se les permitiera profesar su religión y desarrollar su vida civil.

El antisemitismo religioso se transformó en antisemitismo popular, surgieron los libelos de sangre; el más conocido fue *Los protocolos de los sabios de Sión*. Concebido por los servicios secretos zaristas, fue una burda falsificación que revelaba una ridícula conspiración judía para dominar el mundo. Fue adoptado por el nazismo, por el antisemitismo árabe moderno, y aún hoy es fundamento del odio antisemita. Otros libelos de sangre acusaban a los judíos de crímenes y rituales satánicos. La calumnia responsabilizaba a los judíos de asesinar a niños cristianos para utilizar su sangre en la elaboración del pan ácimo en *Pésaj* y en ritos de magia negra. Esta falacia no tiene el más mínimo asidero. Contraría las normas más básicas del judaísmo, que considera incluso a la sangre animal impura y al sacrificio humano el peor de los pecados. A pesar de lo cual, los judíos fueron condenados por este crimen a lo largo y ancho de Europa.

En Inglaterra, Bélgica, España, Alemania, Francia, Suiza, Austria, Hungría, Italia, Checoslovaquia, Polonia y Rusia los judíos, maltratados en las calles, eran los chivos expiatorios de cualquier asesinato sin resolver. A principios del siglo XX, en Rusia, un tribunal determinó el sobreseimiento de un acusado por falta de pruebas, pero en su sentencia admitió que el asesinato ritual existía.

Fueron considerados responsables de todos los males. Cuando en la Edad Media la peste bubónica asoló Europa, se los torturaba hasta que admitían haber envenenado los pozos de agua. Por eso fueron masacrados. Es interesante destacar que la misma absurda acusación es realizada frecuentemente en la actualidad por los palestinos y reproducida, con total desparpajo, por los medios de comunicación.

Después de la inquisición y las expulsiones surgieron los guetos, también en el mundo musulmán, para confinarlos a todos juntos. La difamación y la culpa siempre fueron colectivas. La acusación a todo el pueblo es una característica netamente antisemita. Cuando el capitán Dreyfus fue acusado falsamente de traición por el ejército francés, por su sola condición de judío, las masas en las calles clamaban: «Muerte a los judíos». Dreyfus fue absuelto, pero la turba reclamaba matarlos a todos.

La evolución continuó con el antisemitismo científico, teoría racista que sostenía, con argumentos histórico-antropológicos, la inferioridad de la raza judía y su naturaleza parasitaria. Basado en un pseudocientífico darwinismo social, Adolf Hitler proclamaba que la pureza de la raza aria superior se veía amenazada por la judía, intrínsecamente corruptora y engendro de todos los males. Hitler responsabilizaba a los judíos de la derrota de Alemania en la Primera Guerra Mundial, y los acusaba de estar detrás del capital internacional, del marxismo, de la revolución, y de pretender la degeneración racial aria.

Este antisemitismo extremo tuvo la catastrófica consecuencia del Holocausto. El demonio del antisemitismo pareció ganar definitivamente la guerra; no solamente porque la «solución final» pretendió exterminar a todos los judíos físicamente, sino porque a los sobrevivientes no les quedaría motivación alguna para considerar significativa la continuidad. Incluso, en alguna medida, la voluntad de mantener su propia identidad había sido una de las causas del genocidio.

A pesar de sufrir un golpe casi mortal, el espíritu de la continuidad se repuso porque contó con una característica sobresaliente del pueblo judío: su resiliencia.

Tras el Holocausto (la *Shoá*), la energía antisemita debió cambiar de forma para sobrevivir. El gusano de la xenofobia antisemita se convirtió en la mariposa del antisionismo. Se camufló bajo una apariencia más agradable, con un envoltorio políticamente correcto, pero era el mismo engendro de odio. Extendió sus alas para emerger renovado, vigoroso y con un tinte de legitimidad. Para que no pudiera ser descalificado por ser racista, dejó de dirigirse contra la raza judía y apuntó sus venenosos dardos contra el Estado judío. Así nació el antisemitismo político.

Israel garantizaba la continuidad del pueblo judío. Eso constituyó una victoria para el espíritu de la continuidad, que le resultaba insoportable al demonio antisemita. Los antisionistas odiaban a Israel; le cuestionaban su propio derecho a existir. Al negar al pueblo judío el derecho a la autodeterminación y a tener un Estado propio, como tienen todas las demás naciones del mundo, Israel era discriminado. Era el judío entre las naciones. Como expresó lúcidamente el paradigmático luchador social antirracista Martin Luther King: «El antisemitismo, el odio a los judíos, permanece como una mancha en el espíritu de la humanidad. Entonces, entiende esto: el antisionismo es, en esencia, antisemitismo, el odio al pueblo judío, y así siempre será».

Bajo la apariencia de la crítica legítima demonizaban a Israel, esgrimiendo los clásicos argumentos antisemitas. Las características imaginarias que antes le atribuían al judío se las trasladaban a Israel. Si era atacado, buenas razones habría; si sufría atentados terroristas, la naturaleza de estos era diferente a los cometidos en cualquier otra parte del mundo. En ese caso, los perpetradores no eran terroristas sino luchadores por la libertad.

Si bien la Organización de las Naciones Unidas tuvo un papel fundamental en la creación de Israel, con el tiempo se convirtió en un instrumento de sus detractores. Fue secuestrada por mayorías automáticas, no democráticas, que trasladaron al campo diplomático la guerra que no pudieron ganar en el campo de batalla. No solamente ha fracasado estrepitosamente en las tareas fundamentales que le fueron encomendadas —promover la paz y los derechos humanos, y evitar tragedias humanitarias—, sino que se convirtió en un orgiástico bacanal antiisraelí. Un foro democrático tomado por dictaduras cuya obsesión ha sido estigmatizar, culpabilizar y condenar a Israel.

La incauta opinión pública mundial tiende a creer que el conflicto árabe-israelí y palestino-israelí es territorial. Sin embargo, esto no es así. Si bien existe un sustrato territorial, no sería difícil trazar límites y establecer fronteras. La verdadera razón es la no aceptación de que los judíos alcancen la soberanía, aunque sea en una diminuta parcela de tierra. Israel fortalece el espíritu de la continuidad, y el espectro del antisemitismo no ceja en combatirlo. Los militantes palestinos no luchan para tener su Estado propio, que en varias ocasiones les fue ofrecido y lo rechazaron; luchan contra la existencia del Estado judío.

Sus líderes, incluso los más moderados, se niegan a admitir lo que está establecido por la ley internacional: que Israel es el Estado judío. Tampoco les avergüenza reconocer que no aceptarían la presencia de un solo judío en su futuro Estado. En un mundo cada vez más abierto y multicultural, en el futuro Estado palestino no podría residir ni un solo judío. Esta exigencia racista es increíblemente admitida con naturalidad por la comunidad internacional, aunque debería resultar insólita para cualquier sociedad en el siglo XXI.

A Israel no se le concede el mismo derecho a defenderse que a los demás Estados. Y si lo hace, se juzga con estándares absurdos y solamente aplicables a él. Sus acciones defensivas son siempre consideradas desproporcionadas y calificadas de criminales, nazis, genocidas, de limpieza étnica, que buscan masacrar a inocentes niños palestinos y demás atrocidades. Los antisionistas, al vincular las operaciones defensivas israelíes con los crímenes que cometían los nazis, trivializan el Holocausto. Si Israel incurre en los mismos actos que cometían los nazis, entonces lo que ellos hicieron no sería tan terrible ni tan imperdonable. Si, en definitiva, cuando las víctimas tienen la posibilidad, no son mejores que sus victimarios y pueden convertirse en lo mismo que sus verdugos, Europa no sería tan culpable de haber prohijado y albergado a esos monstruos.

Un típico ejemplo de esa postura es la del premio Nobel, el escritor portugués José Saramago, quien comparó la situación que viven los palestinos con la de los judíos durante el Holocausto. Inspirada por el espíritu maléfico, esta inversión de roles entre víctimas y victimarios es una equiparación fundada en el más tradicional y rancio antisemitismo.

La lucha palestina cosecha una popularidad desproporcionada, no por ser una causa a favor de los palestinos, sino por ser contra Israel. Ese sentimiento hace que la gente salga a las calles a manifestar con banderas, carteles y lágrimas en los ojos, profundamente sensibilizados y consternados por la muerte de víctimas palestinas a causa de los demoníacos israelíes. Con la sensibilidad adecuada, se puede divisar el espíritu del antisemitismo sobrevolando esas manifestaciones, y se puede identificar en los participantes ese malévolo brillo en los ojos que proviene del fuego interior antisemita. Ellos no se indignan por todas las víctimas en el conflicto. Las víctimas judías no son objeto de su compasión. No se preocupan por el acoso permanente del terror que sufren. Solo cuentan las víctimas musulmanas que han caído bajo el fuego sionista.

Cuando se produce un número mucho mayor de víctimas palestinas pero a manos de otros responsables, ninguno de los indignados y conmovidos manifestantes sale de su casa a decir nada. Nadie ha matado más palestinos que los propios árabes. En rigor, en poco más de seis décadas de conflicto árabe-israelí hubo más de sesenta mil víctimas mortales. ¡Atroz! Pero en el mismo período de tiempo murieron once millones de musulmanes a manos de otros musulmanes. Sin embargo, eso nunca preocupó mucho al mundo civilizado y a la izquierda progresista. Solo el ominoso espectro del antisemitismo puede lograr que no duelan lo mismo todos los niños palestinos, y que muchísimos más duelan muchísimo menos.

Después de tantos siglos de historia, la cultura general, los valores y las creencias están impregnados de prejuicios antisemitas. La mayor parte de las personas que los albergan ni siquiera son conscientes de ello. El antisemitismo anida en los corazones de millones; la mayoría jamás han visto un judío en sus vidas. El fantasma del antisemitismo es engreído, astuto pero irracional. Es tan extendido, fuerte y poderoso que solo puede explicarse por sus atributos sobrenaturales. Si tantos pueblos, en tantos lugares y tiempos diferentes, despreciaron a los judíos, ¿será que buenas razones tendrían?

No es difícil llegar a la conclusión de que todas esas razones carecen por completo de fundamento. Los judíos fueron y son odiados debido a los más inverosímiles, falaces y contradictorios argumentos. Por ser burgueses o proletarios, avaros u ostentosos, de derechas o izquierdas, religiosos o laicos, cosmopolitas o nacionalistas. Hitler los acusaba de comunistas y Stalin de anticomunistas. Si quieren integrarse a la sociedad de los países donde viven, no se los soporta y se les insta a irse a Israel. Si viven en Israel, son fustigados y vilipendiados.

Hitler se propuso exterminar a los judíos porque los consideraba una raza inferior, pero resulta que ni siquiera eran una raza. En pleno siglo XXI, el Hamás pretende aniquilar a los judíos basando su odio antisemita en el libro *Los protocolos de los sabios de Sión*, que es falso. Una teoría conspirativa absurda que los judíos ni escribieron, ni conocen, ni creen. El fundamentalismo integrista construyó toda una cultura y un sistema de valores por los cuales amenaza, mata, bombardea y se inmola en base a una fábula ridícula y apócrifa.

El punto neurálgico es analizar no a los sujetos del odio, sino a los que lo profesan. Los poseídos por el mágico demonio del antisemitismo pertenecieron y son parte de las más diversas corrientes ideológicas, pero tienen elementos en común. ¿Qué valores pueden compartir los antiguos imperios, la inquisición, el nazismo, el comunismo y el integrismo islámico? Simple: su férrea oposición a la libertad. En todos esos regímenes despóticos y absolutistas, la voluntad del «faraón» de turno es la ley suprema. Al despreciar la libertad, rechazan la justicia, el derecho, la paz y... aborrecen a los judíos.

Los enemigos de la libertad siempre son enemigos de los judíos. Los judíos, muy a su pesar, son el medidor que marca el grado de libertad y tolerancia de que goza una sociedad. Son como el canario en las minas de carbón. En los inicios de la minería, los mineros que extraían carbón debían adentrarse en las profundidades de la mina para su labor. En el lugar donde debían excavar colgaban una jaula con un canario doméstico. Si se mostraba alegre y cantaba, era una buena señal. Pero cuando se producía una filtración de gases tóxicos, como monóxido de carbono o metano, el canario lo percibía y dejaba de cantar antes de morir por sus efectos.

Cuando en una sociedad los judíos no son respetados, o el ambiente les es hostil, debería ser una advertencia de peligro para todos. Si el espíritu de la continuidad es amenazado, si la toxina del antisemitismo comienza a envenenar el aire, eso perjudicará a todos. Tarde o temprano, otras minorías políticas, sexuales o religiosas sufrirán discriminación y desprecio. Es un error creer que el antisemitismo es un asunto de los judíos, pues agrede y debe preocupar a todos los integrantes de la sociedad. Debería servir como enseñanza la reflexión del teólogo luterano alemán Martin Niemöller, que explicaba la postura que mantuvo la sociedad alemana que permitió la ascensión al poder del nazismo: «Cuando los nazis vinieron a llevarse a los comunistas, guardé silencio, porque yo no era comunista. Cuando encarcelaron a los socialdemócratas, guardé silencio, porque yo no era socialdemócrata. Cuando vinieron a buscar a los sindicalistas, no protesté, porque yo no era sindicalista. Cuando vinieron a llevarse a los judíos, no protesté, porque yo no era judío. Cuando vinieron a buscarme a mí, no había nadie más que pudiera protestar».

Israel, por su parte, es el canario de la mina global. Cuando la única democracia del Medio Oriente es amenazada; cuando países, organizaciones, bandas y grupúsculos claman y prometen su destrucción, Occidente, por su propia seguridad, no debería desentenderse y mostrar que no es un problema suyo.

Los valores que encarna Israel son los del mundo occidental. El valor supremo de la vida humana, la libertad, la moral, el respeto a los derechos humanos, se oponen a los valores que reconocen las oscuras fuerzas que lo amenazan y atacan. El fundamentalismo extremista, fanático y terrorista no considera a Israel y a los judíos su único enemigo; sí, quizá, en muchos casos, el primero. La lucha que libra Israel es la lucha del mundo civilizado. Israel es la primera barrera contra la barbarie medieval. Si Israel cayera, no solamente el espíritu de la continuidad estaría amenazado; el mundo tal como lo conocemos estaría en peligro. Si los enemigos de Israel triunfaran en su aniquilación, no solo no se darían por satisfechos, sino que eso los animaría a continuar su lucha contra todo Occidente.

Después de que Hamás tomara el poder por la fuerza en Gaza en 2007, el Dr. Yunis Al Astal expresó en su parlamento: «Conquistaremos Roma y después toda Europa. Cuando acabemos con Europa, conquistaremos las Américas y no nos olvidaremos, tampoco, de la Europa oriental».

Israel no tiene otra alternativa que enfrentar el terrorismo islámico radical. Occidente debería agradecerle y apoyarle por combatir ese cáncer, que se está expandiendo, antes de que haga metástasis en toda la región y luego se propague al mundo.

El pueblo cultor de la libertad la celebra cada año en *Pésaj*, un acontecimiento familiar medular, que ha moldeado la propia fisonomía del pueblo judío. La mesa judía es un santuario de la continuidad, donde se honra y reproduce la trasmisión de valores y contenidos entre las generaciones. Este ritual es una verdadera fiesta para el espíritu de la continuidad, pues su mera conmemoración implica un triunfo para él. Sin embargo, su acérrimo enemigo, el demonio del antisemitismo, la ha utilizado para amenazar e incluso terminar con las vidas de los comensales.

La primera de las muchas calumnias de la sangre se produjo en Norwich, Inglaterra, en el siglo XII. Todos los judíos de la comarca fueron masacrados tras haber sido acusados del asesinato ritual de un niño cristiano con motivo de la Pascua judía. Los que residían en el resto del reino fueron expulsados y no se les permitió regresar durante cuatrocientos años.

Obviamente, este tipo de sucesos influyeron también en el propio ritual. Posiblemente sea el origen de la costumbre de dejar la puerta entreabierta, para que el espíritu del profeta Elías pueda ingresar y beber un sorbo de la copa de vino, que se deja en la mesa especialmente para él. Mientras a los niños se les decía que era para recibir al profeta, la verdadera razón de la puerta abierta era que se debía vigilar que no apareciera misteriosamente un cadáver en la casa, que pudiera encender la mecha de la furia antisemita y sus consiguientes matanzas.

Un desinformado lector podría pensar que los libelos de sangre solo pueden ser cosas del pasado remoto. Pero el espíritu del antisemitismo posee una fuerza asombrosa. En 1983, el ministro de Defensa de Siria, Mustafá Tlass, publicó *La matzá de Sión*; allí sostiene que los judíos realizaban asesinatos rituales para elaborar la *matzá*, el pan ácimo que se consume en la Pascua judía. Este libro fue un éxito de ventas y se tradujo a varios idiomas. En 2001 fue llevado al cine por una productora egipcia.

En 2003 la cadena de televisión por satélite Al Manar, perteneciente a Hizbolá, emitió para Líbano, Siria y Jordania una serie televisiva llamada *La diáspora*, en la que se muestra a los judíos conspirando para dominar el mundo y asesinando niños cristianos para fabricar *matzá*.

En 2005, el historiador iraní Hasan Hanizadeh afirmó en *La historia de los judíos* la autenticidad de los asesinatos rituales. En ese mismo año, un grupo de parlamentarios rusos presentó un proyecto de ley para prohibir las organizaciones judías por ser «anticristianos e inhumanos, cuyas prácticas se extendían incluso a los asesinatos rituales» y por su complot financiero para dominar el mundo.

El espíritu del antisemitismo se nutre, no exclusivamente pero sí especialmente, de las absurdas teorías conspirativas. El primero que temió una conspiración judía en su contra fue el faraón, y actuó en consecuencia. Es un cliché antisemita clásico creer que los judíos controlan la política y la economía del mundo. Cada persona es libre de creer en lo que le parezca, y tiene el derecho de luchar contra molinos de viento si le va en gana. El problema se genera cuando los pueblos toman acciones concretas para erradicar malévolos planes que no existen. La única manera de asegurarse el triunfo es exterminar a quienes les son atribuidos esos pérfidos propósitos.

El concepto de una confabulación, que trama el control del mundo, no debería ser tomado más en serio que como lo presenta la serie de dibujos animados *Pinky y Cerebro*. Dos ratoncitos que viven en un laboratorio y en cada episodio elaboran un maquiavélico plan para conquistar al mundo. Apuntando a esa faceta infantil, en las historietas los archienemigos de los superhéroes son siempre astutos megalómanos nihilistas que pretenden apoderarse del mundo. Muchas personas son proclives a creer en las confabulaciones maléficas, muy similares a las pergeñadas por los supervillanos en los cómics. Es una vía simplista de interpretar fenómenos extremadamente complejos. Quienes poseen ese tipo de temperamento son terreno fértil para ser poseídos por el maléfico antisemitismo.

Surcando los mares de las conspiraciones y crímenes rituales, la historia serpentea y se contorsiona, pero se mantiene como el escenario en que estos espíritus libran su encarnizada batalla. Y quienes pretenden mantenerse como judíos deben, por lo general, experimentar en carne propia la asfixiante opresión antisemita.

Ya sea personalmente, o a través de su familia más cercana, ancestros o descendientes directos, los judíos han debido vivir su propio éxodo, que no es otra cosa que una metáfora de la conquista de la libertad. La festividad de la Pascua es mágica, pues su sentido permanece pleno de significado a lo largo de los siglos. En toda familia judía, en cualquier lugar y en cualquier momento, los participantes de la ceremonia del *Séder* sienten que la antigua leyenda que se narra describe eventos que también suceden en sus propias vidas.

Para ilustrar esta idea, tomaré como ejemplo el último *Pésaj* que celebramos en 2013 en familia en la casa de los Stein, en Jerusalén. La mayoría de sus integrantes han sido afectados directamente, en el transcurso de sus vidas, por los embates de las enigmáticas fuerzas antagónicas en perpetua y feroz pugna.

Raíces

Los anfitriones de aquel *Pésaj* eran Dina y Aarón Stein, los abuelos de mi pareja Ianiv. Octogenarios, lucían no con muchas energías, pero su historia, como la de los demás invitados y tantas otras del pueblo judío, valía la pena contarse.

El entorno distaba mucho de parecerse al de mis veladas en Santiago de Cuba, donde nací; sin embargo, pude evocarlas. Me vi de niña, sentada a la mesa en mi lugar de siempre; esta me quedaba muy alta, y mi hermana no paraba de hablar.

Los platos eran totalmente diferentes, y también la celebración y su significado. En Cuba la comida era sencilla, pero no era la razón de mi pobre apetito. Simplemente no era de buen comer. Era delgada y atlética, como mi padre Pedro... mi madre Sonia solía regañarme serenamente.

—Anael, mijita, no has comido lo suficiente. Termina tu jama, titi.

Por entonces no celebrábamos las festividades judías; en lugar de *Pésaj*, festejábamos la Semana Santa cristiana, como lo hacían nuestros vecinos. Yo era judía, pero como casi nadie más en aquel lugar lo era, no tenía relevancia práctica. Conocer mis orígenes no implicaba un estilo de vida, como lo habría sido vivir en comunidad. Mi padre, mulato descendiente de africanos, europeos y chinos no era judío. Mi madre sí lo era; siempre me recalcaba que yo era judía, como ella, su madre y sus abuelos.

—Mami, ¿qué significa que soy judía?

—Mijita, al igual que en cada corazón judío anida dentro de ti una pequeña llamita. Quizá aún no sientas su influencia o su calor. Puede que te conviertas en una adulta y te parezca que nunca existió o que se ha extinguido; sin embargo, un día se encenderá.

—¿Y qué sentiré?

—Que eres parte de una cadena invisible que proviene de nuestros antepasados. Te parecerá que vale la pena adoptar sus valores para tu propia vida, que su historia y su destino son también los tuyos. Y no querrás ser el eslabón que corte esa cadena.

—¿Y cómo sé si soy un eslabón?

—Si de alguna manera sientes que eres parte, eso significa que lo eres; ese es el secreto de la cadena. No hay una única manera de serlo. Tú lo serás de la manera que tu corazón te lo dicte.

Para los Stein, *Pésaj* era uno de los momentos más importantes del año. La mesa se vestía con sus mejores galas. Exhibía, sobre un mantel blanco bordado con imágenes alusivas de igual tono, la mejor vajilla. La atmósfera, iluminada por dos velas, era de regocijo por la festividad en sí y por celebrarla juntos. Más allá de la fe o la veracidad histórica de los sucesos, tanto los judíos laicos como religiosos se sienten sumamente consustanciados con esta celebración, aman reunirse en familia para cantarle a la libertad.

Los cánticos me sonaban conocidos, sabía las baladas, me había familiarizado con las prácticas litúrgicas en Cuba, y había emigrado en el 2000, hacía ya trece años. Por lo tanto era una israelí cabal, había cumplido con el servicio militar durante un lapso mayor al obligatorio; había trabajado y estudiado; me había graduado y logrado ser profesora de historia judía en la universidad. Hasta mi nombre, Anael, que no había querido modificar, sonaba musicalmente como hebreo.

No me sentía una extraña en lo de los Stein, si bien los demás comensales eran todos familiares de Ianiv: sus pequeños hijos, Ofir y Aviv; sus padres, Ilana y Amos; su hermano Alón, junto a su esposa Ayelet y sus hijos Shirán y Amit.

Pésaj significa «saltearse» o «pasar por alto». Cuando Dios desató la décima plaga sobre Egipto, la muerte de los primogénitos pasó por alto las casas de los hebreos. Estos habían colocado una señal sobre los marcos de sus puertas, para alertar de que residían allí y así no ser visitados por la desgracia. Probablemente este sea el origen de la tradicional *mezuzá*, la pequeña cajita alargada que contiene en su interior un fragmento de la Biblia.

En la puerta de mi casa en Cuba no había *mezuzá*. Vi una por primera vez a los doce años, en la puerta de la sinagoga *Hatikva*. Era mi *bat mitzvá*, celebración que se realiza cuando una niña judía alcanza la madurez personal y religiosa, y se convierte en una mujer adulta, responsable de sus actos. Por entonces, comencé a interesarme por mis raíces judías, me fascinaba la historia (eso ya marcaba cuál sería mi vocación). Entre lo que mi madre recordaba y otras informaciones que fui recabando, pude reconstruir mi historia familiar.

Mis antepasados llegaron a La Habana a principios del siglo XX, en las primeras oleadas de inmigrantes judíos. No tenían una continuidad genealógica con los primeros criptojudíos que habían arribado a Cuba, pues estos fueron ni más ni menos que Colón y muchos integrantes de su tripulación. A causa de la Inquisición española, tuvieron que mantener en secreto su judaísmo para proteger sus vidas y lograr concretar su colosal hazaña. La expedición que descubrió América zarpó de Palos cuando vencía el plazo que tenían los judíos para dejar los dominios de España o convertirse.

A mi bisabuelo Ioan Goldenthal, proveniente de Rumanía, le pareció esperanzador buscar nuevos horizontes en una tierra fértil con una economía pujante, basada en la producción de azúcar. Mi bisabuela, Elena Janauskas, arribó desde Lituania, pocos años después, junto a un grupo de inmigrantes europeos que pertenecían al movimiento juvenil sionista Hashomer Hatzair. Se conocieron en la Unión Sionista de Cuba, que funcionaba en la sede de la Comunidad Sefaradí Shevet Ajim, fundada por judíos provenientes de Turquía y Siria. Se identificaban políticamente con la izquierda y participaron en la fundación del movimiento Hashomer Hatzair, en La Habana; al siguiente año se casaron. Pocos meses después, se promulgó una ley que obligaba a que al menos el 50 % de la fuerza laboral estuviese constituida por cubanos de nacimiento. Eso generó desocupación entre los inmigrantes; mi bisabuelo Ioan decidió trasladarse a Santiago de Cuba y convertirse en vendedor ambulante. Ioan cargaba al hombro diversas mercaderías (vestimenta, calzados, ropa de cama) y las ofrecía casa por casa; otorgaba plazo de pago a los compradores. Los judíos jugaron un papel importante en la introducción y desarrollo del crédito en Cuba.

En 1939, un buque proveniente de Europa —el *Saint Louis*— llegó a costas cubanas con mil refugiados judíos que escapaban del infierno nazi. El gobierno cubano negó la autorización para que desembarcaran. También fueron rechazados por Estados Unidos y Canadá, por tanto debieron regresar a Europa; la mayoría fueron apresados y conducidos a los campos de exterminio, y asesinados. Cuba jamás hizo un reconocimiento oficial de su responsabilidad en esa tragedia.

La comunidad en Santiago de Cuba era muy pequeña. Funcionaba como una filial de la comunidad sefaradí Shevet Ajim de La Habana, donde residía la mayor parte de los judíos. Muchos de sus miembros provenían de la ciudad turca de Edirne, incluido el rabino, quien también oficiaba como cantor litúrgico; a su vez realizaba las circuncisiones y se encargaba de la matanza de los animales para que fueran *kasher*, aptos para el consumo, de acuerdo a las leyes de nutrición judías.

Mis bisabuelos, provenientes de Europa oriental, eran askenazíes, mientras que el resto de la comunidad era sefaradí, como se denomina a los judíos originarios del Medio Oriente y África del Norte. Pero lo que más los distanciaba del resto era la indiferencia por los asuntos religiosos. No les atraía reunirse con sus correligionarios a rezar, ni consideraban importante consumir los alimentos permitidos según las normas religiosas. Ioan trabajaba los sábados —cosa que a los judíos observantes les estaba vedado— pues era cuando a los trabajadores del pueblo les pagaban y, por tanto, el día más adecuado para visitarlos y procurar cobrarles. Con el transcurso del tiempo, el vínculo con la comunidad se fue debilitando. No recordaban la fecha de *Pésaj* de acuerdo al calendario hebreo, ni la celebraban, pero aun así se sentían plenamente identificados con su mensaje, y recordaban su ritual. Es que de niños, como el resto de los judíos del mundo, cada año se sentaban alrededor de la mesa para conmemorar la salida de Egipto. Escuchaban, una y otra vez, la misma historia de sus mayores, que animados por el espíritu de la continuidad se empecinaban en que nunca la olvidaran.

David Ben Gurión, quien luego se convertiría en el primer Jefe de Gobierno de Israel, consideró relevante resaltar ese concepto como constitutivo del pueblo judío y prueba del inquebrantable lazo que los unía a la Tierra de Israel. En su comparecencia ante la Comisión Peel, que se conformó para tratar la violencia árabe en Palestina, Ben Gurión preguntó a sus miembros si creían que los estadounidenses podrían recordar en qué fecha había zarpado el Myflower con sus primeros pobladores, cuántos eran, quiénes habían sido sus líderes y qué comieron durante la travesía; algo que había sucedido unos trescientos años atrás. En contraposición, los hijos de Israel habían alcanzado la libertad hacía más de tres mil trescientos años y cualquier niño judío, en cualquier lugar, sabía exactamente cuándo sucedió, quién fue su líder, qué habían comido en tan magno acontecimiento y hacia dónde se dirigieron.

La primera vez que estuve en la celebración de la Pascua judía —era adolescente— fue cuando volvió a abrir sus puertas la Comunidad Judía de Santiago de Cuba, *Hatikva*. Su ambiente mágico me cautivó para siempre. Me sentí identificada con que esa epopeya nacional fuese un acontecimiento pasado y remoto, y, a la vez, contemporáneo y vigente. Me consideré protagonista de la gesta nacional, de ser parte de un pueblo que vive esa narrativa intensamente, era la historia misma de mi vida. El paralelismo se me hacía muy evidente al recordar mi niñez. En ese momento no era consciente de la falta de libertad. Pero analizándolo retrospectivamente, a la escasez de elementos materiales se le sumaba la carencia de derechos y garantías individuales, y la aprensión a expresar abiertamente mi identidad. Ese lejano Egipto al que se referían las historias y leyendas me era familiar. Pero esa vivencia personal no era para nada exclusiva. También el resto de los comensales, sentados alrededor de la mesa de los Stein, había conocido su propio Egipto. Cada uno de ellos era un ejemplo de determinación, heroísmo, lucha por la continuidad y resiliencia.

Mientras en Europa su familia era conducida a los campos de exterminio, el padre de Ianiv, Aarón Stein, se integró a las filas del *Irgún* Tzvai Leumí, organización clandestina que combatía contra la dominación británica de Palestina. Liderada por Menajem Beguin, la Organización Militar Nacional, más conocida por su acrónimo en hebreo *Etzel*, había sido fundada por Zeev Jabotinsky. Fue un desgajamiento de la *Haganá*, organización de autodefensa, brazo armado de la Agencia Judía, que había surgido como respuesta a las masacres perpetradas por bandas árabes. En los primeros años de la década del veinte, estos vándalos, que no se consideraban a sí mismos palestinos sino sirios del sur, no reivindicaban ningún territorio en particular. Aún faltaban más de cuarenta años para que Israel conquistara los territorios que posteriormente serían considerados ocupados. Estas hordas simplemente se oponían a convivir en paz con los «infieles», sus vecinos judíos, quienes, paradójicamente, sí se reconocían a sí mismos como palestinos.

Mientras pegaba afiches en las calles, Aarón fue apresado y enviado al campo de prisioneros de Latrún. Allí las condiciones de reclusión eran tolerables, pero tiempo después fue trasladado, junto a otros cientos de prisioneros, a Eritrea, en el noreste de África.

Bajo dominio italiano, el campo de prisioneros Sambel, muy cercano a la capital Asmara, había sido un centro de recreación para las juventudes fascistas. Escaseaba la comida, la ropa y, por supuesto, los libros. Aarón y otros prisioneros urdieron un plan para huir. Por no haberse construido originariamente como tal, la prisión tenía algunos puntos débiles. La cancha de fútbol era un gran espacio abierto, al que los internos podían acceder libremente durante el día. Al caer la noche se bloqueaba la entrada, pero la cancha no contaba con vigilancia nocturna. Todo lo que había que hacer era esconderse y esperar a que cerraran el portón. Varios días de intensas lluvias produjeron una zanja en el barro de tamaño considerable que fue aprovechada por los presos para cavar más profundo y ocultarse dentro. Al anochecer salieron de sus escondrijos, escalaron la cerca que rodeaba la prisión y eran... ¡libres! Pasaron la noche en el campo y al día siguiente se dirigieron a Asmara. Allí había una muy pequeña comunidad judía de origen yemenita. Se dirigieron a la sinagoga a buscar ayuda, ropa y dinero. La intención era dirigirse a la vecina Etiopía y de allí regresar a la Tierra de Israel. Pero al intentar cruzar la frontera fueron detenidos por una patrulla de control limítrofe. Al carecer de documentos y explicaciones convincentes fueron entregados a los británicos, quienes los devolvieron a Sambel. Allí fueron castigados, y sometidos a confinamiento e incomunicación.

Debido a la falta de seguridad que denunció ese incidente, los reclusos fueron trasladados hasta Jartum en Sudán, hacinados en un buque italiano. El nuevo campo de prisioneros era peor que el de Eritrea. No solo eran pésimas sus condiciones edilicias; el clima en Jartum era desértico y las lluvias muy escasas. Durante el día, las temperaturas eran muy elevadas, y descendían bruscamente durante la noche. Uno de los prisioneros era Iaakov Meridor, comandante del *Etzel* antes que Beguin. Rebelde y orgulloso por naturaleza, protagonizó junto a dos compañeros un escape de ribetes novelescos. Abandonaron la prisión ocultos en un camión cisterna, después de sobornar al conductor, quien los dejó cerca de una estación de tren. Al día siguiente tomaron un tren a Puerto Sudán, a orillas del mar Rojo, para desde allí tomar un barco que los llevara a Aqaba. Mientras procuraban la embarcación, se alojaron en un hotel, pero el propietario los denunció y fueron devueltos a prisión.

Para disuadirlos de los frecuentes intentos de fuga, los trasladaron a un lugar aún más alejado y con peores condiciones de reclusión: el campo de detención de Gilgil, en Mombasa, Kenia. La ingeniosidad y arrojo que tenían fueron un verdadero dolor de cabeza para los carceleros, aunque Aarón ya había dejado de participar en las intentonas. Muy pocos lograron escapar y algunos perdieron la vida en el empeño.

Poco antes de la declaración de Independencia, Meridor, junto a cinco compañeros más, se escabulleron por un túnel. Del otro lado los esperaban sus camaradas, que habían alquilado un auto, con el cual cruzaron la frontera a Uganda con pasaportes falsos sudafricanos. Luego se dirigieron al Congo Belga y de allí a Bruselas.

Aarón, junto a los demás presos, fue liberado meses después de la declaración de Independencia. Arribó a aguas territoriales israelíes a bordo del buque inglés *Ocean Vigour*. Fueron recibidos por la Armada israelí en el puerto de Tel Aviv. Su capitán, Mila Brenner, los saludó, y megáfono en mano les dijo: «Hemos sido enviados para recibir a los exiliados que regresan a casa. A partir de ahora, ustedes son ciudadanos libres del Estado de Israel». También fueron recibidos por un comité de bienvenida del *Irgún*; entre ellos estaba Dina Botbol, quien luego sería la inseparable esposa de Aarón.

Altalena

Durante la semana de *Pésaj* no solo se acostumbra a comer ciertos alimentos característicos; también se cumplen una serie de restricciones dietéticas. Está prohibido ingerir lo que en hebreo se denomina *jamétz* (todo alimento fermentado o que contenga leudante). En lugar de pan se come *matzá*, una especie de galleta sin levadura. Ambos se elaboran con los mismos ingredientes: harina y agua. La diferencia es que el pan contiene levadura y se deja fermentar. Cuando los esclavos salieron de Egipto, lo hicieron con tanta prisa que no tuvieron tiempo de dejar leudar la masa. Por eso debieron comer la *matzá*, también llamada *el pan de la pobreza*, pues simboliza la vida de penurias que debieron soportar.

La *matzá* representa la humildad; su masa no se expande ni se hincha. También se le conoce como el pan de la libertad, pues para ser verdaderamente libres se necesita la cualidad de la humildad. Para ser uno mismo hay que despojarse de todo lo material y superfluo que, en definitiva, aprisiona. En los días previos a la Pascua se deben limpiar los hogares judíos para que no quede rastro de ningún producto fermentado. El *jamétz*, que tiene la propiedad de inflarse, representa el ego. Así como quitamos el *jamétz* de nuestros hogares, debemos remover la arrogancia de nuestros corazones. La *matzá* es uno de los elementos principales en la mesa del *Séder*, junto al vino y a un plato grande, o fuente, llamado *keará*. La *keará* contiene ingredientes que al ser consumidos contribuyen simbólicamente a recrear la alegoría de la redención: un hueso recuerda al cordero que se consumía en la época que existía el Templo; un huevo hervido, representa el ciclo de la vida; hierbas amargas, simbolizan la triste vida de la esclavitud; una pasta de manzana y vino llamada *jaróset,* rememora la argamasa que los hebreos utilizaban en sus duras tareas de construcción, y el *karpás,* una hortaliza, se sumerge en agua salada en recuerdo de las lágrimas derramadas por los esclavos.

En lo de los Stein, por tratarse de un acontecimiento familiar, a ratos me envolvía en una nube de nostalgia y recordaba mis afectos; todos estaban ausentes. Viajaba imaginariamente a Santiago de Cuba; físicamente nunca había regresado. Extrañaba a mis padres, a mis abuelos, a mi hermana, a mis amigas, aunque me mantenía en contacto, pero de forma limitada, ya que las comunicaciones en la isla eran muy malas. No tuve dificultad para abstraerme a pesar del bullicio. Son lindas las familias grandes. El griterío que producen los niños es un sonido vital, saludable, no muy agradable para los oídos, pero sí para el alma. Es el sonido de estar en familia y de tener la bendición de que sea numerosa.

En lo de los Stein había dos ausencias que no pasaban desapercibidas: Jessy, la exesposa de Ianiv y madre de Ofir y Aviv; y la más notoria, la de Siván, la hija menor de los Stein y hermana de Ianiv y Alón. Murió sepultada bajo los escombros de una discoteca en Tel Aviv en 2001. Durante la Segunda Intifada un terrorista suicida se hizo explotar en medio de chicos adolescentes que se estaban divirtiendo, en nombre de irracionales y fanáticos objetivos. Siván tenía diecinueve años, y para sus padres, Ilana y Amos, la vida jamás volvió a ser la misma.

Shirán, mi sobrinita de cuatro años, era hermosa y avispada. Sus ojos verdes claros y profundos contrastaban con el color de su piel, casi tan oscura como la mía. Tenía la tez como la de su mamá Ayelet. Ella era *sabra*; este concepto alude a los israelíes como analogía del fruto de un cactus que es espinoso por fuera pero dulce por dentro. Su familia provenía de Yemen, donde nacieron sus bisabuelos. Ellos llegaron en los albores del Estado, en una operación de inmigración masiva conocida como *Alfombra mágica.* Muchas familias originarias de Yemen se afincaron en varias aldeas en el norte.

—¡No! ¡No toques eso! —le gritó la madre de Ianiv, Ilana, a su nieta Shirán—. ¡Te he dicho muchas veces que esa repisa no se toca!

Shirán había osado tocar el disco de vinilo de Igal Bashan y la banda Berosh, yo lo conocía bien: me lo habían enseñado como una piedra preciosa. Una de sus caras contenía la canción «Si me recordaras Siván»; a Amos e Ilana les encantaba esa canción, y por eso llamaron así a su niña. Desde que sucedió la tragedia, ese disco había pasado a ser casi un objeto de veneración familiar. Shirán acusó el impacto de haber cometido un sacrilegio y sus ojos se humedecieron. Antes de que rompiera en llanto, la dueña de casa —la bisabuela Dina—, decidió que era buen momento para empezar el *Séder* con la canción «Kadesh, Urjátz...», que indica, uno a uno, los quince actos ceremoniales que ordenadamente se siguen esa noche.

Dina había arribado a Israel en 1946, un par de años antes de su Independencia, con sus padres, Myriam Serfaty y Prosper Botbol, y su hermana Esther, provenientes de Casablanca, Marruecos. Allí la comunidad judía era la más grande del mundo árabe, con más de doscientas cincuenta mil almas. Su origen se remonta al año 70 e.c., cuando los romanos destruyeron el Segundo Templo de Jerusalén y enviaron al exilio a gran parte de los israelitas, muchos siglos antes de la llegada del islam a la región. Vivían en un *melaj*, una judería, donde los judíos habían sido segregados y agrupados. Allí había decenas de sinagogas, escuelas y cementerios. Los Botbol concurrían a la sinagoga Benarrosh. De estilo neoclásico, con el techo de forma ojival, la fachada era de colores muy fuertes, vinotinto, gris y azul. Construida a principios de siglo, tenía un diseño acústico tal que las tonadas de las oraciones del *shabat* se elevaban directamente al cielo. Allí Dina cumplió su *bat mitzvá*. Al término de la celebración, poco tiempo antes de partir a Palestina, su papá le dijo: «Un judío verdadero es sionista».

Consecuentes con esa concepción, los Botbol habían llegado antes que la mayoría de los miembros de su comunidad. En el transcurso de su prolongada historia, los judíos en Marruecos habían sido ciudadanos de segunda. Pero a fines del siglo XIX lograron que sus derechos fueran equiparados con los de los musulmanes. Hasta que en 1940 en Francia se instauró el gobierno títere de Vichy, colaboracionista con el régimen nazi, y comenzó a dictar leyes antijudías. Muchos judíos franceses fueron trasladados y aniquilados en los campos de exterminio. Debido a que por entonces Marruecos era un protectorado francés y español, dichas leyes eran aplicables en su territorio, por tanto, a los judíos se les impuso leyes discriminatorias que restringían sus derechos, como el ejercicio de algunas profesiones o el acceso al crédito. Muchos atestiguan que el rey alauita Mohamed V se opuso a la aplicación de estas leyes en Marruecos, y se enfrentó a la comisión alemana que pretendía identificar a los judíos para deportarlos a los campos de concentración en Polonia. A juicio de Prosper Botbol, era más digno participar en la lucha por la independencia que permanecer pasivo ante el peligro de cualquier arbitrariedad. Y debido a que era un hombre de acción, no solamente concretó su idea, sino que contagió ese fervor sionista a toda su familia, especialmente a su hija mayor Dina, quien se enroló tempranamente en el *Irgún* y se convirtió en su combatiente más joven.

Mientras Aarón Stein permanecía cuatro largos años preso en África, se desarrollaron eventos muy importantes en Palestina. La política oficial británica denominada *Libro Blanco* tenía como objetivo evitar la inmigración judía. En 1945, poco antes de culminar la conflagración mundial, la dirigencia oficial judía celebró ilusionada el triunfo del Partido Laborista en Gran Bretaña. Confiaba en que la afinidad ideológica y el cumplimiento de las promesas electorales, por fin, consagrarían la instauración de la soberanía judía en *Eretz* Israel. Sin embargo, sucedió lo contrario. El laborismo incrementó las restricciones e intensificó la persecución de quienes organizaban la inmigración ilegal. Esto determinó que las organizaciones de defensa judías decidieran actuar en forma coordinada contra los ingleses, por un período que solo duró diez meses.

El *Irgún* le presentó un plan de represalia a la *Haganá*. Pretendía atentar, ni más ni menos, contra la sede de la Comandancia Militar británica, situada en el imponente hotel King David, en Jerusalén. Al principio la *Haganá* lo aceptó, pero luego solicitó que se postergara. El *Irgún* siguió adelante con su plan; introdujo tarros de leche con trescientos kilogramos de explosivos en la cocina del hotel, y tal como era su procedimiento habitual, dio aviso a tres oficinas para que evacuaran el edificio. Dina Botbol, con apenas dieciséis años, fue una de las encargadas de realizar las advertencias. Llamaron a la recepción del hotel, al Palestine Post y al Consulado de Francia, que estaba muy cerca y podía verse afectado por la explosión. Además se dio aviso a los transeúntes que pasaban por el lugar.

Las autoridades británicas rehusaron «aceptar órdenes de los judíos» e impidieron que el hotel fuera evacuado, lo que causó un gran número de víctimas y la ruptura del comando judío unificado a mediados de 1946. Cuatro combatientes del *Etzel* fueron ahorcados en la cárcel de Acre. En una medida de represalia sin precedentes, dos agentes británicos fueron capturados y ahorcados. Esto causó la ira del gobierno inglés y también de las autoridades oficiales judías.

Ese mismo año, partió de Francia el buque *Éxodo* con más de 4.500 judíos sobrevivientes del Holocausto. Los buques destructores británicos les impidieron desembarcar en las costas de Palestina con disparos; hubo muertos, y otros fueron devueltos a las costas francesas. Estos se negaron a descender del barco e iniciaron una huelga de hambre. Los británicos condujeron a los pasajeros a Hamburgo, una zona de Alemania que aún ocupaban, y los obligaron a desembarcar por la fuerza. Todas estas acciones minaron la moral y la imagen de Gran Bretaña, que decidió abandonar la región. Las Naciones Unidas crearon un Comité Especial para Palestina, la UNSCOP, que para resolver el conflicto entre judíos y árabes, recomendó dividir el área en dos Estados: uno judío y otro árabe.

El territorio en el que se extendió el Estado judío en la antigüedad, y que cien años después de la muerte de Jesús el Imperio romano renombró Palestina, ya había sido objeto de una división. Después de la Primera Guerra Mundial, tras el acuerdo Sykes-Picot, Gran Bretaña pasó a ejercer su dominio sobre Egipto, Irak y Palestina. En 1922 los británicos decidieron dividir Palestina y crearon el Emirato de Transjordania, al este del río Jordán, otorgándole el 74 % del territorio al príncipe achemita Abdulah, aunque su población era —y continúa siéndolo— palestina en su inmensa mayoría. Al convertirse en un Estado independiente, se denominó Jordania. Toda la historia que conocemos como la partición de Palestina, la creación de Israel y el conflicto árabe-israelí se desarrolla en el 26 % del territorio restante. En noviembre de 1947 la Asamblea General de las Naciones Unidas aprobó la fórmula de dos Estados. Estados Unidos, la Unión Soviética y la mayoría de los países comunistas y latinoamericanos, con excepción de Cuba, votaron favorablemente. Todos los países árabes votaron en contra. La comunidad judía en Palestina aceptó la propuesta y celebró alborozada junto a los judíos de todo el mundo la creación de un Estado judío, en una pequeña fracción de *Eretz* Israel, la Tierra de Israel histórica.

Desconociendo el profundo significado espiritual que tenía para los judíos, a Jerusalén le fue asignado un estatus especial y permaneció bajo administración internacional, aunque históricamente jamás fue capital de ninguna otra nación más que del pueblo judío. El vínculo de amor que une al pueblo con la ciudad no tiene comparación en la historia de las naciones.

El 14 de mayo de 1948, un día antes de que expirara el mandato británico, David Ben Gurión proclamó en el museo de Tel Aviv la Independencia del Estado de Israel. Dina y su familia se unieron a la muchedumbre que festejaba y danzaba en las calles, pletórica de alegría. Los Botbol también bailaban en la calle, aunque Prosper tenía el foco de atención lo suficientemente amplio como para mirar de reojo y sentirse un poco inquieto ante la efusividad con que los muchachos abrazaban a sus hijas en el extraordinario festejo colectivo. Sin embargo, el verdadero peligro que los acechaba provenía de otro lugar. Mientras la población exteriorizaba su alegría bailando en las calles de Israel, en ese mismo instante los ejércitos de los países circundantes se preparaban para asestar un masivo y contundente ataque que acabaría con los motivos de su algarabía.

Los judíos que vivían en esos países fueron objeto de discriminación, hostigamiento, persecución, violencia, disturbios, privación de la ciudadanía y hasta de confiscación de bienes. Estas acciones configuraron una virtual expulsión.

La gran mayoría huyó. Más de las dos terceras partes, alrededor de ochocientos mil, se salvaguardaron en Israel. Se estima que la superficie de las tierras tomadas de los judíos desplazados equivaldría a cinco veces el territorio asignado a Israel por las Naciones Unidas... Pero esa noche mágica celebraron la creación del nuevo Estado, inmersos en la multitud, aunque los festejos no duraron más que unas horas.

La reacción de la Liga Árabe ante la partición de Palestina fue de enérgico y absoluto rechazo. Su secretario general, Azzam Pachá, amenazó con una devastadora respuesta armada: «Será una guerra de exterminio, una terrible matanza, comparable a los estragos de los mongoles y a las Cruzadas». La ONU nunca tuvo ningún tipo de reacción ante tal amenaza, que efectivamente se concretó.

Horas después de la declaración de Independencia, ocho ejércitos, de los diez países árabes que existían, invadieron el diminuto territorio con el objetivo de «eliminar al Estado hebreo y echar a los judíos al mar». Los líderes árabes exhortaron a los pobladores a evacuar el lugar temporalmente, mientras sus ejércitos arrasaban con todo a su paso. Su supremacía militar les hizo creer que en cuestión de pocas semanas los árabes, que después se darían a sí mismos el nombre de palestinos, podrían regresar y retomar sus posesiones.

Aunque la narrativa oficial palestina, posteriormente, intentara negar ese hecho, hay abundante documentación al respecto. A título de ejemplo, Nuri Said —primer ministro de Irak— expresó: «Aplastaremos al país con nuestros cañones y barreremos todos los sitios en que los judíos busquen refugio. Los árabes deben llevar a sus mujeres y sus hijos a áreas seguras hasta que el combate haya terminado».

Lo primero que debía hacer el incipiente Estado para defenderse con posibilidades de éxito era unificar todas las milicias combatientes. El *Palmaj*, el *Irgún* y el *Leji* se incorporaron al mando unificado de la *Haganá*. Apenas declarada la independencia, el *Irgún* logró fletar desde Europa un barco —el *Altalena*— con un cargamento de armas y hombres. A bordo viajaban novecientos nuevos inmigrantes, provenientes de los más diversos países, muchos de ellos sobrevivientes del Holocausto, dispuestos a sumarse al combate por la independencia judía. Siete eran jóvenes cubanos, entre los que se encontraba Daniel Levy, íntimo amigo de mi abuelo Benjamín Slonimsky.

Debido a que Jerusalén no pertenecía a Israel, se asignó una unidad de combate especial del *Irgún* para combatir allí. Ben Gurión temió que esto pudiera implicar la existencia de un ejército dentro de otro ejército. Ante la duda de una posible insubordinación, ordenó al ejército apoderarse de todo el cargamento o, en su defecto, hundir el barco. La mayoría de los inmigrantes a bordo no sabía que existían distintas organizaciones y mucho menos que tenían tales diferencias. Mayúscula fue su sorpresa cuando al acercarse al destino soñado, la *Haganá* comenzó a dispararles. El capitán del barco ordenó repeler los ataques, pero Beguin, sorprendido y desesperado, gritaba que los judíos no debían disparar contra judíos.

Los cubanos Daniel Levy, Alberto Forma y Mordejai Maya fueron asignados a defender la borda izquierda del barco. Algunos miembros de la *Haganá* rehusaron a bombardear a sus propios hermanos. Las consecuencias de ese enfrentamiento fratricida fue que el barco se hundió, el cargamento se perdió y diecisiete tripulantes murieron, entre ellos los cubanos David Mitrani y Daniel Levy, las primeras víctimas latinoamericanas de la independencia israelí.

Dina se encontraba en la playa; junto a otros integrantes del *Irgún* acudieron a rescatar a los sobrevivientes. Ninguno optó por irse de Israel, a pesar de la tragedia vivida. Todos permanecieron y continuaron la lucha, para luego edificar allí sus vidas. Jamás la lejana comunidad cubana pudo entender las razones por las cuales Ben Gurión ordenó disparar contra judíos. Su sepelio se realizó en Tel Aviv y fue de una concurrencia multitudinaria.

La historia demostró que las sospechas de Ben Gurión eran infundadas. Beguin jamás planeó alzarse en armas ni concibió disparar contra sus hermanos, ni siquiera cuando durante la ocupación inglesa la Agencia Judía había adoptado la política de perseguir a los miembros del *Irgún* y del *Leji* y a sus familias, expulsando a sus hijos de la escuela, haciéndoles perder el trabajo, denunciándolos e incluso secuestrándolos para entregarlos a las autoridades británicas.

Nunca respondieron. Pero esa persecución los marcó a fuego. Forjaron entre ellos un vínculo especial de solidaridad, un sentimiento profundo de confianza mutua y hermandad. Se consideraban a sí mismos integrantes de la misma «familia combatiente».

En ese contexto se conocieron nuestros anfitriones Dina Botbol y Aarón Stein. Tres semanas después del desastre del *Altalena*, Dina participó en otra misión: recibir a los presos que venían de África, entre los que se encontraba Aarón. Se vieron aun antes de que Aarón pudiera desembarcar, y desde ese momento siguieron juntos sus vidas. Formaron una familia que nació en el seno de otra familia, la «familia combatiente». Finalizada la guerra, la mayoría de los integrantes del *Irgún* pasaron a engrosar las filas del partido político que fundó su líder Menajem Beguin: el *Jerut* (Libertad).

Aarón y Dina siempre simpatizaron con el partido y participaron de la fundación de Nordía, una de sus comunas agrícolas, pero no militaron políticamente. En el campo de batalla fueron luchadores por la soberanía judía en Israel, verdaderos combatientes por la libertad.

Rebeliones

Después de la canción que abre el *Séder* de *Pésaj* vienen los actos ceremoniales; para comenzar, la bendición y la primera copa de vino (en total se toman cuatro). El vino es símbolo de alegría; su proceso de elaboración consiste en extraer algo que está oculto, pero latente. Es una analogía de la espiritualidad de los seres humanos, que muchas veces está escondida, y es en este tipo de celebraciones que aflora y se exterioriza. Las cuatro copas de vino del *Séder* representan cada una de las modalidades con las que Dios liberó al pueblo judío: «y los sacaré debajo de las cargas de los egipcios (...) y os liberaré de la servidumbre de ellos (...) y os redimiré con brazo extendido (...) y os tomaré por pueblo mío», (Éxodo 6:6-7).

Mi abuela Ruth, por el contrario, estaba muy alejada de esa espiritualidad. A medida que crecía, el vínculo de sus padres con el resto de los judíos se debilitaba. No recibió educación judía formal. La escuela judía más cercana era la Teodoro Hertzl, en La Habana, a más de novecientos kilómetros de Santiago.

Los sefaradíes mantenían en Santiago de Cuba muchas de las costumbres y tradiciones de Turquía; hablaban entre sí en ladino, antiguo dialecto judeoespañol; no se casaban con personas que no fueran de su misma fe; el papel que le asignaban a la mujer se circunscribía a la familia y a la sinagoga, solo podían dedicarse a tareas hogareñas, no trabajaban fuera de la casa.

Los valores que le inculcaron a mi abuela Ruth, en cambio, diferían en mucho de estos. Aun así contrajo matrimonio con un joven judío, Benjamín Slonimsky, quien llegó desde Polonia, huyendo del horror del nazismo, junto a su hermano mayor Mendel, el otro superviviente de la familia. Tomaron la primera embarcación que pudieron sin importar el destino; luego supieron que se dirigían hacia América Latina. El gueto del que provenían les había quitado todo: padres, hermanas, al resto de la familia, unos pocos bienes materiales, y un importante trozo del alma.

Benjamín no hablaba español, solo polaco e idish; de hecho le decían el Polaco. La primera persona con la que entabló relación fue con Daniel Levy, cubano, de origen sefaradí, y sionista acérrimo; a pesar de los idiomas diferentes, llegaron a ser muy amigos. Benjamín no tenía un oficio; fue su suegro Ioan quien le enseñó el trabajo de buhonero. Ioan había comprado un vehículo y ya contaba con una cartera de clientes propia, lo que facilitaba tanto la venta como el otorgamiento del crédito.

La historia iba a tener un giro brusco pocos meses después de que naciera su primera hija, mi madre Sonia. En 1956 las fuerzas rebeldes atacaron por sorpresa diversos puntos estratégicos de la ciudad: las estaciones de policía, la marina y el cuartel Moncada. El objetivo era distraer la atención de las tropas del dictador Fulgencio Batista para permitir desembarcar al yate Granma, donde venía Fidel Castro desde México con decenas de guerrilleros. Estos lograron internarse en la Sierra Maestra, el foco desde donde extendieron su lucha revolucionaria a todo el país.

Durante dos años, los rebeldes, comandados por el Che Guevara, Camilo Cienfuegos y Raúl Castro, entre otros, fueron tomando las principales ciudades y pueblos. A fines de 1958 obtuvieron decisivos triunfos en Santa Clara, Yaguajay y, por último, en La Habana. Mientras tanto, los comandados por Fidel Castro sitiaron Santiago de Cuba. Las actividades de la ciudad quedaron paralizadas. Aviones de combate con metralletas del gobierno sobrevolaban la ciudad. La población ayudó a los rebeldes y engrosó sus filas; los escondían en sus casas, los cuidaban, curaban a los heridos y alertaban de la presencia del ejército. Finalmente triunfaron y tomaron la ciudad. En la noche del primer día de 1959, Castro proclamó en la plaza principal, desde el balcón central de la sede del Gobierno Municipal, la victoria de la revolución.

Para ese entonces prácticamente ya no había clase obrera judía. La gran mayoría de los judíos que residían en La Habana se habían convertido en empresarios, y gozaban de una buena situación económica. Gran parte de los judíos abandonaron Cuba; muchos fueron a Estados Unidos, al igual que muchos otros cubanos no judíos; otros emigraron a Israel, o se dispersaron por los países latinoamericanos. La comunidad judía, que había llegado a ser de quince mil almas, se redujo a menos de mil.

Los judíos habían logrado obtener, después de mucho esfuerzo, éxito económico. No estaban dispuestos a borrar de un plumazo todo lo que habían conseguido en nombre de elevados y utópicos ideales. Otra vez debían emprender un nuevo comienzo; por esa razón, casi todos huyeron. Casi todos, pero no mis abuelos. Ellos no solo veían con simpatía la revolución, sino que también se consideraban revolucionarios. Benjamín era amigo personal de Avremel Simjovich, que luego cambió su nombre a Fabio Grobart, uno de los fundadores del Partido Comunista de Cuba y de la Central de Trabajadores.

Ruth estaba embarazada de mi tío Alberto, y mi mamá Sonia era aún muy pequeña. No parecía razonable abandonar lo construido y nuevamente irse a lo desconocido. A pesar de pertenecer a un pueblo errante, siempre resulta difícil percatarse de cuándo ha llegado el momento indicado para partir.

Por haberlo hecho fue que Shlomo Stein, el padre de Aarón, había logrado salvar su vida. Lo dejó todo para comenzar de nuevo. Nació a principios de siglo en Kisvarda, un pequeño poblado en el noroeste de Hungría, cerca de la frontera con Eslovaquia, Ucrania y Rumania. Se conocía como la «pequeña Jerusalén», debido a que, en ese entonces, un tercio de su población eran judíos, la mayoría agricultores.

Desde 1939 la potencia mandataria había instaurado el Libro Blanco, una política de férrea restricción a la inmigración judía a Palestina. Más de dos décadas antes, el propio gobierno, a través de su canciller Balfour, había alentado las esperanzas de los judíos y reconocido sus derechos sobre la Tierra de Israel, considerando necesario establecer allí para ellos un Hogar Nacional. Traicionando ese compromiso, intentaban reducir la relevancia demográfica de los judíos, limitando su emigración y prohibiéndoles la compra de tierras. Esto no solamente debilitaba las posibilidades de concretar el sueño sionista, sino que la mayoría de los cientos de miles a los que les negaron el ingreso a Palestina perecieron bajo la bestia nazi.

La organización más activa en fomentar la inmigración ilegal fue el *Irgún*. Discrepaba con la política de la *Haganá*, a la que consideraba excesivamente moderada por no poder prevenir los actos de violencia, asesinato y vandalismo de los árabes. El gran muftí de Jerusalén, Haj Amin Al Husseini, que luego fuera aliado y admirador de Hitler, tenía como objetivo la aniquilación de los judíos de Palestina, y con ese fin organizó y lideró esas matanzas. David Ben Gurión, presidente de la Agencia Judía para Israel y de la Organización Sionista Mundial, virtual gobierno de la comunidad judía, de profundas convicciones sionistas y socialistas, era partidario de una respuesta contenida para evitar una escalada de la violencia. El *Etzel*, en cambio, entendía necesario una mayor agresividad en las operaciones militares. Para producir efectos disuasivos debían admitirse acciones de represalia. Menajem Beguin, quien fuera posteriormente su líder, expresó: «No hay duda de que el ataque es la única defensa eficaz. Las medidas defensivas no evitan bajas, solo permiten al agresor conservar la iniciativa».

Jabotinsky entendió que la respuesta al Libro Blanco debía ser una emigración ilegal de gran escala, un «plan de evacuación» que debía trasladar a millones de judíos de Europa. En el marco de esas operaciones, Shlomo y Masza Stein, con sus pequeños hijos Aarón y Hanna, abordaron el buque *Sakaria* que arribó a la playa de Tantura, cercana a Haifa, pocas semanas antes de que estallara la Segunda Guerra Mundial. Toda la operación había sido cuidadosamente planificada por el *Irgún*. Al desembarcar, todos los pasajeros fueron dispersados y distribuidos en diferentes poblados para evitar que fueran deportados. Cuando comenzó la Segunda Guerra Mundial, el *Irgún* anunció el cese de sus actividades contra los británicos, para no entorpecer sus esfuerzos frente al enemigo común.

La familia Stein se asentó en la Ciudad Vieja de Jerusalén. Shlomo consiguió trabajo en una carpintería, mientras que Aarón se enroló en las filas de Betar, el movimiento juvenil perteneciente a la corriente del llamado Sionismo Revisionista, también fundado por Jabotinsky, del que se nutría el *Irgún*. Aarón concurría al Betar de Najalat Itzjak, cercano a Jerusalén.

Mientras tanto, en Europa ocurría la atrocidad del Holocausto. Un horror inconmensurable, sin parangón en la historia de la humanidad. Más de un tercio de los judíos de Europa, unos seis millones de personas, fueron aniquilados bajo el dominio nazi. Nunca antes un Estado moderno, civilizado y culto, había puesto en marcha una maquinaria cuyo propósito fuese exterminar a todos y cada uno de los integrantes de un colectivo. Para ello contó con toda la sociedad europea en su conjunto. El profundo y desenfrenado antisemitismo que sentían envenenó sus mentes. El demonio del antisemitismo los poseyó de tal forma que veían a los judíos como subhumanos. Solo este proceso de deshumanización puede explicar por qué la sociedad europea participó, tanto pasiva como activamente, en el asesinato de judíos en todos los territorios conquistados por los nazis. Simplemente no le daban valor a sus vidas.

Cuando el Partido Nacionalsocialista se convirtió en el único legal en Alemania, procedió a despojar de la ciudadanía a los judíos y a apartarlos de la vida económica. Fueron confiscadas sus empresas, debieron entregar los valores que poseían, se les prohibió ejercer sus profesiones, fueron expulsados de los organismos estatales y de los bancos, y sus hijos de las escuelas. Se les prohibió casarse, tener relaciones sexuales con arios, y vivir en los mismos edificios o barrios. La separación física originó los guetos. Posteriormente, millones de judíos provenientes de toda Europa fueron trasladados a los campos de concentración en vagones de carga sin ventanas, comida, agua ni baños. Fueron sometidos a trabajos forzosos. La esclavitud faraónica empalidecía ante las condiciones inhumanas, enfermedades, desnutrición, hipotermia y castigos que padecían. La crueldad cínica de sus carceleros causó un alto porcentaje del total de las muertes.

Cuando el ejército conquistaba nuevos territorios, los escuadrones de la muerte tenían el objetivo específico de fusilar a los judíos. Pero este procedimiento de matanza no resultaba lo suficientemente rápido y eficiente para efectivizar la «solución final del problema judío», por lo que se decidió construir, para ese fin, los campos de exterminio. Allí, con los más modernos métodos industriales, como los hornos crematorios y las cámaras de gas, especialmente diseñadas a tales efectos, se procedió al asesinato masivo y sistemático.

Shlomo abandonó su pueblo natal y dejó allí a toda su familia. Cuando los nazis invadieron Hungría, el barrio judío de Kisvarda fue convertido en un gueto. También allí encerraron a los judíos provenientes de los pueblos cercanos, a quienes alojaron en la antigua sinagoga que luego incendiaron. El gueto tenía siete mil quinientas personas hacinadas; muy pronto comenzaron a ser deportadas al infierno de Auschwitz. Los soldados alemanes eran muy escasos en número, pero contaron con la diligente colaboración de la gendarmería húngara para confinar a los judíos en el gueto y luego transportarlos en tren a los campos de exterminio. Los hermanos menores de Shlomo, Alexander y Joseph, fueron enviados a un campo de trabajos forzosos en Janowska, Ucrania, donde murieron trabajando. Sus padres, Helen e Isaiah Stein, fueron ejecutados en las cámaras de gas de Auschwitz bajo los inmediatos y letales efectos del Zyklon B, una forma de cianuro de hidrógeno. A algunos cientos de metros de allí, sus dos hermanas, Gizella y Veronika, fueron utilizadas como conejillos de indias en monstruosos experimentos médicos, y luego eliminadas. Antes de morir, mientras sufrían lo indescriptible, divisaron aviones aliados que sobrevolaban el campo de exterminio. Nunca, a ninguno de ellos, les cayó una sola bomba que tuviera como blanco las cámaras de gas, los hornos crematorios, o los rieles del tren que conducían a los prisioneros al campo. A pesar de que los líderes de las potencias aliadas, particularmente los británicos, tenían pleno conocimiento del genocidio que se estaba llevando a cabo, no hicieron el más mínimo esfuerzo por evitarlo.

Occidente cerró los ojos y dio la espalda a los judíos. Ningún país en el mundo, a excepción de República Dominicana, estuvo dispuesto a recibirlos para salvarlos. Algunos afortunados lograron sobrevivir emigrando de forma ilegal. Otros fueron rescatados gracias a la ayuda humanitaria de una pequeña minoría: diplomáticos de extraordinario coraje, que poniendo en riesgo sus propias vidas y la de sus familias, y contraviniendo las disposiciones de sus gobiernos, expedían pasaportes y visados para permitirles escapar del exterminio. Un exterminio que los nazis apresuraron, antes de que se produjera su derrota.

No había duda de lo imprescindible que resultaba la inmediata instauración de un refugio, de un hogar nacional, o de un Estado para los judíos.

Al conocerse la magnitud del Holocausto, el *Etzel* decidió poner fin al alto el fuego y rebelarse contra el gobierno británico. Consideró a la potencia mandataria cómplice del genocidio nazi, debido a que su política antiinmigratoria impidió a los perseguidos encontrar refugio, y contribuyó a elevar el número de víctimas. Para evitar la guerra, Gran Bretaña debía transferir el poder a un gobierno judío, que tendría como objetivos prioritarios la evacuación en masa de los judíos europeos y la justicia social e igualdad de derechos para todos los habitantes árabes y judíos. El liderazgo oficial judío estaba horrorizado ante la decisión del *Irgún*, pues albergaba la esperanza de que Gran Bretaña cambiara su política y permitiera una inmigración masiva de judíos, hecho que jamás aconteció. Estas diferencias estuvieron a punto de provocar, en más de una ocasión, una guerra civil judía, que siempre fue evitada.

Declarada la Independencia, todas las fuerzas paramilitares judías se unificaron en *Tzahal*, las Fuerzas de Defensa de Israel (FDI). Recién formadas y mal equipadas, debían repeler la invasión. Solo uno de cada dos o tres soldados estaba armado. No contaban con artillería pesada, vehículos blindados ni aviación. Israel fue atacado desde todos los puntos cardinales, por numerosos y poderosos ejércitos nacionales, cuyo propósito explícito era echar a los judíos al mar. Semanas más tarde, Israel obtuvo material bélico pesado procedente de Checoslovaquia.

La lógica militar indicaba que la victoria árabe era inevitable. Sin embargo, los israelíes se hallaban ante un peligro existencial y sabían perfectamente lo que significaba. No tendrían otra oportunidad y debían luchar por sus vidas, la de sus familias y su pueblo. En cambio, los árabes no combatían por su vida o por su libertad; muchos ni siquiera sabían por qué debían hacerlo. Otros eran mercenarios, malhechores, o habían sido reclutados contra su voluntad. Los ejércitos árabes no respondían a un comando único y carecían de una estrategia global. Los israelíes comenzaron a rechazar a las fuerzas invasoras, y pasaron a controlar una superficie mayor que la que les fuera asignada por la ONU. La mayor parte de los pobladores árabes huyeron ante el peligro.

Tristemente célebre es el caso de la aldea árabe Deir Yassin. Semanas antes de la invasión, los habitantes judíos de Jerusalén estaban sitiados por las fuerzas árabes y carecían de los suministros básicos. Para romper el asedio, Deir Yassin debía ser ocupada para abrir un corredor entre Jerusalén y Tel Aviv, única vía posible de abastecimiento. La ofensiva estuvo a cargo del *Irgún* y del *Leji*, con armas provistas por la *Haganá*. Hubo cruentos combates, resistencia y decenas de heridos y muertos de ambos bandos, muchos de ellos no combatientes. En torno a la toma de este poblado se tejieron múltiples leyendas. Los líderes y la prensa árabe alegaron que las fuerzas judías cometieron todo tipo de atrocidades con el fin de justificar la invasión. Pero en los hechos, el efecto más importante que generaron fue propagar el pánico entre los pobladores árabes, que optaron por huir masivamente.

Aarón Stein no participó, pues estaba preso en Kenia, pero apenas llegó a Israel, se reincorporó a su antigua unidad del *Irgún*, la única que todavía no se había integrado formalmente a las Fuerzas de Defensa de Israel. Al mando estaba Shmuel, un judío proveniente de Sudáfrica.

El sitio había dejado a Jerusalén al borde de la inanición. Los enfrentamientos se prolongaron durante meses. Fueron intensos, terribles y sangrientos, y se cobraron una altísima cantidad de víctimas. El Cuarto Regimiento de la Legión Árabe se había parapetado en lugares elevados para obtener una ventaja estratégica. En más de una ocasión, Aarón sintió que su vida corría serio peligro. En esos momentos de zozobra, decidió que si sobrevivía y volvía a ver a Dina, le iba a proponer matrimonio.

El 1 % de la población judía pereció en la Guerra de Independencia. De los seis mil muertos, mil quinientos cayeron en defensa de Jerusalén, cuya Ciudad Vieja quedó en manos de Transjordania. El barrio judío fue desmoronado; veintidós de las veintisiete sinagogas que albergaba fueron destruidas, y el cementerio del Monte de los Olivos fue arrasado. La ciudad quedó dividida y a los judíos se les prohibió visitar sus lugares más sagrados, como el Muro de los Lamentos.

En 1949 Israel firmó armisticios con Egipto, Líbano, Transjordania y Siria. Como consecuencia de la guerra de que fue objeto, Israel se apoderó de territorios en la planicie costera, la Galilea y el Neguev. Los territorios que la partición había asignado para el Estado árabe, Judea y Samaria (llamadas Cisjordania) quedaron bajo dominio jordano, y la Franja de Gaza bajo administración egipcia. Jamás a nadie se le ocurrió proclamar un Estado palestino en esas tierras mientras estuvieron en poder de los árabes, ni siquiera sugerir su necesidad. Esta reivindicación surge muy posteriormente, después de que Israel capturara esos territorios en la Guerra de los Seis Días, diecinueve años después.

Los árabes se aseguraron de que no quedara ni un solo judío en las zonas que ellos controlaban. En cambio, más de ciento cincuenta mil árabes permanecieron en los territorios bajo soberanía israelí, aunque la gran mayoría evacuaron sus hogares, a la espera del regreso tras una victoria árabe, que nunca se produjo. Esto dio origen a uno de los problemas medulares del conflicto árabe-israelí: los refugiados palestinos. A pesar del mito, lo que realmente sucedió es que, como consecuencia de la guerra de aniquilación que lanzaron los árabes, se produjo un intercambio de poblaciones que huían de la violencia. La mayoría de los aproximadamente seiscientos cincuenta mil refugiados árabes jamás vio de cerca a un soldado israelí. Pero algunos se sintieron amenazados. Otros confiaron en sus líderes, que los alentaron a abandonar sus tierras con el fin de facilitarles la tarea de aniquilar a los judíos.

Por otro lado, ochocientos mil judíos fueron desposeídos y expulsados de los países agresores, como Egipto, Siria,

Yemen, Marruecos, Irak o Libia, sin recibir ningún tipo de compensación. No hay ninguna diferencia sustancial entre ambos tipos de refugiados, los árabes palestinos y los judíos. La Guerra de la Independencia significó para los israelíes su emancipación. En cambio, los palestinos la recuerdan como la *Nakba* (catástrofe), el origen de todas sus desgracias. La verdadera catástrofe radicó en que, mientras los judíos fueron acogidos en Israel con los brazos abiertos como hermanos, y obtuvieron todos los derechos ciudadanos desde el mismo instante en que pisaron la tierra de sus ancestros, los palestinos fueron segregados en todos los países árabes a los que llegaron.

No se realizaron esfuerzos para reubicarlos, compensarlos e integrarlos como sí se hizo con los otros cincuenta millones de refugiados que estaban en idéntica situación debido a la Segunda Guerra Mundial y otros conflictos. Fueron confinados en campos de refugiados, sin recibir derechos civiles ni políticos, con restricciones para acceder a la educación, a la salud y a los derechos básicos elementales. Nunca se les permitió llevar una vida normal, ni integrarse al resto de la sociedad. No se pretendió resolver su dolor, sino mantenerlo, con el único fin de culpabilizar a Israel y eternizar la guerra. Es así como nace una nueva identidad nacional: la palestina. Su sustrato ideológico es la narrativa de victimización, y su *ethos*, combatir a Israel. Se define a sí misma por negación al movimiento nacional judío, al que le atribuye la causa de todos sus males. Busca venganza y no reconciliación. No reconoce ninguna responsabilidad del bando árabe. Reclama el derecho a retornar y recibir indemnizaciones, pero no admite el sufrimiento ni los derechos de los desplazados judíos.

Paralelamente los israelíes también comenzaron a forjar una nueva identidad. Aunque provenientes de más de cien países, y hablando más de ochenta idiomas, comenzaron a confluir y a fusionarse en un nuevo espíritu colectivo. Una identidad nacional que tiene como atributos fundamentales la lucha por la supervivencia y la rebeldía contra la injusticia y la adversidad.

También los jóvenes Aarón y Dina transitaron este proceso. Se casaron antes de que finalizara la guerra y sin conocer su desenlace. El novel matrimonio, junto a decenas de otros miembros del *Irgún*, fundó el *Moshav Nordía*. A treinta y cinco kilómetros de Tel Aviv, y a cinco del mar Mediterráneo, el *moshav* basaba su economía en una intensiva agricultura.

Moshav es una comuna rural de carácter cooperativo, similar al modelo socialista de *kibutz*. El *kibutz* es también un asentamiento agrícola, pero con un grado mayor de colectivización de la propiedad. La tierra, los bienes, las herramientas de trabajo, la producción, el consumo, y hasta la educación de los niños, son colectivos; cada cual recibe de acuerdo a sus capacidades y necesidades. El *moshav*, en cambio, considera a la familia como la unidad y reconoce la propiedad privada, pero organiza el consumo, la producción y comercialización, y la salud y los servicios sociales en forma de cooperativa. En ambos casos, el objetivo era redimir la tierra con las propias manos. Tanto unos como otros fueron fundamentales para el desarrollo rural del país, y realizaron una tarea agrícola que se puede catalogar como milagrosa, al lograr hacer florecer el desierto, una tierra árida que no había sido trabajada por milenios. Y todo ese trabajo se debía hacer empuñando el arado con una mano y el fusil con la otra, tal como lo reflejaban paradigmáticamente Dina y Aarón, tras haber blandido las armas con valentía y heroísmo, podían, por fin, dedicarse a trabajar la tierra y a edificar su sueño.

Después de la firma del armisticio entre Israel y sus vecinos agresores, la situación de seguridad era de suma fragilidad. Aun así, Aarón y Dina proyectaban su vida con optimismo, y antes de firmarse el último acuerdo con Siria, ya estaban esperando a su primer hijo, Amos.

Nunca se firmaron los tratados de paz con los Estados árabes, y tampoco se produjo el fin de las hostilidades. Por el contrario, eran permanentes los ataques terroristas de los *fedayines*, guerrilleros que operaban desde la Franja de Gaza, dominada por Egipto. Dos años más tarde, el día que vino al mundo Eli, el segundo hijo de los Stein, Gamal Abdel Nasser lideró un golpe de Estado en Egipto.

Nasser impulsó una política nacionalista árabe, de enfrentamiento con Occidente y acercamiento a la URSS. Decidió nacionalizar el canal de Suez y bloquear los estrechos de Tirán; así cerró la principal vía de comunicación para transportar petróleo desde el golfo Pérsico a Europa. Los dos países más perjudicados fueron Francia y Gran Bretaña, principales accionistas del canal de Suez y beneficiarios del petróleo que por este circulaba. Por su parte, Israel veía cerrada su única salida al mar Rojo. Estos tres países establecieron una alianza militar para atacar Egipto. Aarón, a sus treinta años, con dos niños pequeños y su mujer embarazada, fue movilizado como reservista, aunque finalmente no debió participar de ninguna acción directa. Según lo planificado, en 1956 Israel atacó Gaza, invadió el Sinaí y en pocos días capturó toda la península. Tal cual lo habían previsto, la «mediación» franco-británica fue rechazada por Egipto; lo que dio lugar a que estos iniciaran acciones bélicas.

Sin embargo, Estados Unidos y la Unión Soviética, polos antagónicos de la Guerra Fría, concordaron en exigir el cese del fuego por parte de la ONU. Los protagonistas se vieron obligados a aceptarlo; Gran Bretaña y Francia quedaron relegadas como potencias en el concierto internacional, mientras que las dos grandes fuerzas afianzaron su prestigio e influencia.

Israel, en cambio, logró todos sus objetivos militares. Capturó el territorio que se propuso, obtuvo la libre navegación para sus buques y se alineó definitivamente con el bloque occidental.

Nasser también obtuvo logros políticos. Terminó con el control del canal de Francia y Gran Bretaña. Además, consiguió ayuda de la Unión Soviética para financiar la gigantesca represa de Asuán sobre el río Nilo, con el fin de producir energía hidroeléctrica y poder utilizar el agua para riego. Pero lo más importante fue que su figura emergió como la de un líder; un líder capaz de enfrentar a Occidente y enarbolar el panarabismo unido para luchar contra Israel, lo que provocó las siguientes guerras.

Profesiones

Después de beber la primera copa de vino, la celebración del *Séder* prosigue con la bendición de agradecimiento por tener la posibilidad de vivir ese momento: «Bendito seas, Señor, Dios nuestro, Rey del Universo, que nos dio vida, nos sustentó y nos permitió llegar a este día».

A continuación se procede al lavado ritual de manos. En el judaísmo el agua representa la pureza. Luego se sumerge un trozo de verdura en agua salada para recordar las lágrimas y el sufrimiento que provoca la esclavitud. Después de ingerirla, se parte la *matzá* de en medio de las tres que se encuentran en el plato central. El trozo más grande se guarda para el *afikomán*, que es escondido por los adultos para que los niños lo encuentren; se come al final de la cena ya que debe ser el último alimento sólido ingerido. El trozo más pequeño se vuelve a poner en la bandeja, luego se alza y se recita: «Este es el pan de la pobreza que nuestros antepasados comieron en Egipto. Quien necesite que venga y celebre *Pésaj* con nosotros. Este año estamos aquí, el año próximo estaremos en la Tierra de Israel. Este año somos siervos, el año próximo seremos libres».

Mi madre Sonia y mi tío Alberto no conocían la pobreza en Santiago. Iban a la escuela, jugaban con los demás niños en las empinadas, angostas y empedradas calles que desembocaban en el mar azul celeste y verde esmeralda. El abuelo Benjamín había logrado establecerse. Tenía un comercio en el que vendía básicamente los mismos artículos que antes ofrecía como vendedor ambulante, en su mayoría vestimenta y calzado, sumado a los nuevos artículos importados. Su suegro Ioan, quien le había enseñado todo, siguió trabajando con él y ahora disfrutaba tras el mostrador de llevar las cuentas, pagar a los proveedores, otorgar crédito a los clientes y demás tareas administrativas. El negocio marchaba viento en popa. Ellos habían apoyado y apostado a la revolución. A fin de cuentas, en el gobierno anterior primaba una corrupción generalizada. Se sentían plenos y coherentes. Se podía ser muy cubano y orgulloso de serlo y muy judío y orgulloso de serlo. Pero paulatinamente las cosas iban a empezar a cambiar.

El gobierno implementó la reforma agraria para suprimir la propiedad de grandes extensiones de tierra. Posteriormente, inició un proceso progresivo de nacionalizaciones, expropiaciones y confiscaciones a empresas privadas, la mayoría estadounidenses, como molinos de azúcar, destilerías, bancos y hasta la propia Coca-Cola. Esto produjo pánico en círculos empresariales, lo que generó un verdadero éxodo de cubanos, fundamentalmente hacia Estados Unidos; entre ellos, Mendel Slonimsky, quien emigró con su mujer e hijos. Antes de partir intentó convencer a su hermano Benjamín de que también abandonara la isla.

Pero Benjamín no quiso hacerlo. Tanto él como su suegro Ioan veían con simpatía todas esas medidas que iban contra el gran capital para favorecer a las clases más desposeídas. Incluso colaboraban económicamente con el Movimiento 26 de Julio. Tras el fracaso del ataque norteamericano a la bahía de Cochinos, Fidel Castro proclamó el carácter socialista de la revolución y su condición de marxista-leninista.

La Unión Soviética le había empezado a suministrar misiles balísticos de mediano alcance, con los cuales podía llegar a objetivos estadounidenses. El presidente de Estados Unidos, John Fitzgerald Kennedy, decidió bloquear navalmente la isla para evitar la llegada de más misiles. Después de tensas negociaciones —el mundo temió por una crisis nuclear— el primer ministro soviético, Nikita Jruschov, decidió no proseguir con dicho suministro y además desmantelar los misiles ya existentes.

El proceso de socialización de la propiedad se profundizó al nacionalizar las más diversas empresas. La ley excluía a los pequeños establecimientos comerciales atendidos por sus propios dueños y familiares, como era el caso del comercio del abuelo Benjamín. Sin embargo, unos años más tarde, el gobierno decidió nacionalizar lo poco que quedaba de propiedad privada, incluyendo a los pequeños negocios; la mayoría de estos comerciantes se sorprendieron mucho con la medida. Nunca creyeron que la conducción revolucionaria despojaría a quienes, hasta hacía poco tiempo atrás, también eran trabajadores. Para entonces, el Estado ya se había apoderado prácticamente de toda la producción de bienes. El Ministerio de Comercio Interior se encargaba de la distribución de los productos para el abastecimiento equitativo a toda la población. En los hechos, la consecuencia fue la escasez y el racionamiento de los productos de primera necesidad.

La mañana siguiente a la publicación de la ley, el dirigente del Comité de Defensa de la Revolución nombraba a su arbitrio a quien sería, desde ese momento, el nuevo administrador del negocio hasta entonces privado. Los CDR estaban presentes en cada barrio y tienen, aún hoy, el cometido de organizar la vida de los vecinos. Son los responsables de movilizar a la población para que participe en las actividades y manifestaciones del gobierno, y de vigilar su adecuado comportamiento «revolucionario». Pocas veces los encargados de los CDR tuvieron un criterio atinado para designar a las personas más idóneas. Muchas veces nombraban a gente que no poseía ninguna experiencia en esa área laboral específica (dependientes, amas de casa y exprostitutas). Quien debía ejecutar la intervención en el comercio de mi abuelo era Nicolás Quiñones, su vecino contiguo. Ellos tenían una relación de simpatía y amistad de años. Quiñones avisó a Benjamín unas cuantas horas antes para que la medida no lo tomara por sorpresa y darle tiempo para sacar del establecimiento sus efectos personales.

Más tarde, Quiñones se hizo presente con un puñado de vecinos, la mayoría, los deudores más contumaces del comercio. Abrigaban la esperanza de que, como consecuencia de la nueva situación, su deuda les fuera condonada. Mientras se procedía a la expropiación, festejaron el evento vociferando y profiriendo cánticos ofensivos como «gusano explotador».

Mi madre tenía doce años; jamás pudo olvidar esos ataques orales, esos gritos de consignas falsas y completamente injustas contra su familia. Fue la primera vez que sintió que ese no era el lugar al que pertenecía. A los expropiados se les otorgaba un nuevo trabajo, en lo posible en el mismo ramo, y se les adjudicaba un sueldo. De pronto se convertían en funcionarios del Estado, y trabajaban en una empresa estatal, que no era ni más ni menos que otro comercio intervenido.

Mientras tanto, en Israel no solo no se condenaba, sino que se estimulaba la iniciativa privada. Nordía estaba convulsionada por una fábrica de resortes que se había mudado desde Tel Aviv, pero los negocios no resultaron de acuerdo a lo planificado, por lo que, al poco tiempo, los socios decidieron abandonar el emprendimiento. Aarón Stein había trabajado con ellos desde el inicio; la fábrica contaba con solo diez empleados, todos integrantes del *moshav*. Aarón, con treinta y cinco años y tres hijos, no podía darse el lujo de quedarse sin trabajo, así que asumió la responsabilidad de hacerse cargo de la fábrica, mientras que la propiedad le pertenecería a todo el *moshav*. En los comienzos, las instalaciones no ocupaban más de cien metros cuadrados, y la línea de producción era bastante primitiva, impulsada por el motor de un viejo automóvil conectado a un torno. El *moshav* no contaba con recursos para invertir en tecnología, pero eso fue compensado por el ingenio de Aarón, que pocos años después logró adquirir la primera máquina automatizada de resortes. Al tecnificarse, aumentó su producción, clientela y empleados, que llegaron a ser una treintena, todos pobladores de Nordía.

Mientras tanto, lo que sucedía en el entorno no era tan estimulante. La opinión pública, gobernantes y medios de comunicación árabes clamaban por la destrucción de Israel, y Nasser pretendía liderar ese movimiento. Mientras alentaba a los *fedayines* para que atacaran a Israel, estableció una alianza con Siria, Jordania e Irak. En 1967 solicitó a la ONU que retirara sus fuerzas militares de mantenimiento de paz del Sinaí, cerró los estrechos de Tirán, bloqueando la navegación israelí, y comenzó a concentrar sus tropas en la frontera. Como el diminuto territorio israelí carecía de profundidad estratégica, si la coalición árabe respaldada por la Unión Soviética hacía el primer movimiento, este sería imposible de contrarrestar.

A principios de la década del sesenta se llevó a cabo el juicio al criminal de guerra nazi Adolf Eichmann por su participación en el Holocausto. Fue secuestrado por el *Mosad* —los servicios de inteligencia israelíes— en Buenos Aires, donde radicaba plácidamente, y llevado a Jerusalén, donde un tribunal, haciendo una excepción a su sistema legal, lo condenó a muerte.

En los días previos a la guerra, muchos comparaban el Holocausto con el peligro existencial que corría Israel si se cumplían las amenazas genocidas proferidas por sus enemigos. En vista de un ataque inminente, Israel lanzó una ofensiva preventiva en junio de 1967. Los radares egipcios no captaron el vuelo rasante de la aviación israelí que, en cuestión de horas, destruyó toda su fuerza aérea aún estando en tierra, y conquistó el desierto del Sinaí y la Franja de Gaza.

Israel le comunicó al rey Hussein de Jordania que no pretendía abrir otro frente en su frontera. Pero el rey había aceptado nombrar un comandante egipcio al mando de su ejército. Además, Egipto le proporcionó información falsa sobre el curso de la guerra. Engañado, atacó poblados israelíes, lo cual le costó la pérdida de su aviación y de los territorios de Cisjordania y Jerusalén oriental.

Aarón superaba los cuarenta años, y al igual que todos sus compañeros fue movilizado. La fábrica fue cerrada. La gran mayoría de los trabajadores tenía una importante tarea que cumplir en el frente de batalla. Aarón tuvo que regresar a un terreno que conocía bien. Participó activamente en la reconquista de Jerusalén, donde diecinueve años atrás había combatido para poner fin a su sitio. Las brigadas que integraba Aarón atacaron posiciones estratégicas jordanas en terrenos elevados alrededor de la Ciudad Vieja de Jerusalén, donde debieron librar feroces combates.

Moshé Dayan era ministro de Defensa y comandante en jefe. Si bien no era el plan original, antes de que un alto al fuego se lo impidiera, ordenó reunificar Jerusalén. Su mentor, Ben Gurión, había expresado: «Si una tierra puede tener un alma, Jerusalén es el alma de la Tierra de Israel». El general al mando, Uzi Narkis, había combatido allí diecinueve años antes sin poder evitar la división de la ciudad, hecho que lo había obsesionado. Cuando recibió la orden de liberar la Ciudad Vieja, el sector ya estaba prácticamente en manos israelíes. Aunque estos se habían esforzado en evitar dañar los Santos Lugares, los árabes utilizaron la mezquita de Al Aksa como puesto de tiro y toda su explanada como lugar de almacenamiento de armas. Mordejai *Mota* Gur, comandante de la brigada de paracaidistas, fue el primero en llegar al Muro de los Lamentos y el que gritó por la radio militar: «¡El Monte del Templo está en nuestras manos!», uno de los hitos más importantes en la historia moderna de Israel.

Aarón fue uno de los privilegiados que entró a la Ciudad Vieja y caminó nuevamente por los senderos que habían estado prohibidos para los judíos. Sin ser un hombre religioso, se emocionó al escuchar el *shofar* (cuerno de carnero) que el rabino del ejército hizo sonar en el Muro de los Lamentos. Vio con sus propios ojos la primera bandera israelí que se izó en ese lugar y entonó junto a los soldados el himno nacional, el *Hatikva*.

Israel anexó ese sector de Jerusalén y puso fin a la división generada tras la guerra de Independencia, quedando bajo soberanía israelí el Muro de los Lamentos, el lugar más sagrado para la religión judía. Para suerte de los israelíes, la confrontación en el frente norte no comenzó sino hasta la derrota del ejército egipcio en el sur. Siria perdió gran parte de su aviación y los Altos del Golán.

Israel aceptó el alto el fuego solicitado por el Consejo de Seguridad. Con la toma de Cisjordania a Jordania, Gaza a Egipto y los Altos del Golán a Siria, logró en solo seis días casi cuadruplicar su superficie y extender su capacidad defensiva. Su fulminante victoria quedó en los anales de la historia militar como una de las más rápidas y exitosas. La derrota provocó en los árabes un sentimiento generalizado de humillación y deseo de venganza; en los judíos, en cambio, produjo una explosión de simpatía e identificación con Israel.

El conflicto árabe-israelí quedó definitivamente instalado en los rígidos esquemas de la Guerra Fría. La Unión Soviética y todo el bloque socialista rompieron relaciones con Jerusalén, y sus teóricos empezaron a reinterpretar la historia para transformar a un pequeño país que luchaba por su supervivencia en una agresora potencia ocupante, absurdas tergiversaciones que la izquierda aún hoy esgrime. A su vez, Estados Unidos y Gran Bretaña rompieron relaciones diplomáticas con Egipto.

Las Naciones Unidas aprobaron la resolución 242 que insta a Israel a retirarse de los territorios ocupados y a los países árabes a reconocer el derecho de Israel a vivir en paz dentro de fronteras reconocidas. La discusión hacia el futuro radica en si «los territorios» a que se refiere el texto son parte o la totalidad, como si las guerras y sus consecuencias jamás hubieran existido. También reconoce la necesidad de encontrar una solución justa al problema de los refugiados, sin mencionar la necesidad de crear un Estado palestino. Estos acontecimientos son clave. Transcurren en el momento en que los palestinos pretenden poner el punto inicial al conflicto, intentando pasar por alto las razones por las cuales Israel tomó el control de esos territorios, que jamás pertenecieron a ningún Estado palestino, tal como tratan de hacerle creer al mundo.

A su heroico regreso, Aarón volcó todas sus energías en desarrollar Resortes Nordía, que con el transcurso de los años se convirtió en una empresa de nivel internacional, orgullo del *moshav*. Su hijo Amos, que desde corta edad ya correteaba por los pasillos de la fábrica, iba a tener un rol fundamental en la modernización y expansión internacional de la empresa. Cuando su padre regresó del frente de batalla, Amos tenía diecisiete años y se aprestaba a realizar el servicio militar. Aspiraba a integrar una unidad de combate de élite, siguiendo la tradición familiar.

El gobierno israelí estaba dispuesto a devolver a cada uno de sus vecinos los territorios conquistados a cambio de un tratado de paz. Sin embargo, en la Cumbre de Jartum, en Sudán, la fórmula de territorios a cambio de paz fue rechazada categóricamente por la Liga Árabe. Allí definieron su postura, conocida como la de los *tres no*: no a la negociación, no al reconocimiento, no a la paz con Israel.

Con la Unión Soviética como aliado y proveedor, Egipto se rearmó para recuperar el Sinaí, mientras alentaba a grupos palestinos a cometer ataques terroristas desde Líbano y Jordania. La idea era que Israel no podría soportar una guerra de desgaste por contar con menos recursos humanos y bélicos.

Amos se había enrolado en una unidad reservada del ejército llamada *Saieret Matkal* (Compañía de Reconocimiento), conocida simplemente como *la Unidad*, subordinada directamente al Estado Mayor. En ese entonces, la única manera de poder integrarla era por recomendación especial y conocimiento personal de alguno de sus integrantes. Amos había sido reclutado por Iosi Shimoni, un viejo amigo de su padre, quien tenía un secreto y alto cargo en la unidad. Además de haber aceptado las condiciones, Amos, al igual que sus compañeros, debió sortear un muy duro y prolongado proceso de entrenamiento y selección, donde demostró un excelente estado físico, psicológico y emocional. Grandes personalidades de Israel han integrado la legendaria *Saieret Matkal*, como los ex primeros ministros Ehud Barak y Biniamín Netanyahu, el comandante en jefe y ministro de Defensa Shaúl Mofaz, y el hermano mayor de Netanyahu, Ionatán, quien cayera en la famosa Operación Entebbe. Este grupo es tan exclusivo que no tienen permitido lucir en su uniforme la insignia que los identifica. Claro que, con el transcurso del tiempo, el no uso de esa identificación que todos los demás soldados ostentan ya revela de por sí su pertenencia a este selecto grupo. Entrenados por rastreadores beduinos, dominaban las técnicas de reconocimiento, camuflaje e infiltración, y operaban tras las líneas enemigas. En esa confrontación de baja intensidad pero acoso permanente, la unidad fue asignada, junto a otras, a ejecutar la Operación Raviv. El objetivo era la destrucción de los nuevos radares soviéticos, que le permitían a los egipcios captar aviones a trescientos kilómetros de distancia. Como factor sorpresa, los comandos israelíes utilizaron tanques soviéticos que habían capturado y pintado como tanques egipcios. Desembarcaron en las costas del mar Rojo y cumplieron sus objetivos en solo algunas horas.

Es imposible calibrar con exactitud qué grado de influencia tuvo Amos en la muerte de Nasser, pero cuando el presidente egipcio tomó conocimiento de lo sucedido, sufrió un infarto y murió. Había alentado la independencia de los países árabes y el surgimiento de movimientos revolucionarios antioccidentales, como la Organización para la Liberación de Palestina (OLP). Fundada en El Cairo en 1964, su objetivo era el que indica su nombre. Es importante recordar que por entonces Israel no ocupaba ni un centímetro de los territorios que conquistó tres años más tarde, y que, posteriormente, la OLP proclamaría reivindicar. Por lo tanto, «liberar Palestina» era un eufemismo de «destruir Israel». Aceptada de inmediato por la Liga Árabe, la OLP declaró la lucha armada contra Israel. Tras la derrota en la Guerra de los Seis Días, pareció esfumarse la posibilidad de derrocar al enemigo sionista en una guerra convencional. Entonces, diversos grupos terroristas palestinos asumieron una mayor autonomía de los gobiernos árabes y declararon una cruel e inmisericorde guerra terrorista. El grupo principal *Al Fatah* (La Conquista) fue liderado por el carismático Yasser Arafat, nacido en Egipto y sobrino del gran muftí de Jerusalén, Al Husseini, estrecho colaborador de los nazis.

Como consecuencia de la guerra de 1967, la cantidad de refugiados palestinos aumentó y ningún país «hermano» árabe estuvo dispuesto a acogerlos. Fueron, una vez más, enviados a campamentos de refugiados con paupérrimas condiciones, para que sus miserables vidas fueran un permanente recordatorio de que su situación era responsabilidad de Israel. La mayor parte se estableció en Jordania, país de abrumadora mayoría palestina. Con el apoyo de Moscú, instalaron allí campos de entrenamiento terrorista y comenzaron a convertirse en un centro de poder, constituyendo casi un Estado. Circulaban armados, tenían su propio sistema de justicia, cobraban sus impuestos y hasta tenían sus propias matrículas de automóviles. Todo ello ponía en peligro la propia soberanía del país que los acogía.

Para evitar un conflicto, el rey Hussein le ofreció a Arafat integrar el gobierno como primer ministro. Arafat no solo rechazó la oferta, sino que se confabuló para asesinar al monarca y dar un golpe de Estado. En represalia, Hussein ordenó a su ejército expulsar por la fuerza a los palestinos, arrasando los campamentos de refugiados. En la Operación *Septiembre Negro*, en 1970, fueron masacrados veinte mil palestinos en solo dos semanas; una cantidad de víctimas inmensamente mayor a la sufrida en los enfrentamientos con Israel. Sin embargo, el mundo árabe y la Unión Soviética mantuvieron estricto silencio sobre este verdadero genocidio debido a que no era propaganda favorable, ni podían culpar a Israel.

Arafat escapó de Jordania disfrazado de mujer y se trasladó junto a otros guerrilleros al Líbano. Eso le significaría al país de los cedros quedar, más tarde, sumido en el caos y la guerra civil. Las acciones terroristas aumentaban en frecuencia, intensidad y osadía. Buscaban obtener la mayor cantidad de víctimas israelíes o judías, en cualquier parte del mundo. Trasladaron sus acciones al exterior, secuestraron e hicieron estallar aviones, y atentaron contra sedes israelíes en Europa.

Mientras tanto, Amos, al finalizar su servicio militar, ingresó al *Tejnión* (Instituto de Tecnología de Israel, en Haifa) a estudiar ingeniería industrial mecánica. El *Tejnión* es la universidad más antigua de Israel, fundada en 1912. Era la única escuela de altos estudios que existía en el período turco-otomano. Poseía una de las mejores facultades de Medicina del mundo. De hecho, ostenta más premios Nobel de Medicina que ninguna otra escuela médica en el mundo. Amos siempre tuvo vocación por la maquinaria industrial. Además, desde niño había soñado con desempeñar un rol importante en la fábrica en la que su padre pasaba tantas horas trabajando y que formaba parte de su propio entorno familiar. En la universidad solía estudiar en los jardines, bajo un árbol muy especial. En Israel muchas cosas son especiales. En este caso, esa palmera, que generosamente le brindaba sombra, había sido plantada por un acérrimo sionista, Albert Einstein. Einstein no pudo convertirse en el primer presidente de Israel por razones de salud; plantó ese árbol en un evento organizado por la Fundación Nobel, pocos años antes de que fundara la Universidad Hebrea de Jerusalén y dictara cátedra allí.

Mientras Amos leía a la sombra de ese árbol, se produjo el resonante caso de la masacre de los atletas israelíes en los Juegos Olímpicos de Múnich de 1972. Fue ejecutada por el grupo *Septiembre Negro*, que secuestró y asesinó a los once deportistas que representaban a Israel en dichos juegos. Debido a sus estudios, Amos en ese momento no integraba el grupo. De todas formas, las autoridades alemanas no aceptaron la cooperación de la *Saieret Matkal,* negándose a que interviniera en la operación de rescate de los rehenes, y obtuvieron así el peor resultado. A pesar del incidente y su trágico desenlace, las competencias olímpicas prosiguieron como si nada hubiera sucedido.

Al año siguiente, los servicios secretos de varios países occidentales advirtieron a Israel de que Egipto y Siria se preparaban para una guerra. La Unión Soviética les había suministrado un enorme arsenal bélico. La movilización de las tropas no se consideró una amenaza real por parte del gobierno de la primera ministra Golda Meir. La superioridad israelí en la última guerra había sido tan arrolladora que debía ejercer como elemento suficiente de disuasión. Sin embargo, la humillación sufrida tuvo el efecto contrario. Los derrotados pretendían decididamente revertirla. Nasser había comenzado a prepararse para eso, pero lo sorprendió la muerte.

Lo sucedió Anwar El Sadat. Aunque no tenía el carisma necesario, empezó a elaborar un plan de acción para erigirse en el gran líder que lograría recuperar el honor y los territorios perdidos. Así, concretó alianzas militares con Siria, Jordania, Irak y con brigadas de voluntarios del golfo Pérsico y del norte de África. Bajo el auspicio de la Unión Soviética, Sadat logró crear un mando militar unificado con Siria, cuyos pertrechos bélicos duplicaban a los israelíes. Sin embargo, los soviéticos no estaban dispuestos a brindarle a Egipto libertad plena para utilizar todo su potencial ofensivo; frente a esto, Sadat no tuvo reparos en abandonar el paraguas de quien fuera su principal aliado, y cambiarse de bando. Para comenzar a recibir ayuda de Estados Unidos, rompió relaciones con la URSS y comenzó una apertura a Occidente en el plano económico y cultural. Estados Unidos pretendía disminuir la influencia en la región de su eterno rival y no veía con malos ojos una nueva guerra de daño controlado, que pudiera restablecer el equilibrio entre los contendientes y le hiciera jugar un papel de arbitraje, influencia y predominio. La operación iniciada por los árabes se denominó Relámpago, y se inició el día de *Iom Kipur,* la festividad religiosa más importante del calendario hebreo. Es un día de constricción y ayuno, en el cual la mayoría de los judíos, incluso muchos no observantes, ayunan y rezan. Las calles se encuentran desiertas y en silencio; la mayoría de las estaciones de radio y televisión no transmiten su programación. Era el día del año en que Israel se encontraba más vulnerable, máxime teniendo en cuenta que el ataque los tomó absolutamente por sorpresa por un fallo de la inteligencia.

En forma simultánea, egipcios y sirios comenzaron el ataque en ambos frentes. En pocas horas alcanzaron todos los objetivos que se habían trazado. Si Israel no hubiese contado con los territorios conquistados en la guerra anterior, la historia habría tenido otro desenlace. Si los árabes hubieran elegido otra festividad religiosa de menor importancia, los reservistas se encontrarían diseminados, de paseo por distintos lugares del país. Pero es tanta la solemnidad de *Iom Kipur* que muchos estaban en las sinagogas o en sus casas. No se acostumbraba salir a acampar, como en el resto de las celebraciones religiosas, porque muchos cumplían el ayuno. Por esa razón, los reservistas israelíes acudieron a la línea de combate antes de lo que los árabes habían calculado. Como en los enfrentamientos anteriores, los israelíes luchaban por su vida y la de sus familias. La gran diferencia con los combatientes árabes seguía siendo que si los israelíes eran vencidos, no tendrían adónde regresar. La derrota significaba el fin; así lo ilustró Golda Meir: «Siempre dijimos tener un arma secreta en nuestra lucha contra los árabes: el no tener alternativa». Cuando parecía que la guerra estaba perdida, los norteamericanos comenzaron a enviar aviones (la fuerza aérea fue el factor fundamental); ningún país europeo permitió el uso de sus aeropuertos para poder reabastecerse. Después del impacto inicial, Israel pudo defenderse, y días después logró pasar a la ofensiva en un épico contraataque, al retomar las alturas del Golán y repeler a los sirios. Se adentró en Siria, hasta llegar a cuarenta kilómetros de su capital, Damasco.

Jordania, sabedor de su inferioridad militar, pero integrante de la alianza, amenazó con abrir un tercer frente de ataque, entonces Israel tuvo que movilizar algunas tropas hacia la frontera (esto impidió una derrota siria aún más demoledora). Mientras tanto, los egipcios en el sur ya habían reconquistado todo el territorio perdido.

Amos fue llamado como reservista. Estaba cursando estudios en el *Tejnión,* pero de inmediato acudió a la cita. La *Saieret Matkal* estuvo totalmente paralizada durante el terrible período inicial. Israel era invadido desde dos frentes y en los primeros días de confusión el Estado Mayor no le había asignado una tarea específica. Al igual que muchos de sus compañeros, Amos sentía que debía entrar en acción, aun si eso significaba actuar como un comando regular, sin preservar las características esenciales de planificación previa y reserva que los distinguía. Finalmente los sin insignia fueron encomendados a diferentes operaciones en ambos frentes. Amos intervino en la etapa de contraataque en el sur. Trasladados en helicópteros, su misión consistió en infiltrarse en el frente egipcio y neutralizar un aeropuerto.

Eli, su hermano menor, que también integraba la *Saieret,* participó en una peligrosa misión como paracaidista, cuyo objetivo era destruir los misiles antiaéreos egipcios. Mientras tanto, en una magistral y decisiva maniobra, el comandante Ariel Sharón, futuro primer ministro de Israel, logró con su escuadrón cruzar el canal de Suez, sitiar a las tropas egipcias y adentrarse en territorio enemigo hasta llegar a escasos ochenta kilómetros de la mismísima El Cairo.

Cuando las potencias tomaron conciencia de que las capitales árabes corrían peligro, se apresuraron a solicitar un alto al fuego en las Naciones Unidas. La URSS demandó a Estados Unidos su intervención para imponer el cese inmediato de las hostilidades. Mientras tanto, Israel continuaba su ofensiva para ganar la mayor extensión de territorio posible, lo que le permitiría acudir a las futuras negociaciones en una posición más ventajosa. La Casa Blanca presionó a Golda Meir para que aceptase el cese al fuego, ya que pretendía afianzar el alejamiento de Egipto de la URSS. Esta nueva relación entre Egipto y Estados Unidos propiciaría posteriormente los Acuerdos de Paz de Camp David.

Desde el punto de vista militar, la victoria fue israelí. Pero debido a la intervención de las superpotencias, la derrota árabe no fue completa y eso les permitió presentarla a sus pueblos como una victoria. Las famosas frases pronunciadas por la primera ministra explican la contradictoria y compleja naturaleza del litigio: «La paz llegará cuando los árabes amen a sus hijos más de lo que nos odian a nosotros», y «Podemos perdonar a los árabes por matar a nuestros hijos. Lo que no podemos perdonarles es que nos obliguen a matar a los suyos».

La Liga Árabe estrenó el uso del arma económica mediante el embargo del petróleo de los países que apoyaran a Israel, y acordó reducir la producción de crudo, lo cual triplicó su precio. Esto generó una verdadera crisis mundial, con fuerte aumento de la inflación y el desempleo. También recurrió a la profundización de la ofensiva diplomática. La ONU reconoció a la OLP como legítima representante del pueblo palestino y aprobó una resolución que equiparaba al sionismo con racismo. Si bien años después fue derogada, aún hoy ese argumento sigue siendo utilizado para atacar y deslegitimar a Israel.

Una noche diferente

Todo el *Séder* está orientado a estimular la curiosidad de los más pequeños. Los elementos nemotécnicos y la ingesta de alimentos simbólicos crean un ambiente de magia que cautiva al niño, y las preguntas que se espera que formule, aun sobre las formas, arrojarán luz sobre su significado. Se llena la segunda copa de vino, pero no se bebe sino hasta el final de esta etapa. Se acostumbra a beber cada una de las copas de vino y comer la *matzá* recostándose hacia un lado, enfatizando que no deben rendirle pleitesía a nadie por tratarse de personas libres. Se entona la milenaria canción que formula las cuatro preguntas clásicas y su letra dice lo siguiente: *¿Por qué es diferente esta noche de las demás noches? Todas las noches comemos jametz o matzá, esta noche solo matzá. Todas las noches comemos cualquier verdura, esta noche solo hierbas amargas. Todas las noches no debemos remojar los alimentos ni una sola vez, esta noche dos veces. Todas las noches comemos sentados o reclinados. Esta noche todos comemos reclinados.*

En Cuba no había noches diferentes. Después de la traumática expropiación, la vida paulatinamente volvió a la normalidad. En el núcleo familiar se hablaba poco de lo sucedido. Cada familia, los Slonimsky incluidos, contaba con una cartilla de racionamiento por la que obtenía los productos de primera necesidad, además del transporte, la educación y la salud, de forma gratuita. Muchos trabajadores, a su vez, recibían cupones para cenar fuera; los más afortunados podían acceder a entradas a cabarés, o incluso a vacaciones en la playa. Anualmente también recibían ropa: un pantalón, dos camisas y un par de zapatos. Pero con el transcurso de los años, tanto la vestimenta como el calzado comenzaron a escasear y estos artículos se dejaron de entregar. Como contrapartida el Estado instaló tiendas, llamadas popularmente *trapichopis*, que no distribuían gratuitamente las prendas sino que las vendían. El Estado obtenía la mercadería por dos vías: donaciones de personas de otros países que expresaban así su solidaridad con la revolución, y mediante la compra de ropa de segunda mano reciclada.

El negocio expropiado a mi abuelo se había reconvertido en ese tipo de tienda. Había decaído mucho su aspecto exterior; nunca se había invertido en reparaciones. Algún vidrio roto había sido sustituido por una tabla de madera y los revoques exteriores denunciaban la humedad, el paso del tiempo y el abandono. No había probadores, y el espejo, roto, tenía grandes manchones opacos. La encargada, que había tenido una profesión menos decorosa en el pasado, atendía con desgana, pero no era la responsable de ese deterioro. Los precios de la mercadería no eran razonables. Un pantalón costaba la mitad de un salario, y además la calidad era pésima. Los cubanos se quejaban amargamente, en voz baja, de los exorbitantes precios de la mercadería, pues sabían que esa ropa les había sido donada, para serles entregada gratuitamente, cosa que no sucedía. Por eso, desde los primeros tiempos, existía comercio clandestino.

Algunos recibían la ropa de familiares residentes en el exterior y la revendían a sus conocidos, vecinos y compañeros de trabajo. Otros, a pesar de que estaba estrictamente prohibido, habían instalado un negocio en sus casas y adecuado una habitación especial para su exhibición, prueba y venta. Ofrecían a sus clientes facilidades de pago que las tiendas del Estado no otorgaban, a pesar de que la mercadería la adquirían en esas mismas tiendas. Tenían un acuerdo con los responsables, quienes les avisaban apenas llegaba una partida nueva. Los vendedores clandestinos compraban rápidamente la mejor mercancía; para el público en general solo quedaban harapos desteñidos o descosidos.

La estrategia de desarrollo económico del régimen giraba en torno a la producción de azúcar. Su principal cliente era la Unión Soviética, que a su vez le proveía de petróleo barato, lo que le permitía revenderlo a terceros países.

Sonia comenzó a salir con mi padre, Pedro Cobas. Pedro era un cubano mulato, hijo de un español y una cubana afrodescendiente, aunque su abuelo materno era chino. Ninguno de los dos había concurrido a votar en el plebiscito por el que, según cifras oficiales, más del 97 % de la población había aprobado la nueva constitución «democrática y socialista» que, entre otras cosas, declaraba garantizar los derechos humanos. Sonia ya conocía a Pedro de la secundaria. Todos lo llamaban Perico. Alto y espigado —medía más de un metro ochenta— siempre se había destacado en los deportes. Había ganado carreras de velocidad en la primaria, en el torneo interescolar, y luego en los Juegos Nacionales Juveniles, donde se descubrían y reclutaban a los atletas talentosos y prometedores.

En los primeros años de la década del sesenta, Ernesto Che Guevara firmó en Moscú un acuerdo de cooperación en el área deportiva. En ese marco, Cuba recibió asistencia de especialistas de la Unión Soviética. Se creó el Instituto Nacional de Deportes, Educación Física y Recreación con el objetivo de planificar y controlar toda la actividad deportiva del país, eliminando todo vestigio de profesionalismo tal como se daba en el sistema capitalista. Al igual que en la URSS y Alemania Oriental, también en Cuba el deporte adoptó una importancia fundamental, pues lo utilizaban para exhibir los logros del régimen.

El Centro de Alto Rendimiento estaba situado en el municipio Playa en La Habana, muy lejos de la casa de mi padre. Él asistía desde muy joven; allí entrenaba y también recibía preparación psicológica. Veía a su novia y a sus padres solo los fines de semana; sin embargo, estos lo apoyaron permanentemente. Incluso, a instancias de su entrenador de atletismo Mario Bermúdez, participaron activamente en todo ese duro proceso. Bermúdez, quien posteriormente sería el director técnico de la Federación Cubana, fue quien le aconsejó que escogiera la carrera de velocidad con obstáculos. Mi padre tenía un desempeño brillante como deportista. Compitió en los 110 metros vallas en los Juegos Deportivos Centroamericanos de Santo Domingo y en los Juegos Deportivos

Panamericanos de México. En 1976, a pesar del boicot que muchos países contrarios al *apartheid* le habían hecho a los Juegos Olímpicos de Montreal, Cuba participó y papá integró esa selección.

Finalizados los Juegos Mundiales Universitarios de Sofía comenzó su entrenamiento para lo que debería haber sido su consagración en 1980 en los Juegos Olímpicos de Moscú. Sin embargo, una repentina lesión en la rodilla le impidió proseguir con la práctica de la disciplina que amaba. Papá sintió que se le terminaba el mundo, y de hecho, casi todo lo que era su vida hasta ese entonces cambió drásticamente. Dejar de competir le significó una profunda angustia y frustración. En cuanto a lo económico, si bien teóricamente el régimen se oponía al profesionalismo de los países capitalistas, en los hechos papá recibía una remuneración en relación a los resultados deportivos que obtenía. Al no estar activo, recibiría una compensación como seguro social meramente simbólica, que no le alcanzaría para sobrevivir. El problema adicional era que, poco antes de la lesión, se había casado con mamá. A pesar de que ese tipo de transacciones estaba restringido, Pedro gestionó ante las autoridades la compra de un vehículo para convertirlo en taxi. Por fortuna, los funcionarios reconocieron a Perico Cobas, su trayectoria y logros, y le concedieron ese permiso. Su rodilla mejoró tras un tratamiento médico; no pudo volver a competir pero sí manejar sin dificultad su coche. Y fue así como mi padre se desempeñó como taxista el resto de su vida. De tanto en tanto, tenía noticias de algún deportista de élite que, tentado por más libertad y aún mayor salario, desertaba del país. A varios —atletas, jugadores de vóleibol, béisbol, baloncesto— los conocía personalmente. En los países capitalistas, un deportista que desarrollaba su actividad en otro país no era un traidor. Simplemente tenía un contrato de trabajo en el extranjero, y podía defender a su selección en las competencias internacionales si era convocado.

Al otro lado del mundo, el trabajo de Ilana, la madre de Ianiv, no podía ser más diferente. Era la directora del Museo Tikotin de Arte Japonés en Haifa. Ilana nació en Rishon Letzion, en una casa de altos en la Ciudad Vieja, a menos de diez kilómetros de donde sus abuelos habían desembarcado provenientes de Polonia, Rusia y Bielorrusia. Habían arribado en la década del veinte, dispuestos a construir una nueva vida, huyendo de la crisis económica, los nacionalismos, los pogromos y las guerras. Los bolcheviques, triunfantes en la revolución, se ensañaron con los judíos y especialmente con los sionistas; asesinaron a decenas de miles.

Sus abuelos maternos trabajaron en la prestigiosa Bodega Carmel, que a fines del siglo anterior había recibido la visita del mismísimo Hertzl, padre del sionismo político. En sus espaciosos jardines contrajeron matrimonio, y uno de sus invitados fue el posteriormente célebre Ben Gurión, quien en ese entonces era el presidente del sindicato de trabajadores de la bodega. El agua era escasa y el suelo árido y arenoso; cuatro décadas antes de que los israelíes desarrollaran el sistema de riego por goteo, ya habían descubierto que un ligero estrés hídrico mejoraba la calidad del vino.

El padre de Ilana, Asher Halperin, también nacido en Rishon Letzion, era aficionado al ajedrez. Frecuentaba el club de donde luego surgirían varios campeones nacionales, y tendría como ilustre miembro honorario al múltiple campeón mundial, el ruso Garry Kasparov, nacido de padre judío como Garry Weinstein. Cuando Asher y Nejama Kisilevski se casaron decidieron establecer su propio restaurante. Grandes fueron las dificultades que debieron enfrentar. Los nuevos inmigrantes inundaban el naciente país y no todos los alimentos estaban disponibles. Hubo una década entera de austeridad; se implementó una política de racionamiento llamada *tzena*. Debieron usar la imaginación para sustituir los insumos con los que no contaban. Es así como empezaron a suplantar el arroz a base de trigo y a utilizar la berenjena, el pescado o el pavo para simular hígado o carnes rojas.

Cuando Ilana —su segunda hija— cumplió seis años ya se podía adquirir toda la carne roja que se requiriera. Pero para entonces, los platos que su escasez originó ya se habían convertido en los más típicos y demandados. En el trayecto desde Nordía hasta su trabajo, casi una hora, Ilana solía recordar esas épocas de su niñez; el inspirador paisaje lo merecía. El Museo Japonés quedaba en el Monte Carmel, una calle más arriba de los fabulosos jardines del Templo Bahai, una de las vistas panorámicas más espectaculares de Israel.

Haifa, además de ser un ejemplo de convivencia entre judíos, musulmanes y cristianos, alberga uno de los lugares más sagrados para otra religión: el bahaísmo. Esta corriente, originaria de Irán, decidió establecer allí su centro mundial. Mirando hacia el mar Mediterráneo se erige su majestuoso templo coronado por una cúpula dorada y rodeado por deslumbrantes jardines que se integran colorida y armoniosamente al monte.

El museo, único en su especie en todo Medio Oriente, estaba dedicado a la exhibición del arte tradicional y moderno japonés. Su colección abarcaba pinturas, grabados, esculturas, piezas de arte y espadas samurái. Fue donado a la Municipalidad de Haifa por el sobreviviente del Holocausto, el arquitecto y coleccionista alemán Félix Tikotin, quien durante la Segunda Guerra Mundial debió esconder sus preciados objetos en Holanda. Al visitar Israel, donde vivía su hija mayor, Tikotin decidió que ese era el lugar adecuado para construir un museo. Especialmente diseñado con un estilo y arquitectura japoneses, incluye las tradicionales puertas corredizas *shóji* de papel de arroz traslúcido y marcos de madera.

Culminada la guerra de *Iom Kipur* de 1973, Ilana y Amos se casaron. Ilana comenzó a trabajar en el departamento de Educación del museo, que tenía como objetivo acercar a la población israelí a la cultura japonesa. El centro dictaba cursos sobre arreglos florales (*ikebana*), dibujos, caligrafía, idioma y cocina japonesa. Cuando Ilana terminaba la jornada laboral, concurría a la Universidad de Haifa, muy cerca del museo, a estudiar japonología. Israel tiene una de las tasas más altas del mundo de estudios japoneses en relación a su población. Su tocaya, Ilana Tikotin, hija del fundador, la nombró directora del museo al culminar la especialización. Mientras Ilana dividía su tiempo entre el museo y la universidad, a pocos cientos de metros Amos proseguía sus estudios de ingeniería industrial en el *Tejnión*, mientras trabajaba en la fábrica de resortes. Fue una etapa dura; entre el trabajo y los estudios de ambos era poco el tiempo de ocio y el que les quedaba para compartir. Conscientes de la importancia de la etapa de preparación que vivían, tuvieron a su primer hijo Ianiv cuatro años después de haberse casado.

Amos contribuyó a la utilización de nuevas tecnologías en los procesos de diseño y producción. Resortes Nordía fue pionero en la automatización y digitalización de su maquinaria industrial. Implementó un sistema de *software* que permitía atender las necesidades específicas de cada producto, lo que permitió exportar a más países y convertirse así en líder internacional en su rubro.

En el pasado, la mayor parte de la producción estaba destinada a la industria automotriz. Resortes para la transmisión, suspensión, frenos y espejos eran adquiridos por las marcas más importantes del mundo, como Peugeot, Citroën, GM, Nissan, BMW, Audi y Volkswagen. Luego, con el desarrollo tecnológico, comenzaron a suministrar productos a industrias, con requerimientos más sofisticados, como la de teléfonos celulares, riego, agricultura, medicina, electrónica, seguridad e incluso a la industria aeronáutica civil y militar. Mientras tanto, se produjo la famosa Operación Entebbe. Terroristas palestinos secuestraron y desviaron a Entebbe, capital de Uganda, un avión de Air France con treinta y ocho rehenes israelíes. La *Saieret Matkal* protagonizó su misión más paradigmática, entre las operaciones de rescate más exitosas de la era moderna, una de cuyas víctimas fue Ionatán Netanyahu.

Al año siguiente, en 1977, Ilana y Amos tuvieron a su primer hijo Ianiv, en un tiempo muy especial para la familia. El *Likud*, una coalición liderada por el partido *Jerut*, triunfó en las elecciones luego de treinta largos años de lucha política. La encabezaba Menajem Beguin, un ejemplo de integridad y humildad, quien había liderado la oposición manteniendo siempre sus principios pese a haber sido ignorado, destratado y vilipendiado. La guerra de *Iom Kipur* tuvo como una de sus consecuencias el cuestionamiento sobre el desempeño del gobierno laborista, encaramado en el poder desde la fundación del Estado.

Egipto no había logrado ganar la guerra, pero su desarrollo le permitió resarcirse de las humillantes derrotas anteriores y recuperar el orgullo nacional. La crisis económica mundial y los enormes gastos en defensa contribuyeron a conformar un nuevo escenario que permitió un viraje histórico. Anwar El Sadat manifestó sorpresivamente en el parlamento egipcio su disposición a negociar la paz con Israel. Beguin de inmediato lo invitó a viajar a Jerusalén. Sadat asistió y pronunció un histórico discurso en el parlamento israelí a favor de la paz para todos los protagonistas del conflicto.

También Alón, el segundo hijo de Ilana y Amos Stein, vino al mundo en un momento memorable. Nació en 1979, mientras en Washington se celebraba la pomposa ceremonia del acuerdo de paz, que Beguin y Sadat firmaron con el auspicio del presidente estadounidense Jimmy Carter, tras arduas negociaciones en Camp David.

Egipto reconoció el derecho de Israel a existir y puso fin al estado de guerra. El tratado firmado definió las fronteras entre ambos países, lo que incluía la devolución de pozos petroleros, carreteras, centros turísticos, aeropuertos (dicen que uno subterráneo) y todo el territorio del Sinaí. Acordó el establecimiento de relaciones normales diplomáticas, comerciales y culturales entre ambos, y la libertad de navegación por el canal de Suez.

Sadat fue pionero de una empresa para la cual el mundo árabe no estaba preparado y repudió profundamente. La Liga Árabe y la OLP rechazaron el acuerdo. El canciller egipcio renunció. Arafat lo calificó de una «puñalada en la espalda». La mayoría de los países árabes rompieron relaciones y boicotearon a Egipto. La Liga Árabe le suspendió su calidad de miembro y mudó su sede de El Cairo a Túnez. Sadat fue considerado un traidor y se hizo extremadamente impopular; tres años después fue asesinado por extremistas musulmanes. Antes había recibido, junto a Beguin, el premio Nobel de la Paz.

El Tratado de Paz contemplaba la situación de los palestinos, pero jamás se llegó a implementar porque estos se negaron a participar de cualquier acuerdo. Beguin le había propuesto a Sadat que retomara la administración de la Franja de Gaza, pero Sadat no accedió. Tras el *Septiembre Negro*, los palestinos huyeron a Líbano y lograron instaurar, de hecho, un Estado dentro de otro Estado. Esto desestabilizó el delicado equilibrio que había entre las comunidades cristianas y musulmanas chiitas, sunitas y drusas, y desencadenó la guerra civil. El gobierno libanés era incapaz de imponer la soberanía en su propio territorio y fue invadido por Siria.

Los palestinos convirtieron los campos de refugiados en bases militares. En el plano interno combatían a las milicias cristianas maronitas, y hacia afuera preparaban atentados terroristas y disparaban misiles Katyusha contra Israel. Un panorama angustiante para todas las madres israelíes y para Ilana, madre de dos pequeños y embarazada de Siván, que nació mientras se desarrollaba el Festival de la Canción Eurovisión 1982. Israel no está ubicado geográficamente en Europa, pero al igual que en atletismo y demás deportes, debe competir en ese continente porque es rechazado por todos sus vecinos. Avi Toledano cantaba su famosa canción «Hora», que logró el segundo lugar en el certamen.

Meses después se produjo un atentado contra el embajador israelí en Inglaterra. Esto llevó a que Beguin decidiera lanzar la operación Paz para Galilea. La guerra en Líbano tenía el objetivo de proteger a los israelíes e impedir que la OLP prosiguiera lanzando desde allí sus ataques. El ejército israelí fue recibido como libertador por sus aliados cristianos, que celebraron alborozados su llegada. Sitió Beirut y exigió el retiro de la OLP. Los palestinos fueron rechazados por los vecinos Egipto, Siria y Jordania, así que la mayoría debió huir a Túnez, adonde trasladaron su nuevo cuartel general. Se alcanzaron muchos objetivos: la OLP se fue derrotada, se devolvió la tranquilidad a la Galilea, se replegaron las tropas sirias, y se eliminaron los misiles antiaéreos. Pero la incursión a Líbano resultó una pesadilla para Israel.

Beirut quedó bajo control de su aliado cristiano Ejército del Sur, y el parlamento libanés eligió al maronita Bashir Gemayel como presidente. Pero, antes de que asumiera el cargo, fue asesinado en un atentado con explosivos, y los planes comenzaron a desmoronarse. La respuesta de las falanges cristianas al magnicidio fue la venganza. Al mando de Elie Hobeika arremetieron contra los tristemente célebres campos de refugiados de Sabra y Chatila y ejecutaron a cientos de palestinos. Si bien el ejército israelí no tuvo participación en los hechos, una comisión parlamentaria israelí encontró al entonces ministro de Defensa, Ariel Sharón, indirectamente responsable, debido a que ese territorio era controlado militarmente por *Tzahal*. Miles de cristianos fueron masacrados por palestinos, sirios y drusos que arrasaron decenas de aldeas, como Deir Ayach, Beit Mellat, Kab Elias, Damour, Jieh, Damour, Hoche Barada, Aintours, Emir Bechir, Checa, Khyam, Deir Dourit, Kaa, Ras-Baalbeck, Niha, Deir Bella, Uma, Zahlé y los suburbios de Beirut. Incluso Chatila fue atacada nuevamente años después. Sin embargo, nadie recuerda esos nombres porque, a diferencia de lo que ocurrió en Sabra y Chatila, no se le podía endilgar a Israel una responsabilidad, aunque fuera indirecta.

La culpa de no haberlo evitado no recayó sobre su responsable material, Hobeika, que luego ocupó diferentes cargos de gobierno, sino sobre Israel. Las mayorías automáticas en las Naciones Unidas se encargaron de resaltar, difundir y acusar directa y exclusivamente a Israel. En un rotundo éxito diplomático de los enemigos de Israel, se expresaron enérgicas condenas y todo tipo de manifestaciones. Se han escrito innumerables artículos, libros e investigaciones, dibujado grotescas caricaturas, compuesto canciones y filmado documentales y películas resaltando la culpabilidad de Israel.

Es cierto que esta guerra generó controversias y críticas en la sociedad israelí y minó el consenso nacional que existía hasta entonces. Se organizaron multitudinarias manifestaciones en su contra y surgió el fenómeno de que algunos militares se negaron a ejecutar sus órdenes. Si bien Israel inició un repliegue progresivo, debió mantener su presencia en el pantano libanés durante dieciocho años. Esto no pudo evitar el surgimiento y fortalecimiento de grupos fundamentalistas islámicos como Hizbolá y la *Yihad* Islámica, que amenazan y atacan a Israel constantemente. La prolongada guerra entre Irán e Irak había acaparado toda la atención de los países árabes. Los palestinos sentían que habían quedado relegados. Quienes vivían en Cisjordania y Gaza debían afrontar problemas económicos y altas tasas de desempleo, mientras sus líderes se hallaban muy lejos y cómodos, en Túnez.

Un vehículo militar israelí arrolló y dio muerte a cuatro palestinos que vivían en Jabaliya, en Gaza. Rápidamente se corrió la voz de que no se había tratado de un accidente, ya que el conductor del camión era familiar directo de un israelí que había sido acribillado un par de días antes. Así, sus funerales se convirtieron en manifestaciones violentas de protesta. Una multitud enfrentó violentamente al puñado de militares allí apostados.

El ejército carecía de una fuerza especializada antimotines, equipada con el armamento adecuado. A pesar de que sus instrucciones eran no obstaculizar, los violentos disturbios provocaron nuevas víctimas. Esa espiral de violencia se denominó Intifada, que podríamos traducir como «sacudimiento abrupto».

Amos era convocado algunas semanas por año como reservista, y debió desenvolverse en ese violento escenario. Si bien el mensaje que emite una fotografía de un niño palestino arrojando una piedra a un imponente tanque de guerra es incontrovertible, esa imagen distaba mucho de reflejar la realidad. Los tanques no abrían fuego y los soldados corrían verdadero riesgo de vida al ser atacados por hordas de jóvenes que lanzaban una lluvia de piedras de todo tamaño, preparadas y traídas al lugar premeditadamente.

Después de una escaramuza, un pequeño niño quedó levemente herido al caerse y magullarse en medio del alboroto. Amos tomó entre sus brazos a Abdel Basset, de la misma edad que Ianiv, con los ojos llorosos y las mejillas cubiertas de polvo, y lo cargó hasta la enfermería donde le hicieron las curaciones del caso. Amos nunca supo que quince años después, ese joven asistiría en *Pésaj* al Hotel Park, en la calle Rey David en Netanya, y provocaría la noche más diferente que alguien podría imaginarse: detonó un cinturón explosivo que llevaba adosado a su cuerpo; así asesinó a decenas de personas que celebraban la Pascua, despedazando despiadadamente sus cuerpos y destrozando el alma de sus familias y el corazón de una nación. Ese niñito de diez años se convirtió en un monstruo porque su mente fue envenenada por una educación basada en el odio, la intolerancia y una cultura que glorifica la muerte. Las múltiples resoluciones de los organismos internacionales que condenan y responsabilizan a Israel nunca mencionan la verdadera causa del conflicto, que son los valores predominantes en la sociedad palestina.

Si bien, al principio, el levantamiento popular surgió genuinamente de los pobladores, al constatar el éxito comunicacional que tenía una lucha tan desigual, los líderes palestinos se involucraron. Crearon el Mando Nacional Unificado bajo la dirección de la OLP para programar, coordinar y analizar el impacto de las actividades. Decidieron que la utilización de niños y su sacrificio era provechosa, debido al aporte propagandístico que proporcionaba y la solidaridad que lograba despertar su causa a nivel internacional. En ese marco se inscribe la declaración de independencia del Estado palestino que proclamaron en Argel, con Yasser Arafat como presidente.

En ese escenario surgió el grupo terrorista Hamás, de ideología islámica *yihadista*, una rama de los Hermanos Musulmanes, cuyo principal objetivo era eliminar a Israel. Hamás significa «fervor», y es también el acrónimo de Movimiento de Resistencia Islámica. Fue quien utilizó la palabra Intifada por primera vez y quien cometió el primer atentado suicida. No integró el comando unificado, pues le disputaba a la OLP el liderazgo de la Intifada, que consideraba la fase inicial de la guerra santa. Pretendía establecer un Estado islámico en todo el territorio de la Palestina histórica, que abarcaría Cisjordania, Gaza e Israel. La totalidad de ese territorio constituía una *waqf*, una entidad religiosa que no podía ser objeto de negociación. Por tanto, resultaba imprescindible erradicar al Estado judío. Su fundador fue el jeque Ahmed Yasín. Su carta constitutiva no tiene prurito en mencionar ridículas y apócrifas teorías conspirativas antisemitas, de inspiración nazi, como fundamento para acabar con los judíos. Los acusa de originar la revolución francesa, la revolución rusa y las dos guerras mundiales.

Abdel Basset fue cautivado por esta organización y se suicidó con la fe y la convicción de que su sacrificio contribuía con la *yihad*, la guerra santa. Al ser mártir cumplía la voluntad de Dios, y a cambio le esperaba la vida eterna en el paraíso celestial, agasajado por setenta y dos bellas vírgenes.

La violencia tuvo como consecuencia la renuncia de Jordania a toda pretensión territorial sobre Cisjordania, de la que había ejercido el control durante casi veinte años. Retiró su aporte económico y administrativo, perjudicando seriamente a la población palestina. Por su parte, Israel prohibió el ingreso a su territorio a miles de trabajadores, lo que empeoró su situación económica y repercutió negativamente también en su economía.

Aunque el levantamiento logró fortalecer la identidad palestina y volcar a su favor la opinión pública mundial, se dañaron años de relaciones comerciales y laborales entre ambos pueblos. Ese contexto internacional, favorable al extremismo palestino, sufrió un brusco giro en 1990, cuando Irak invadió Kuwait. Este ataque generó el rechazo internacional y desató la Primera Guerra del Golfo Pérsico. Arafat fue el único líder del mundo árabe que viajó a abrazar y a apoyar a Saddam Hussein.

Estados Unidos lideró una coalición internacional de treinta y cuatro países, incluyendo los de la Liga Árabe, para luchar en su contra. Para quebrar esa alianza, Hussein apeló a la vieja fórmula de atacar a Israel para unir a todos los árabes. Irak había participado en todas las guerras contra Israel y, hallándose en problemas serios, consideró conveniente recordarles a sus hermanos quién era el verdadero enemigo. Después de un discurso televisivo por el que expresaba su solidaridad con los palestinos, disparó sobre Israel cuarenta y dos misiles Scud.

El gobierno de Shamir, presionado por Estados Unidos que se comprometió a velar por su seguridad, se abstuvo de tomar represalia alguna. Mientras tanto, los israelíes llevaban consigo permanentemente y a todo lugar máscaras de gas, porque se especulaba con que los misiles podrían portar ojivas químicas o biológicas. También debían tener preparada una habitación especial sellada en sus hogares para evitar la penetración de gases tóxicos. Este tipo de armas ya habían sido utilizadas por Irak en la guerra contra Irán y aun contra su propia población, los kurdos en el norte del país.

Ianiv, Alón y Siván eran niños pequeños. A cada uno de ellos, como al resto de la conmocionada población israelí, les generó diferentes efectos psicológicos tener que ir a la escuela, jugar, comer y dormir cerca de una tenebrosa máscara antigás durante un interminable mes y medio.

Debido a la mala tecnología y puntería, los Scud podrían perfectamente haber caído sobre las cabezas de los palestinos. Pero ello no impidió que celebraran cada uno de los misiles disparados, bailando sobre sus techos y repartiendo dulces en las calles. Hasta el último día de su régimen, Saddam Hussein apoyó económicamente a las familias de los terroristas suicidas que habían logrado asesinar israelíes.

La paz de Oslo

Las preguntas del niño desencadenan el tema central de la ceremonia, que es la narración de la historia del Éxodo. El logro de la libertad no es un evento que les ocurrió a otros en el pasado, sino que también nos sucede a nosotros mismos en el presente. Reza la *Hagadá*: «Si el Santo Bendito Sea no hubiera sacado a nuestros antepasados de Egipto, nosotros, nuestros hijos y los hijos de nuestros hijos seríamos aún esclavos del Faraón de Egipto». El relato nos vincula con la generación que salió de Egipto, pero además con todas las generaciones que lo rememoraron. Moisés intenta persuadir al faraón («deja salir a mi pueblo»), pero el faraón rehusa y Dios desencadena diez plagas sobre Egipto para forzarlo a otorgarles la libertad. Dios los sacó de allí «con mano fuerte y brazo extendido». Moisés lidera a su pueblo, y lo conduce de la esclavitud a la libertad, transitando por el desierto hasta la Tierra Prometida donde manaba leche y miel.

Dios abrió el mar para permitir a los hebreos continuar con su travesía y alejarse de la esclavitud. Egipto, en hebreo *Mitzraim*, significa «estrechez», «limitación». La esclavitud es estar limitado, restringido, imposibilitado de ser uno mismo. Cada uno, en su interior, tiene su Egipto, que primero debe identificar para luego poder liberarse de él. El trayecto hacia la libertad no es solo físico sino espiritual, y la Tierra Prometida más que un sitio geográfico es la esperanza de alcanzar un lugar mejor.

Mi madre Sonia era una persona sumamente optimista. Vivía esperanzada de que todo iría mejor, y se esforzaba en contagiar esa esperanza. Cuando era muy joven, realizando el servicio social con niños, descubrió que su vocación era ser maestra. Mi madre no consideraba lo que hacía como un trabajo; era más bien una tarea de construcción de los individuos y de la sociedad del futuro. La escuela en la que enseñaba quedaba a cuatro manzanas de casa. Había podido elegir dónde quería trabajar. Luego, el sistema cambió y los maestros y profesores mejor calificados eran enviados a los lugares donde había mayores problemas de aprendizaje.

Mamá era bondadosa y comprensiva con sus alumnos. Enseñaba desde el corazón, no desde los textos. Siempre con una sonrisa en su rostro, se interesaba en potenciar las habilidades de los niños. Intentaba ser justa, por eso no trataba igual a todos, aplicando el principio aristotélico:

—La verdadera igualdad solo se puede lograr tratando desigual a los desiguales —sostenía—, pero la dificultad radica en que no existe un instrumento capaz de medir el grado de desigualdad, en el que inciden múltiples factores. Por tanto, para ser justos y dar las mismas oportunidades a todos, hay que apelar a la muy subjetiva y no siempre precisa intuición.

Estoy segura de que la de ella estaba muy bien calibrada y funcionaba con afinada precisión.

—Cada niño es diferente —explicaba—; aprenden a velocidades diferentes y tienen capacidades, intereses e inclinaciones diferentes.

En aquel modelo educativo, la docente debía cumplir con su función educadora, y además hacer las veces de animadora, psicóloga, dibujante, guía turística, actriz y, si era necesario, de madre.

Desde el triunfo de la revolución en Cuba, la educación fue una de las grandes prioridades nacionales. Se partía de una situación calamitosa, con un porcentaje enorme de analfabetos en el país. La Ley de Nacionalización de la Enseñanza suprimió la posibilidad de impartir enseñanza en forma privada y también abolió todos los métodos de enseñanza anteriores. En muchos sentidos, esto contribuyó a mejorar la educación. Se modernizaron las materias, y cada alumno recibía en el local escolar los útiles necesarios: cuadernos, lápices, acuarelas, cartulinas, papeles de colores y material de apoyo, de forma gratuita. Pero también se estableció la obligatoriedad de que el sistema educativo trasmitiera los valores en los que se fundamentaba la revolución. Por tanto, debía tener una orientación ideológica de carácter marxista. Los ciudadanos del futuro debían sentir orgullo por la Patria y la Revolución, respetar a sus líderes y seguir su ejemplo para participar activamente en la «construcción y el desarrollo del socialismo».

Los niños, que vestían uniforme con camisa blanca y pañoleta roja, debían participar en las actividades de la Organización de Pioneros para obtener una mejor calificación. Así como los adultos eran movilizados para asistir a las actividades del sindicato, del partido o del gobierno, los Pioneros organizaban la participación de los niños.

Si bien mamá apoyaba muchos de los postulados de la revolución, no comulgaba con el pensamiento único. Hubiera preferido mayor amplitud en temas como la libertad individual. Era consciente de que no todas las acciones de la revolución eran tan extraordinarias como proclamaba. Además, íntimamente, desde los doce años llevaba la herida en el corazón que le produjo la turba de vecinos que vociferaban frases ofensivas contra su familia. ¡Los propios padres de sus amigas del barrio y de la escuela insultaban enardecidos a su familia! Se alegraban, aplaudían y festejaban a viva voz la expropiación del pequeño comercio que su abuelo tanto quería y que, en definitiva, le costara la vida a causa de la angustia producida. Esos rostros también representaban la revolución y no estaban inspirados en la justicia o en la solidaridad. Había un destello de maldad en esos ojos.

El rostro y la mirada de Arafat propinándole efusivos besos al dictador Saddam Hussein derrumbó su imagen entre sus contribuyentes. Arabia Saudita y los Emiratos Árabes Unidos le quitaron el apoyo financiero. La OLP quedó aislada y desfinanciada. Arafat, clasificado como terrorista internacional, tenía prohibido el ingreso a Estados Unidos. Hubiera estado condenado al ostracismo de no ser por los líderes israelíes, que apostaron a resucitarlo políticamente convirtiéndolo en un interlocutor. Posiblemente especularon con que en un momento de extrema debilidad sería más proclive a renunciar a la violencia.

Estados Unidos había quedado como la única superpotencia y se inmiscuyó fuertemente en los asuntos internos israelíes. El presidente Bush apoyó al líder opositor laborista Itzjak Rabin en contra del primer ministro Itzjak Shamir. Ya antes el gobierno norteamericano había presionado a Shamir para que participara de la Conferencia de Paz de Madrid, con la participación de Líbano, Siria, Egipto, Jordania e Israel. En ese marco se dieron los primeros contactos entre israelíes y palestinos. Después del triunfo de Rabin comenzaron conversaciones secretas en Noruega entre israelíes y palestinos. La intención era fijar una nueva lógica de diálogo para resolver las diferencias; era un acuerdo para lograr un acuerdo.

Los Acuerdos de Oslo fueron celebrados a toda gala en los señoriales jardines de la Casa Blanca, auspiciados por Bill Clinton y rubricados con un apretón de manos entre Rabin y Arafat. Los líderes se comprometían a poner fin al estado de beligerancia entre ambos; Israel reconocía como legítimo representante del pueblo palestino a la OLP, y esta renunciaba a su aspiración de eliminar al Estado judío. Israel permitiría el regreso de la OLP a los territorios palestinos, y se crearía una Autoridad Nacional Palestina (ANP) que administraría los territorios. Los árabes palestinos obtuvieron así lo que jamás habían tenido en toda su historia: un gobierno autónomo propio.

Se fijó un plazo de cinco años para acordar las soluciones finales a los temas más espinosos: fronteras definitivas, el estatus de Jerusalén, el derecho de retorno de los refugiados palestinos y el futuro de los asentamientos judíos. Se dividieron los territorios en tres tipos de zonas. La zona A quedaría bajo control de la Autoridad Palestina; la zona B, bajo control conjunto palestino-israelí, y la zona C, bajo responsabilidad de Israel.

En el parlamento no había mayoría para aprobar el acuerdo. Mientras Amos permanecía fiel al *Likud*, Ilana había votado a un pequeño nuevo partido llamado Tzomet, que tenía la postura más intransigente respecto de la negociación con los palestinos. Pero repentinamente ese partido se fracturó y tres diputados escindidos votaron a favor de la aprobación de los Acuerdos de Oslo, que alcanzó así los sesenta y un votos mínimos necesarios.

El líder de ese movimiento, Gonen Segev, fue nombrado por Rabin como ministro de Energía, y el segundo, Alex Goldfarb, como viceministro. Segev, médico pediatra, permaneció menos de un año en el cargo. En ese momento crucial de la historia de Israel, no tuvo escrúpulos para traicionar a su electorado. Años después, fue acusado de falsificar documentos públicos, firmar cheques sin fondos, utilizar una tarjeta de crédito denunciada y contrabandear drogas desde Holanda.

Aprobado el acuerdo, Rabin, su canciller Peres y Arafat fueron galardonados con el premio Nobel de la Paz. Ese marco fue propicio para plasmar un acuerdo de paz con Jordania, el vecino con la frontera común más extensa. Las organizaciones terroristas islámicas, como Hamás y la *Yihad* Islámica, se opusieron a cualquier tipo de acuerdo. Para expresar su descontento desataron una ola de terrorismo salvaje; colocaron bombas en restaurantes, centros comerciales y transporte público que se cobraron la vida de decenas de israelíes.

La respuesta del gobierno laborista era continuar negociando como si el terrorismo no existiera y combatir a los terroristas como si las negociaciones no tuvieran lugar. Un trastornado extremista judío asesinó a Rabin cuando el primer ministro culminaba un acto y terminaba de entonar una canción por la paz en Tel Aviv. El delirante criminal pretendió detener el proceso de paz con el magnicidio, uno de los hechos más graves en la historia de Israel, que llenó de congoja y dolor a todo su pueblo. Muchos partidarios de Rabin suelen atribuir a su trágico asesinato el posterior fracaso del proceso de paz. Pero esto de ningún modo es así. El gobierno de Rabin no solamente enfrentaba horrendos atentados terroristas, sino que también dejaba pasar por alto las transgresiones que comctía la ANP; entendía que denunciarlas comprometería todo el proceso.

El incumplimiento más importante era no combatir a las organizaciones terroristas. A pesar de contar con un cuerpo de policía militar de cuarenta mil hombres, muchos más de los previstos inicialmente, pertrechados con armamento más pesado que el acordado, les permitían actuar a su antojo y no las enfrentaban.

La ANP tampoco respetaba el compromiso de dejar de fomentar la violencia. Por el contrario, era permanente la retórica antiisraelí y antisemita, y la incitación al odio en los medios de comunicación y en la educación. Los textos escolares continuaban enseñando la necesidad de combatir a los judíos. En sus mapas y escudos Israel seguía sin aparecer. Su página oficial en internet afirmaba que no encontraron vestigios arqueológicos que indicaran que alguna vez había existido algún templo judío allí, y no reconocía ningún vínculo entre los judíos y la Tierra de Israel.

Los predicadores en las mezquitas continuaron rindiéndole culto a la muerte y elogiando el martirio. La sociedad palestina nunca dejó de honrar a los suicidas; otorgó sus nombres a calles y plazas. La televisión los glorificaba, y en los programas infantiles marionetas y muñecos como el ratón Mickey inculcaban la *yihad*. Sus leyes auspiciaban el terror al garantizar un empleo público a los terroristas cuando salieran de las cárceles israelíes. Cuantas más víctimas se cobraba el atentado, mayor jerarquía tenía el cargo asignado. Y si morían al perpetrarlo, sus familias recibían fuertes compensaciones económicas. Los padres alardeaban y manifestaban orgullo por sus hijos inmolados, cuyas imágenes eran coleccionadas en los álbumes de figuritas de los escolares. La canción de mayor éxito se titulaba «Yo odio a Israel», y se emitía reiteradamente por las radioemisoras.

Farouk Kadumi, un alto funcionario de la Autoridad Palestina, reconoció públicamente que la intención de crear un Estado palestino junto a Israel tenía como objetivo final su sustitución. Eso también explica su innegociable exigencia de que los refugiados y todos sus descendientes regresaran no al Estado palestino, sino a Israel, para inundarla demográficamente y alterar su naturaleza.

Con ese telón de fondo debieron lidiar los posteriores gobiernos israelíes, además de enfrentar la imposibilidad práctica de cumplir con los plazos exigidos originalmente. Mientras los gobiernos democráticos israelíes cambiaban, los palestinos mantenían a su líder vitalicio.

El presidente estadounidense Bill Clinton aspiraba a pasar a la historia por hechos más nobles que su *affaire* con Monica Lewinsky. Preferiría ser recordado como un adalid de la paz, y nada más adecuado para ello que resolver el conflicto entre israelíes y palestinos, así que presionó al nuevo líder laborista Ehud Barak y a Arafat para que se reunieran en Camp David bajo sus auspicios.

Barak ya había dispuesto unilateralmente la retirada total de las tropas israelíes del sur de Líbano, apostadas allí durante dieciocho largos años. En Camp David, Barak le ofreció a Arafat las concesiones más amplias que ningún gobernante anterior realizó, con la esperanza de ponerle fin definitivo al conflicto. Proponía crear un Estado palestino independiente, que abarcara Cisjordania, la Franja de Gaza y Jerusalén oriental como su capital, incluyendo a los barrios árabes y los sitios sagrados musulmanes. Concedía el derecho a retornar a cien mil refugiados, y compensaciones por los bienes abandonados. Respecto de los asentamientos, la mayoría quedarían bajo soberanía israelí, y, en compensación, la ANP recibiría otros territorios de similar superficie que, de todas maneras, representaban un escaso porcentaje.

En síntesis, Barak ofreció todo lo que Arafat siempre dijo que quería, en inglés. Pero el problema fue que cuando se expresaba en árabe decía otras cosas. En su idioma jamás utilizó el término «paz». Por el contrario, después de Oslo, en una mezquita en Sudáfrica, había llamado abiertamente a la *yihad*. En otra ocasión explicó que si estaba dispuesto a matar por su causa, con más razón iba a estar dispuesto a mentir por ella. Y profundizó su argumentación aludiendo al Acuerdo de Hudaybiyah. Como relata el Corán, el profeta Mahoma celebró un tratado de paz por diez años con los Quraysh, que gobernaban La Meca. Pero dos años después, cuando se sintió más fuerte militarmente, violó el acuerdo y conquistó la ciudad por la fuerza.

Ante la posibilidad de tener que convertirse en un gobernante serio y tener que atender los acuciantes problemas sociales y económicos de su población, Arafat optó por rechazar la propuesta. Prefirió continuar vistiendo su uniforme verde oliva, que jamás se quitó ni siquiera en ceremonias o visitas a la ONU. Optó por seguir transitando el camino que más conocía y donde más cómodo se sentía, el del terrorismo. Su gobierno era nepotista, ineficiente y corrupto. Malversaba los suculentos fondos de ayuda internacional que otorgaban Estados Unidos, la Unión Europea, Japón y el Banco Mundial, entre otros. Por ser violento y carente de valores democráticos, limitaba las libertades individuales, como la libertad de prensa.

Barak regresó a Jerusalén derrotado, mientras que Arafat volvió a la Mukata, sede de la ANP en Ramala, ovacionado, con los mayores índices de popularidad. El pueblo israelí, profundamente demócrata, tenía como valores primordiales la justicia, la libertad y los derechos humanos, y en la cúspide prevalecían la vida y la paz. Separada por un abismo estaba la cultura palestina, donde muchos de esos valores eran un anatema. No solamente admitía la poligamia, sino que el marido podía golpear a sus esposas. Y si asesinaba a alguna de ellas, o a una hija por un comportamiento que considerara «deshonroso», era exculpado por el Corán. A los ladrones les cortaban las manos en las plazas públicas, y a quienes eran acusados de colaborar con Israel se les ejecutaba después de juicios sumarios. Por eso cuando su líder abortó la paz, le expresaron su apoyo en manifestaciones públicas, celebrando alborozados y disparando tiros al aire.

Clinton y la opinión pública mundial se sintieron muy decepcionados por la negativa palestina. Pero Arafat y los suyos estaban dispuestos a contrarrestar esa mala imagen a cualquier precio. Resolvieron manchar el éxito diplomático de Barak con la sangre de sus propios niños. Desencadenaron una ola de violencia y terrorismo como nunca antes se había conocido, la llamada Segunda Intifada. Perpetraban atentados terroristas en el corazón de las ciudades; llevaron la guerra a las casas de los ciudadanos comunes, tenían como objetivo a los civiles, familias y niños. Solo al influjo del espíritu antisemita pueden estas acciones ser percibidas como una legítima lucha por la liberación nacional.

En ese momento el 97 % de la población palestina era regida por su propia Autoridad, que administraba el 40 % del territorio de Judea, Samaria y Gaza. No había ninguna situación de desesperación ni desesperanza, y menos cuando Barak realizaba los máximos esfuerzos para culminar el litigio. La dirección palestina utilizó la excusa de la visita del líder opositor Ariel Sharón a la explanada de las mezquitas para justificar el estallido de incontenible y salvaje furia terrorista. Para reafirmar que ese incidente fue el detonante, denominaron a la Intifada «Al Aqsa», que es el nombre de la principal mezquita. Para cualquier observador imparcial, es evidente que no hay ningún tipo de proporcionalidad entre el rechazo que pudo causar la presencia de Sharón en ese lugar con la violencia que se generó después.

Imad Al Faludji, ministro de Comunicaciones de la ANP, reconoció públicamente que la Segunda Intifada había sido planificada con antelación. A pesar de todos esos elementos, muchos le siguen atribuyendo a Sharón su provocación.

Los grupos integristas islámicos Hamás y *Yihad* Islámica establecieron una alianza, con los auspicios de Hizbolá e Irán, para cometer atroces atentados terroristas a lo largo y ancho del país. Seleccionaban lugares de gran concentración de gente, como mercados, ómnibus, restaurantes, ceremonias familiares y carreteras, para sembrar el pánico, la destrucción y la muerte. Utilizaban coches bomba o suicidas fanatizados que se adosaban cinturones explosivos con clavos y veneno para ratas para cobrar la mayor cantidad de víctimas posible. El grado de salvajismo lo ilustra el linchamiento de Ramala. Dos reservistas entraron por error desarmados en la ciudad y fueron apresados por la ANP. Con la complicidad de la policía, una multitud los sustrajo de la comisaría, los arrojaron por una ventana y luego destrozaron sus cuerpos. Las imágenes de los agresores enfervorizados, mostrando sus manos manchadas de sangre, son un símbolo de esa Intifada. Mediaset, la agencia de noticias italiana que difundió el video, pidió disculpas a la Autoridad Palestina por temor a las represalias.

La prensa internacional jugó también un rol importante, acompañando a las mayorías automáticas de las Naciones Unidas. Condenaban sistemáticamente a Israel cuando adoptaba medidas en legítima defensa, lo cual en definitiva saboteaba las opciones pacíficas, ya que le otorgaba logros al terrorismo.

Siván Stein, la hermana menor de Ianiv, tenía entonces dieciocho años. Desde pequeña se acostumbró, al igual que su familia, a ver en las noticias horrendas matanzas. Mientras Israel cedía tierras y autonomía, obtenía a cambio más víctimas. La mayoría de la población se mostraba desilusionada con el comportamiento palestino y descreída de que ese camino pudiera desembocar en la tan deseada paz. Pero no todos tenían la misma percepción. Siván era soñadora y una ardiente pacifista. Los pacifistas en Israel ponen énfasis en las políticas y actitudes que deben asumir sus propios gobernantes, dejando de lado las que adopta el liderazgo del otro bando. Aunque parece obvio que cuando se trata de la paz, al igual que para bailar un tango, se requiere la voluntad de los dos.

Los pacifistas de los partidos de izquierda y del movimiento Paz Ahora apoyaban al gobierno y participaban con ministros. Entendían que el terrorismo no lograría imponerse y que primarían los deseos de reconciliación. Iosi Sarid, ministro de Educación del partido pacifista Meretz, se propuso profundizar la educación para la paz en el sistema educativo e introdujo en los programas escolares poemas de un escritor árabe. Pero no tuvo el más mínimo eco del lado palestino.

Ese mismo temperamento de desmedido optimismo tenía Siván. Hacía meses había recibido la citación de la oficina de reclutamiento. Desde antes de la creación del Estado las mujeres participaban activamente en todas las actividades de defensa. Las normas de alistamiento femenino consagraron la igualdad de género, un valor perseguido desde la misma declaración de Independencia. Muchas mujeres elegían ingresar en unidades de combate o en servicios de apoyo al combate, pero se destacaban particularmente en inteligencia militar, guerra electrónica y operando sistemas de comunicación y detección. También se distinguían como adiestradoras de perros para la búsqueda de sospechosos, explosivos y drogas, y para labores de rescate. Esta unidad canina militar era enviada frecuentemente a auxiliar a los países que sufrían catástrofes.

Más allá de inclinaciones o preferencias, todos los jóvenes de ambos sexos servían en el ejército por igual. *Tzahal* no solo era un cuerpo imprescindible para asegurar la existencia del Estado, sino una fuerza de cohesión de la sociedad. Hombres y mujeres, pobres y ricos, laicos y religiosos, cumplían con las mismas obligaciones y recibían, además de instrucción militar, conocimientos, educación y prestigio social.

Los intentos de esquivar el servicio militar eran insignificantes. Había una minúscula minoría que, desde la Primer Intifada, se negaba a prestar servicio en los territorios palestinos. Como no estaba previsto el derecho de objeción de conciencia, quienes se rehusaban a hacerlo incurrían en una transgresión. La excepción la constituían los estudiantes ultraortodoxos. Si cursaban estudios en una *ieshivá* —un centro de estudios religiosos a tiempo completo— estaban exonerados de cumplir el servicio militar. Por cierto, una medida muy injusta y polémica.

En el caso de las mujeres, se admitía mayor cantidad de causales de exoneración. Las mujeres casadas, embarazadas, con hijos o religiosas no debían integrarse en el ejército. La exención para mujeres religiosas se daba si no podían prestar el servicio por motivos de conciencia o convicción religiosa. Las autoridades militares siempre interpretaron que el artículo se refería a las mujeres que cumplían las leyes de observancia de la alimentación y del día de descanso semanal.

Siván no deseaba enrolarse por razones ideológicas, no concebía un mundo con ejércitos. En Israel, por lo general, los ciudadanos de profundas convicciones pacifistas son también grandes combatientes; no solo ellos sino todos los israelíes aborrecen la guerra. Pero la realidad les impone que deben luchar por su vida y por tener un lugar bajo el sol. Para no entrar en conflictos innecesarios con su familia o con el Estado, Siván prefirió eludir el ejército alegando motivos que no eran ciertos. Solo tuvo que firmar una declaración con inexistentes impedimentos religiosos y entregarla en la oficina de conscripción. A pesar de no estar obligada, optó por realizar un servicio social.

El Servicio Social Nacional es una alternativa no militar para quienes, por diversas razones, están exentos del ejército. Estos voluntarios sirven en la sociedad israelí en los más diversos campos. Trabajan tanto en instituciones públicas como en fundaciones u organizaciones privadas sin fines de lucro; colaboran en hospitales, servicios de emergencia, ayuda a discapacitados y servicio de guarderías; participan en unidades de rescate, protección ciudadana y seguridad en el tránsito; cooperan en todo tipo de servicios sociales y centros comunitarios atendiendo problemas como la drogadicción, violencia doméstica y abuso de menores, o asisten a quienes se preocupan por los derechos de los inmigrantes, de los consumidores o por el bienestar de los soldados.

Siván ingresó como voluntaria en el Centro Ilán de Haifa, una organización que ofrecía un marco educativo y de rehabilitación para niños y adultos jóvenes discapacitados físicos e intelectuales. Allí recibían los servicios de atención médica, rehabilitación, tratamientos terapéuticos, terapia ocupacional y educación especial, para elevar con dignidad su calidad de vida y potenciar al máximo sus limitadas habilidades. Junto a otros voluntarios de Israel y de otros países del mundo, auxiliaba al personal en tareas como alimentación, aseo, recreación y actividades sociales y culturales. Se sentía plena ayudando a los más vulnerables de la sociedad, quienes llevaban una vida más difícil pues debían enfrentar más obstáculos que los demás. Consideraba que la experiencia era muy enriquecedora, pues esos niños le habían enseñado a apreciar las cosas simples de la vida y a brindar amor incondicional.

Un día festivo concurrieron músicos que deleitaron a los chicos con sus instrumentos y melodías. En otra ocasión recibieron una sorpresiva visita de los miembros de la brigada de infantería Golani. En esa dichosa oportunidad Siván se encontró con su hermano Alón, comandante en esa unidad. Fue la última vez que se vieron.

Extranjeros

Al finalizar la reseña histórica acerca del sufrimiento de los esclavos y su liberación con la intervención de Dios, se procede nuevamente al lavado de manos. Luego se pronuncia la bendición y se come la *matzá*, que es el elemento más importante del *Séder*. Al ingerirlo, nos conectamos con una forma, un sabor, un aroma, pero fundamentalmente con un concepto. A continuación degustamos otro símbolo de la esclavitud, el *maror*, las hierbas amargas. La subyugación produce amargura, como dice la Biblia: «Y los egipcios esclavizaron a los hijos de Israel con dureza, amargaron su vida con dura servidumbre, en la fabricación de barro y ladrillo y en toda clase de trabajo del campo, todos sus trabajos se los imponían con rigor» (Éxodo 1:13-14).

En el siguiente paso se unen tres símbolos. Se come un sándwich de *matzá* con *maror* y se remoja en *jaróset*. Así concluye el extenso entremés, en el que cada elemento posee una significación ritual. Por fin se puede comenzar a saborear la cena.

Muchos preceptos religiosos surgen de la estancia en Egipto; por ejemplo, la manera de cómo debemos comportarnos frente al extranjero, con dignidad, buen trato y bondad: «Al extranjero no maltratarás ni oprimirás, pues también tú y tu pueblo fueron extranjeros en Egipto» (Éxodo 22:21).

De niña mi madre jamás se había sentido como una extranjera en Cuba, pero con el transcurso del tiempo estaba cada vez más disgustada con el tratamiento que le dispensaba el régimen al Estado de Israel. Ella y su hermano siempre supieron que eran judíos. Eso no implicaba una práctica activa religiosa, pero sí una identidad, una pertenencia. Ambos se casaron con no judíos. Sus padres nunca les manifestaron ningún reparo por eso. Además, la comunidad judía de Santiago se limitaba a solo unas pocas decenas de judíos. Para cuando los hermanos estuvieron en edad de formar una pareja, la mayoría ya se había marchado.

Mis abuelos nunca habían sido religiosos, por tanto soslayaron absolutamente ese aspecto. Sin embargo, jamás renegaron de su pertenencia al pueblo judío. Sus hijos podían casarse con quien quisieran. Probablemente no elegirían compañeros con prejuicios antijudíos. En nuestra ciudad incluso era difícil encontrar personas con ese tipo de sentimientos.

Sin embargo, por cuestiones de política y alianzas internacionales, de pronto comenzó en el país una burda propaganda antisionista y antisemita. La indignación de mi familia no tenía límites; desde esferas oficiales se calificaba como propaganda sionista al mismísimo diario de Ana Frank, o se acusaba a Israel de genocidio contra el pueblo palestino, o se tildaba de nazis a los israelíes. No había, obviamente, una prensa alternativa que pudiera refutar, discutir o sostener algo diferente de las posiciones oficiales del gobierno.

Cuba lideró en las Naciones Unidas la resolución que equiparó al sionismo con racismo y auspició en su seno toda manifestación condenatoria contra Israel. Incluso censuró con virulencia a Egipto cuando firmó el Acuerdo de Paz con Israel. Jamás calificó como terrorista a ningún árabe que efectuara cualquier atroz atentado contra israelíes, sino que los consideraba miembros de la «resistencia». Más bien se enfocaba en vilipendiar y culpar a Israel por sus reacciones posteriores.

Mis abuelos, mi tío y mi madre se sentían agredidos por esa postura carente de toda ética, basada solo en conveniencia política. Mi madre nos contó en detalle que esto no había sido siempre así. Había comenzado en 1973, cuando Cuba cedió a las presiones del movimiento de los Países No Alineados, cuando el líder libio Muamar Kadafi le exigió la ruptura de relaciones con Israel para obtener a cambio un papel relevante en su estructura.

Sonia había seguido de cerca la evolución de esos acontecimientos porque sentía que le afectaban personalmente. Sufría con la demonización del pueblo judío y del sionismo, y con los terribles calificativos con que denostaban a Israel. Hasta ese entonces, Cuba había resistido a los embates de sus aliados y continuaba manteniendo relaciones con Israel. La intención primaria del régimen había sido mantener una postura independiente de Moscú.

Como contaba mamá, la gente en la calle simpatizaba con Israel. Y también sus gobernantes, que se sentían identificados con el espíritu de sacrificio y la actitud ante la adversidad de los israelíes, su lucha contra el imperio británico, su enfrentamiento a un embargo por parte de todos sus vecinos, y su gobierno socialista.

Si bien Cuba no apoyó el Plan de Partición de Palestina, fue uno de los primeros países que reconoció a Israel. En esos años las relaciones eran buenas. Muchos dirigentes del Movimiento 26 de Julio eran prosionistas. Al cumplirse el primer año de la revolución, el embajador de Israel en México, David Mitrani, viajó para participar de las celebraciones. Se entrevistó con el Che Guevara, con quien entabló amistad. El primer gabinete revolucionario incluyó al primer ministro judío de la historia de Cuba, Enrique Oltuski, ministro de Comunicaciones. Ricardo Subirana Lobo, llamado originalmente Richard Wolf, un sionista que había apoyado la revolución, declinó la posición de ministro de Finanzas que le fue ofrecida por Fidel Castro y, en cambio, le solicitó ser designado como el primer embajador de Cuba en Israel.

Existía un importante intercambio científico. Técnicos agrícolas israelíes especialistas en citrus viajaron a Cuba. Los cubanos veían con simpatía la experiencia socialista del *kibutz*. Hubo varias publicaciones en el diario *Ejército Rebelde* sobre esa singularidad israelí. Y a pesar del apoyo a los árabes en la Guerra de los Seis Días, Castro criticó explícitamente sus amenazas de exterminar a todo un país. Cuando este proceso desembocó en la ruptura de relaciones diplomáticas, el embajador Subirana jamás regresó a

Cuba. Falleció en Israel, y junto a su mujer está enterrado en el *Kibutz* Gaash.

Comenzó a difundirse una feroz propaganda antijudía y antiisraelí que tuvo un fuerte impacto, más allá de lo declarativo. Para regodeo del espíritu antisemita, Castro expresó: «Repudiamos con todas nuestras fuerzas la persecución y el genocidio que en su tiempo desató el nazismo contra el pueblo hebreo. Pero no puedo recordar nada más parecido en nuestra historia contemporánea que el desalojo, persecución y genocidio que hoy realizan el imperialismo y el sionismo contra el pueblo palestino».

A los dirigentes de la comunidad judía se les hizo muy dificultosa la actividad ya que todos eran sionistas. Cuatro años antes de que yo naciera, el gobierno clausuró la Unión Sionista de Cuba en La Habana, donde se habían conocido mis bisabuelos. Esto afectó aún más a las ya debilitadas comunidades judías del país. Cuba tomó partido por sus aliados, e Israel por los suyos. El bloque árabe-soviético era enemigo de Israel. Pero Cuba pasó de una mera confrontación diplomática a una postura más radical, mucho más hostil que la de muchos países islámicos. Envió tropas a Siria con el fin de colaborar con sus objetivos, o sea destruir al Estado judío. Sin olvidar la relación de íntima amistad entre Castro y Yasser Arafat. El líder de la OLP no solamente fue recibido varias veces con todos los honores, sino que sus huestes entrenaban en territorio cubano bajo la dirección del coronel Kotchergine, de la KGB.

Mis abuelos nunca habían dejado de ser sionistas. Ellos sabían que Israel y sus pobladores no podían ser la clase de asesinos desalmados que los medios cubanos afirmaban. Además, la hija menor de Mendel, Greisy, vivía en Israel. Dado que no existía servicio postal directo entre Estados Unidos y Cuba, las cartas circulaban por terceros países hasta llegar a ambos destinos; por esa razón se retrasaban mucho. Esporádicamente, Mendel le escribía a mi abuelo contándole que Greisy estaba muy feliz en Israel y que las cosas eran muy diferentes a como se exponían en la isla. Benjamín siempre temió que esas cartas pudieran ser interceptadas por el gobierno, pero estaban escritas en idish y presumía que el régimen no se tomaría tantas molestias para traducirlas.

Esa era la única fuente de información alternativa, pero a mi familia le bastaba para tener la certeza de que la versión oficial no era veraz. Esa saña contra los suyos les hacía sentir que ellos no pertenecían a ese lugar. Cuando mi hermana Yudelín y yo llegamos a la edad de entender esas cuestiones, mamá nos dio su propia versión de los hechos.

Dana Melaku, la mejor amiga de Siván, sí sentía que pertenecía al lugar donde vivía desde pequeña, Israel. Nunca se había percibido como una extranjera, a pesar de haber nacido geográfica y culturalmente lejos de allí, en Etiopía. Dana realizaba su servicio nacional en un programa que promovía el liderazgo de jóvenes etíopes. Había numerosas instituciones que trabajaban para disminuir la brecha social y económica entre los judíos africanos de tez oscura, los Bet Israel provenientes de Etiopía, y el resto de la sociedad. Dana y Siván se encontraban una vez por semana; sus distintos programas de voluntariado habían coordinado ese día para intercambiar conocimientos y experiencias entre todos los participantes. Dana ayudaba a los escolares a hacer su tarea después de clases, mientras ella misma se preparaba en matemáticas, lógica, inglés y hebreo para superar el examen de ingreso a la universidad. Dana nació en Gondar, y llegó a Israel junto a sus padres cuando tenía diez años.

En Etiopía los cristianos llamaban a los judíos despectivamente *falashas*, que en amárico significa «extranjero», aunque ambas comunidades se reconocían como descendientes del bíblico rey Salomón y la reina de Saba. Según la leyenda, su hijo Menelik había trasladado a Etiopía el Arca de la Alianza original, que aún se encontraría en Aksum custodiada por monjes cristianos.

La comunidad judía de Etiopía pierde sus orígenes en la nebulosa del tiempo. Un puñado de ellos había llegado a Palestina, bajo el mandato británico, junto a judíos yemenitas que llegaron desde Eritrea. Pero decenas de años más tarde fueron reconocidos por Ovadia Iosef, el gran rabino sefaradí de Israel, como descendientes de la tribu de Dan, una de las diez tribus perdidas del antiguo reino de Israel. Practicaban el judaísmo desde tiempos ancestrales. Por haber estado aislados durante siglos, sus ritos no tomaban en consideración las tradiciones rabínicas, sino que seguían estrictamente el Viejo Testamento. Observaban las normas dietéticas, de higiene, descanso semanal, circuncisión y se regían por el calendario hebreo. Pero al no conocer el *Talmud*, practicaban el culto tal como se efectuaba antes de la destrucción del Segundo Templo. Ni imaginaban que existían otros judíos, y mucho menos que su piel fuera blanca. Siempre habían mantenido el sueño de ascender a Jerusalén, a donde pertenecían.

En su larga historia llegaron a poseer un reino propio, pero tras sucesivas conquistas e imperios fueron perseguidos, masacrados y despojados del derecho a poseer tierras y forzados a convertirse al cristianismo; un increíble paralelismo con lo que sucedía en el desconectado resto del mundo. Tanta coincidencia sería inexplicable si no tuvieran intervención los ocultos espíritus que sobrevuelan la historia judía, disputándose su predominio. De ser cientos de miles, la comunidad quedó reducida a pocas decenas de miles, la mayoría residentes en Gondar, que fuera la capital de su reino. Las condiciones de los judíos eran espantosas, estaban sujetos a infinidad de prohibiciones. Estudiar hebreo o ir a la sinagoga era considerado delito por el régimen militar, y los dirigentes de la comunidad estaban encarcelados.

Cuando Beguin fue elegido primer ministro comenzó a planificar su traslado masivo a Israel. Tras arduas negociaciones con el gobierno marxista en el poder, en 1984 se llevó adelante la primera operación de evacuación, que se denominó Moisés, en alusión a la salida de los judíos de Egipto. La implementación de ese Éxodo moderno fue sumamente espinosa. No había relaciones diplomáticas entre ambos Estados, por lo cual los judíos debieron emprender un larguísimo viaje a pie, hasta alcanzar los campos de refugiados en la vecina Sudán. Allí eran recogidos y transportados a Israel. Las peligrosas caminatas se prolongaban por meses, bajo condiciones climáticas sumamente adversas. Miles no lograron llegar a destino; murieron de hambre, de enfermedades o por acción de bandas criminales. También los acechaban grupos musulmanes eritreos, de la Hermandad Musulmana o de la OLP, quienes se oponían a que llegaran a Israel y lo fortalecieran demográficamente.

Cuando los medios de comunicación difundieron esa verdadera epopeya, la Unión Soviética y los países árabes presionaron a Sudán para que dejara de colaborar. Este país había recibido de Israel armamento moderno y compensaciones económicas por prestarse a servir como puerto de embarque, pero se vio obligado a dejar de hacerlo.

Siete años después, en medio de la guerra civil de Etiopía, cuando los rebeldes cercaban al dictador comunista Mengistu, el gobierno accedió a que los restantes judíos salieran a cambio de dinero. En la llamada Operación Salomón, Israel implementó un gigantesco puente aéreo, que en una treintena de vuelos trasladó a casi quince mil personas en solo un día y medio. Esto permitió reunificar a muchas familias que habían quedado divididas en la truncada operación anterior. En uno de esos aviones de la compañía israelí El Al, al que se le habían quitado los asientos para que hubiera lugar para más pasajeros, llegó Dana. Recordaba nítidamente como al aterrizar entonaron una canción sobre Jerusalén. Finalmente, después de muchos siglos arribaban a la Tierra Prometida, con lágrimas en los ojos.

Cuando descendieron del avión, un funcionario les sugirió que cambiaran sus nombres por hebreos. Su familia accedió pero muchos otros no. Dana nació con el nombre de Dasash y sus padres escogieron el nombre hebreo que les sonó más parecido. Ella estaba a gusto con su nuevo nombre, pero consideraba que el original era mucho más hermoso y musical. En el seno familiar, Dasash seguía siendo su nombre, pues entre ellos hablaban en amárico. A diferencia de los judíos provenientes de otros horizontes, los Bet Israel eran una minoría perseguida por la mayoría cristiana en Etiopía, y en Israel continuaban siendo una minoría. Era una comunidad de raza negra dentro de una sociedad mayoritariamente blanca. Provenían de un contexto socioeconómico muy desventajoso, y pese a los enormes esfuerzos e inversiones que hacía el Estado su integración era lenta y dificultosa. Dana procedía de la zona rural de Gondar; había vivido en una choza con paredes de barro y techo de paja de veinte metros cuadrados que compartía con sus padres y hermanos, junto a la segunda esposa de su padre y hermanastros.

En la antigüedad se permitía la poligamia. Los rabinos la habían abolido, pero esto era desconocido por los *falashas*, que continuaron con esa costumbre y llegaron a Israel con más de una esposa.

Así que más allá de las legítimas críticas que los ciudadanos suelen hacerle a sus gobiernos, existían dificultades socioculturales reales. Dana reconocía las denodadas acciones realizadas para rescatar a los suyos en masa y su actitud no era de reproche hacia el Estado. Pero entendía que había muchas injusticias que aquejaban a su comunidad, y pretendía contribuir, al menos, a disminuirlas. Era consciente de que Israel no era un Estado racista; por el contrario, sus leyes establecían la igualdad de derechos para todos. Pero no siempre eso se traducía en los hechos cotidianos. Había muchos ciudadanos comunes con prejuicios racistas. Su colectividad se veía desfavorecida y discriminada en múltiples aspectos.

En comparación con la población general, el ingreso de los etíopes era considerablemente menor. Muchos vivían por debajo de la línea de pobreza y tenían tasas más elevadas que el resto de la sociedad en desempleo, criminalidad y adicción a las drogas. Su nivel educativo era más bajo, lo cual explicaba por qué Dana estaba cursando un programa especialmente diseñado para promover a jóvenes etíopes.

Orgullosa de su origen, Dana hablaba amárico, vestía sus ropas, conocía y quería continuar aprendiendo sus tradiciones y admiraba los proyectos de integración como el del famoso cantante Idan Raijel. Raijel lideraba una muy exitosa banda que componía música étnica; mezclaba distintos ritmos e idiomas, e incluía a un músico y una cantante etíope llamada Cabra Casay. Una hermosa película francesa, cuyo título original es *Va, vis et deviens*, dirigida por Radu Mihaileanu, narra con realismo la peripecia de los judíos etíopes.

Los hermanos mayores de Siván, Ianiv y Alón, jamás pensaron en rehuir a su responsabilidad en el ejército. Por el contrario, ambos escogieron integrarse a la prestigiosa brigada de infantería Golani. Como Najal en el sur, Golani es la fuerza de élite norteña, muy popular entre los que pretenden servir en unidades terrestres de combate. Creada por la *Haganá* antes de la Guerra de Independencia, es una de las fuerzas más condecoradas, de donde surgieron varios jefes de Estado Mayor. Golani tuvo un papel trascendental en todas las guerras libradas por Israel, y tuvo una activa participación en la Operación Entebbe.

Sus soldados apodados *golanchik* se han ganado la reputación de ser los más bravos combatientes del ejército. Son frecuentemente llamados para cumplir complejas y arriesgadas operaciones que requieren una alta especialización y profesionalismo. Son conocidos por su férreo espíritu de cuerpo; su lema es el de no abandonar nunca a los heridos en el campo de batalla. En el uniforme verde oliva sus distintivos son la boina marrón, las botas negras y la insignia que lucen en el hombro. Alón miraba con admiración a Ianiv cuando este se ganó el derecho a lucir esos emblemas, tras su período inicial de entrenamiento. En ese momento Alón se propuso recorrer el camino para llegar a vestirlos también.

El escudo de la brigada consiste en un robusto árbol verde que representa la unidad, que hunde sus profusas raíces en un campo amarillo, simbolizando la profunda conexión con la tierra. Los soldados habitualmente discutían acerca de si el árbol en cuestión era un olivo o un roble.

Alón se sentía muy a gusto en Golani. A diferencia de Ianiv, cuando concluyó su período obligatorio de tres años, accedió al pedido de sus superiores de extender su vinculación con la fuerza y se convirtió en comandante para entrenar a nuevos reclutas. En el marco de las actividades sociales y educativas que realizaban en el curso de formación, asistió con sus subordinados al Centro Ilán de Haifa, donde Siván era voluntaria.

Alón y Siván eran muy diferentes. Siván era rubia, rellenita y baja, mientras que Alón era morocho, alto y esbelto. Durante su infancia se peleaban, incluso físicamente, como todos los hermanos, pero de adultos habían dejado de hacerlo. Sus puntos de vista sobre cualquier tema eran, por lo general, diametralmente opuestos. De temperamentos diferentes, Siván se consideraba de extrema izquierda y Alón no compartía para nada esos postulados pacifistas que según él, de prosperar, podrían conducir al país a la catástrofe. Más allá de sus inclinaciones políticas, de las que evitaban intercambiar opiniones, su relación era muy cercana. Siempre sabían el uno del otro. Estaban al tanto de cómo les iba en los estudios, de qué horarios y actividades extracurriculares tenía cada uno, sus gustos, preferencias, relaciones con amigos y ocasionales parejas. Ianiv, además de ser mayor, siempre estaba absorto en sus estudios de Derecho, que cursaba en la Universidad Hebrea de Jerusalén. Entre los exámenes y su novia Jessy, la relación con sus hermanos era cordial, pero más distante.

Todos los chicos que salieron con Siván tenían claro que tenía dos hermanos mayores. Sin embargo, solo en contadas ocasiones se encontraban con Ianiv. Pero con Alón no podían evitar tener algún contacto, al menos visual. El último joven con el que estaba saliendo Siván era el que más le gustaba a Alón. Lior Kapiluto integraba también el escuadrón Golani, y eso para Alón era motivo suficiente para tenerlo en la más alta consideración. Era un chico con aspiraciones e ideales, y al fin y al cabo tenía derecho a salir con su hermana. Un *golanchik* cumplía con los requisitos necesarios, al menos, con los mínimos.

Los jóvenes que Siván cuidaba estaban felices con la visita de los Golani. Para ellos representaba estar frente a verdaderos héroes. En realidad los soldados recibían más de lo que daban en ese tipo de intercambio. Recibían amor, admiración, respeto, solo por ser lo que eran. Observar cómo algunos jóvenes discapacitados lidiaban con sus limitaciones era sumamente aleccionador.

Los hermanos se pusieron felices de encontrarse en ese ámbito. Mientras sus respectivos grupos interactuaban, ellos tuvieron tiempo de charlar y ponerse al día acerca de la vida del otro. Siván le comentó a Alón que seguía viéndose con Lior, y que cuando el ejército le permitiera salir un fin de semana, pensaban ir a bailar a Tel Aviv.

Mientras tanto, aumentaba en intensidad la Segunda Intifada. Como después se supo, nunca existió la más mínima intención por parte de la dirigencia palestina de alcanzar acuerdo alguno en Camp David. El propio Clinton reconoció que nunca hubo ninguna contrapropuesta de Arafat a los generosos ofrecimientos de Barak.

El mensaje enviado a los palestinos por parte de su dirigencia era que a través de medios pacíficos no había esperanza, por tanto había que aplicar lo que tanto su sistema educativo como su sociedad consideraba como valor supremo: la violencia. Esta adquirió ribetes sin precedentes en cuanto al grado desenfrenado de terrorismo despiadado, por medio de bombas suicidas en medio de población civil. En ese escenario, Ariel Sharón, conocido como un duro y experimentado militar, triunfó en las elecciones. La población israelí comprendió que la amenaza que afrontaba no podía contrarrestarse por medio de discursos políticamente correctos.

Sharón expresó que tenía intenciones de avanzar hacia la paz, pero que no se consideraba obligado por los fallidos acuerdos previos y que no consideraba a Arafat como un interlocutor válido. Esta postura fue compartida por el entonces presidente de Estados Unidos, George W. Bush. Así, Arafat fue aislado, declarado irrelevante y confinado en su cuartel de la Mukata en Ramala.

Mientras tanto, Israel, para combatir esa arrolladora ola de violencia, puso en práctica la política de eliminaciones selectivas. Se trataba de la liquidación de los líderes terroristas responsables de planificar y ejecutar los atentados. De inmediato el mundo entero puso el grito en el cielo. Acusó a Israel de contravenir la Convención de Ginebra ejecutando asesinatos extrajudiciales. Mediante esas acciones no se sometía a un juicio justo —ante un tribunal debidamente establecido y con todas las garantías del debido proceso— a los organizadores de los atentados. Además, ellos no habían participado directamente debido a que, por la modalidad de su ejecución, los que lo habían hecho habían quedado desintegrados o desmembrados al explotar por los aires.

Sin duda, los israelíes sentían que los demás países, los medios de comunicación y organismos internacionales estaban más preocupados por la vida de los terroristas que por la de los ciudadanos israelíes. Nuevamente, en nombre de una supuesta solidaridad con el pueblo palestino, se daba rienda suelta a falsas acusaciones e injustas condenas, aunque después de seis décadas de acoso permanente, el israelí común había asumido esa actitud internacional como la habitual, y cada vez se sentía menos afectado.

Golda Meir, cuyos primeros recuerdos eran los de su padre asegurando la puerta de su casa ante la salvaje embestida de un pogromo, pronunció frases verdaderamente memorables. Una de ellas afirmaba: «Es preferible mantenerse firme e incomprendido que destruido y consolado en su desgracia». Esta dura lección la aprendió el pueblo judío durante el Holocausto. Si los nazis hubieran conseguido exterminar al pueblo judío, habría habido infinidad de homenajes póstumos a su aporte a la cultura, artes y ciencias universales. Pero como los judíos tuvieron la osadía de sobrevivir, y además sobreponerse a la catástrofe sin odio, creando un pequeño Estado modelo, eso enfureció al demonio antisemita que reaccionó engendrando el antisemitismo político. El antisionismo es la etapa más moderna en la línea evolutiva del antisemitismo.

Cuando Lior por fin tuvo un fin de semana libre, pasó a buscar a Siván y a Dana y se dirigieron a una de las discotecas más populares de la noche telavivense: el Dolphinarium. En una ubicación geográfica privilegiada, sobre la hermosa rambla junto al mar Mediterráneo, con altos y lujosos edificios como telón de fondo, este centro nocturno estaba muy de moda entre los más jóvenes. Esa misma cálida noche de verano yo había pensado asistir con mi novio de entonces, Alex, en busca de esparcimiento, diversión, música, alcohol y alegría. Pero el destino y alguna discusión hicieron que finalmente no fuéramos. El lugar estaba repleto. Multitud de jóvenes se agolpaban en la entrada para ingresar, aun ya avanzada la noche del viernes.

De pronto, de la forma más inesperada, una fuerte explosión abrió las puertas del infierno y devastó el lugar, sembrando destrucción y muerte. El estallido nubló los sentidos de los sobrevivientes. Una enorme nube espesa de polvo ascendía entre las barras de hierro retorcido, por donde antes había un techo. La música se había interrumpido abruptamente, para dar lugar a una sinfonía espeluznante de llantos, gritos y alaridos, a los que luego se le agregaron las sirenas de los servicios de emergencia.

Said Hotari, un jordano de veintidós años, portaba un cinturón explosivo adosado con perdigones, clavos y tornillos para causar un mayor daño al estallar. Cerca de la entrada se mezcló entre una multitud abarrotada de jóvenes, la mayoría chicas, y detonó el poderoso artefacto, causando la muerte de veintiún personas, en su mayor parte adolescentes, y más de ciento veinte heridos y mutilados. Siete de las víctimas mortales asistían al mismo liceo en Tel Aviv.

Hotari se había mudado hacía dos años a Calquelia, un poblado palestino en Cisjordania situado al borde de la Línea Verde, procedente de Jordania. Electricista, de familia pobre y ocho hermanos, había decidido junto a uno de ellos probar suerte allí. Antes había servido en el ejército jordano. Era introvertido, practicaba kárate y había aumentado considerablemente su fervor religioso. Era un devoto que pasaba muchas horas del día rezando en la mezquita. Sus allegados no sabían que había sido reclutado por Hamás y adoctrinado en la adoración de la muerte. Un proceso que, por un lado deshumaniza por completo a las futuras víctimas, pues son el «enemigo», y por otro le promete al ejecutor que ocupará un lugar de privilegio en el paraíso celestial, donde lo aguardarían setenta y dos vírgenes de oscuros ojos para complacerlo por toda la eternidad. El Islam radical enseña que quien se sacrifica en nombre de Alá, en realidad, no muere. Por esa razón, lo último que hizo Said al accionar el detonador fue sonreír.

Pero no hay que olvidar otro factor, el económico. La familia de los suicidas recibía importantes compensaciones económicas por el acto «heroico» del hijo, además de elevar socialmente su estatus. De hecho, Hassan Hotari, el padre de Said, se mostró sumamente orgulloso de su hijo y preparó una celebración en su casa, en Zarqa, veinte kilómetros al nordeste de Amman, para recibir las «condolencias» de sus allegados. No escatimó en alabanzas y comentarios a la prensa y al público presente: «Estoy muy feliz y orgulloso por lo que mi hijo ha hecho. Todos los hombres de Palestina y Jordania deberían hacer lo mismo. Nunca olvidaré esto por el resto de mi vida. Este tipo de muerte es la mejor posible. Desearía haber sido yo mismo quien lo hubiese hecho. Debo reconocer que estoy un poco celoso. Mi hijo ha cumplido con los deseos del profeta y se ha convertido en un héroe. Díganme, ¿qué más puede pedir un padre? ¡Gracias a Dios!».

Todo el vecindario se vistió para la ocasión, reverenciando a Said como un mártir. Su nombre pasaría a ser inmortal. Pintaron un grafiti en un muro que decía «veintiuno y contando...», en alusión a la cantidad de víctimas. Los árboles lucían decorados con una imagen de Said con un cinturón de explosivos, y de las puertas del barrio colgaban arreglos florales en forma de corazón con una bomba en el centro.

—Cuando sea grande, quiero ser un héroe como él —exclamaba lleno de admiración el pequeño Hosni de nueve años, primo de Said. Festejos callejeros multitudinarios se replicaban en las calles de Cisjordania y Gaza.

En Israel el clima reinante era el opuesto. El drama y el dolor de los padres y familiares de las víctimas y de la sociedad en general no tenía límites. Por su trágica historia y su cultura, los israelíes verdaderamente sienten que todos pertenecen a una gran familia. La congoja era nacional.

Cuando se produjo la explosión, Lior no estaba junto a Siván. La fuerza del estallido lo catapultó bruscamente aún más lejos de donde se encontraba. Lo primero que Lior atinó a hacer fue buscar a su novia. Tenía el cuerpo, la cabeza, el rostro y los ojos cubiertos de polvo. Eso le dificultaba mucho la visión, sumado a la nube de residuos que aún flotaba en el aire. El panorama era aterrador. Había cuerpos despedazados y esparcidos por todo el recinto. La peor sensación que uno podía sentir era buscar a la persona querida y tener que identificar partes desmembradas de cuerpos. ¿Esa mano en el suelo sería de ella? ¿Esa pierna está recubierta en un trozo de pantalón más oscuro del que llevaba puesto, o lo oscureció la sangre?

Los civiles que estaban en los alrededores, de inmediato, acudieron para ayudar en lo que podían. Algunos empezaron a apilar los cuerpos. Luego llegaron los servicios de emergencia. También llegaron integrantes de ZAKA, cuyas siglas significan Identificación de Víctimas de Desastres. Era una organización reconocida oficialmente, cuya mayoría de integrantes eran judíos observantes, y que acudían luciendo sus chalecos fluorescentes cada vez que sucedía una tragedia. Brindaban primeros auxilios, ayudaban a los paramédicos, colaboraban en la búsqueda y rescate de personas en casos de catástrofes, y se encargaban de recoger la mayor cantidad de restos de los cuerpos de las víctimas. Trataban de reunir el máximo posible de elementos de lo que había sido cada cuerpo para darles sepultura, de acuerdo a las normas religiosas. Para ello recibían un adiestramiento especial en identificación de cadáveres, técnicas para la recolección de despojos y, por supuesto, apoyo psicológico para poder realizar esa tan ingrata tarea.

Pero, evidentemente, quienes más requerían de ayuda psicológica eran los padres y familiares de las víctimas. SELA era el Centro de Gestión de Crisis, una organización formada por voluntarios especialistas en diversas áreas. Brindaba asistencia y apoyo a las víctimas del terrorismo y otros desastres. Psicólogos, asistentes y trabajadores sociales organizaban actividades conjuntas para quienes compartían la terrible experiencia de haber perdido a sus seres más queridos. Intentaban ayudarlos a aprender a vincularse con el ser amado desaparecido desde otra perspectiva, transformando el dolor en amor.

Aun reconociendo la buena voluntad de estas personas, Ilana y Amos nunca fueron a esos eventos. Se sentían absolutamente devastados. La muerte de su hija los cambió por completo. Tanta tristeza y amargura en su fuero interior les resquebrajó el alma, y aun en el aspecto físico dibujó una mueca de dolor en sus rostros para siempre. Sus corazones se marchitaron con la partida de su hija. Ilana, permanentemente se lamentaba:

—Siván, mi flor, amaba la vida, y me fue arrancada de cuajo por un cultivador de la muerte.

En toda ocasión, tuviera más o menos relación con el tema que se estaba tratando, siempre reiteraba la misma reflexión.

—Ella tenía tanto aún para dar... A nosotros, a sus hermanos, a sus amigos, a su país. Ni siquiera tuvo la posibilidad de tener hijos y dejarnos nietos antes de partir.

Todos los años asistían puntualmente a la conmemoración en memoria de las víctimas que se realizaba entre los escombros de la discoteca, que nunca fue reconstruida. En ese lugar, de vista tan hermosa y elevadísimo valor inmobiliario, permanecían las ruinas del Dolphinarium, como memorial de la tragedia. Para ellos ese lugar era el mausoleo de su felicidad, allí quedó sepultada para siempre.

Los terroristas no son luchadores por la libertad. Son solo despreciables terroristas. Las masacres que cometen no los acercan a ningún objetivo. El Estado de Israel no se aproxima un paso más hacia su desaparición por la suma de actos de barbarie. Todo lo contrario. Sus efectos son que lo fortalecen en su determinación por continuar siendo el Estado judío, un refugio para todos los que lo necesiten y un oasis de democracia y respeto a los derechos humanos en la región.

Por supuesto que todos los israelíes quieren la paz. Nadie desea seguir soportando asesinatos ni pérdidas de hijos y seres queridos. Pero es imposible el diálogo con Hamás, que sostiene que los judíos no tienen derecho a estar ahí. Y es que como dice el estribillo de la canción, escrita por Ehud Manor, que Ilana, cuando aún cantaba, solía tararear: «no tengo otra tierra...».

Relatos

Culminada la cena festiva, en la sobremesa es cuando se come el *afikoman*, el trozo de *matzá* que se escondió al inicio del *Séder*, con el objetivo de premiar a quien lo encuentre. Mientras los niños correteaban y se agitaban buscándolo, yo estaba sumida en mis reflexiones.

—Tía, tía —me interrumpió en mis pensamientos Shirán, con sus grandes ojos indagadores—, ¿sabes dónde escondió el abuelo el *afikoman*?

—Ehhh mmmm no... —balbuceé.

En ese instante Ofir gritó: «¡Lo encontré, lo encontré!», y el foco de atención familiar se trasladó hacia el triunfador que blandía en sus manos el preciado *afikoman*, envuelto en una servilleta. Al igual que el año anterior, se había hecho acreedor al premio, para decepción de los otros niños. Ofir, de seis años, era travieso e inquieto y, pese a mis esfuerzos, yo no le agradaba mucho. La recompensa era una caja de bombones de chocolate elaborados especialmente para *Pésaj*, que había que compartir con los demás. Todos comieron, pero Ofir se quedó con la satisfacción de haber sido el buscador más sagaz.

En tiempos recientes, muchos nombres hebreos modernos se comenzaron a utilizar indistintamente como masculinos o femeninos. Se había puesto de moda que el nombre no revelara por sí mismo el género. Incluso se había ido más allá, invirtiendo el género para el que siempre había sido utilizado. Ofir era un ejemplo. Un nombre hebreo de origen bíblico que siempre se había empleado para varón, en los últimos tiempos se había vuelto muy popular también para el sexo femenino.

En Cuba, en las primeras décadas de la revolución, no estaba permitido inscribir a los niños con nombres extranjeros, quizá por temor a que proliferaran los nombres en inglés. Por eso, una vez derogada esa norma, la mayoría de los cubanos optó, quizá como reacción a aquella medida, por inventar nombres originales, diferentes y extravagantes. Muchos cayeron en excesos y pusieron a sus hijos nombres difíciles de pronunciar o memorizar. Supongo que esa es la razón por la cual a mi hermana mayor le dieron el nombre Yudelín y a mí Anael.

Cuando éramos niñas se produjo la caída del muro de Berlín y la disolución del bloque socialista, que representaba el 80 % del comercio exterior de la isla. Su descalabro produjo una catástrofe en la economía. Cuba no producía los bienes que necesitaba y no tenía los recursos para adquirirlos. La URSS ya no le vendía petróleo a precio ficticio ni tampoco le compraba azúcar, su única producción. Castro se opuso a iniciar un proceso similar al de Gorbachov de *perestroika* y *glasnost*. No estaba dispuesto a aceptar reformas políticas y económicas para superar la crisis. Se implementó el llamado Período Especial, que eran medidas de una economía «de guerra». Había escasez de jabón y detergente. Muchas veces faltaba combustible para los vehículos, lo que afectaba a papá en su trabajo. El Estado, a través de las libretas de racionamiento, proveía a los ciudadanos de la canasta básica, pero de todas maneras no pudo evitar el temido flagelo de la inflación.

El gobierno insistía en su propaganda sobre la inminente amenaza de una invasión norteamericana, y toda la población estaba involucrada en los planes de defensa contra la agresión del imperio. Lo cierto es que el «imperio» no disparó un solo tiro, aunque sí profundizó el bloqueo económico, y sancionó a las empresas y a los terceros países que comerciaban con Cuba.

La policía y los CDR investigaban en cada barrio si los comercios violaban los precios establecidos, o si a los cubanos cuyo salario no les alcanzaba, habían osado montar en su casa un taller, un almacén o un *trapichopis* clandestino. A pesar de la crisis, en todas las elecciones el oficialismo obtenía más del 90 % de apoyo.

Al comienzo, el régimen se había declarado ateo, y había prohibido a los miembros del Partido Comunista tener sentimientos religiosos. «La religión es expresión de una conciencia alienada y anticientífica que debe ser superada», sentenciaba la declaración. Con el colapso de la Unión Soviética, se flexibilizó la política de desalentar las prácticas religiosas. Se comenzó a aceptar que miembros del partido pudieran tener creencias religiosas. Se produjo un acercamiento a las religiones principales, incluyendo la judía, y Castro accedió a reunirse con sus representantes. El punto culminante de esta apertura lo constituyó la visita oficial del papa Juan Pablo II. Recuerdo la impresionante movilización popular para darle la bienvenida. Creo que la gente estaba ávida de una reafirmación espiritual. Miles de cubanos acudieron a darle la bienvenida al sumo pontífice y saludaron sus palabras. Entre otras cosas, abogó por la liberación de los presos políticos, de los cuales el gobierno negaba su existencia.

Respecto de los judíos, mientras existió el divorcio con las religiones, nunca fuimos perseguidos o atacados directamente. Pero como consecuencia del relato oficial sobre los hechos en Medio Oriente, la información parcial y exagerada, las grotescas y agresivas caricaturas en los medios de comunicación contra Israel y el sionismo, el judaísmo despertaba, como mínimo, recelo y desconfianza.

Mantener la comunidad activa y la sinagoga funcionando en ese ambiente se hizo una tarea casi imposible. La gente se alejó de las sinagogas y de las actividades culturales que la rodeaban. En Santiago de Cuba, la pequeña sinagoga de la Comunidad Hebrea había cerrado sus puertas el año que nací. No éramos más que unas pocas familias, cuyos jóvenes crecimos distanciados de una educación judía. Solo recibíamos en casa lo que mamá nos transmitía sobre tradición e historia. Papá no podía enseñarnos mucho, pero mamá, con el transcurso de los años, se mostraba cada vez más interesada en que conociéramos nuestras raíces.

La chispa que encendía su enojo era las sesgadas informaciones acerca de las terribles acciones supuestamente emprendidas por los sionistas sin justificación alguna, motivados exclusivamente por ser seres malvados. Eso la incitaba a brindarnos largas charlas acerca de judaísmo y de sionismo, para contrarrestar los efectos que pudieran causar en nosotras esas diatribas.

A papá también le interesaba mucho escuchar al respecto. Por alguna razón se sentía identificado con los relatos y también descreía de la versión oficial sobre los eventos del conflicto entre árabes e israelíes. Ya en aquel entonces, y hasta el día de hoy, luce colgado en su cuello una estrella de David junto a un azabache contra el «mal de ojo». Mi abuela Tania, su madre, explicaba que según la creencia africana, ese talismán, una madera fósil, poseía propiedades contra las energías negativas, y su color negro pertenece a Elegua, Orishá de los caminos y el destino.

A Yudelín y a mí nos fascinaban los relatos de mamá. Crecimos con la plena conciencia de ser judías, y según mamá, así como nosotras lo éramos, nuestros hijos lo serían.

Yo iba a la escuela con mi hermana, donde mamá era maestra. Tuvimos una infancia feliz y distendida. Jugábamos con los otros chicos que también eran nuestros vecinos. Supongo que, como los demás niños, no éramos conscientes de los problemas económicos o de escasez. Cuando cumplí diez años tuve mi primer encuentro con otros judíos.

Raquel Rimano, una amiga de mamá, vivía cerca del mar. Su coqueta casa en la calle Corona era lindera con la vieja casa azul y blanca número 273, entre Habana y Los Maceo, que había sido la sinagoga. Durante toda nuestra infancia estuvo vacía de personas y de contenido. Mamá nos había contado, como un secreto, que la señora Raquel custodiaba la llave de la sinagoga. En su momento le adjudiqué a dicha llave y a ese lugar cerrado cierto poder misterioso.

La señora Raquel organizó una reunión de familias judías en su casa, pues habían venido visitas especiales del exterior. En efecto, acudieron personas que yo jamás había visto, con sus hijos, con los cuales no me unía ningún vínculo. A lo sumo, me había cruzado con ellos en algún evento deportivo interescolar. Allí supe que eran judíos, ya que el acontecimiento que nos reunía era la presencia de dirigentes de otras comunidades hermanas latinoamericanas. Más tarde entendí que vinieron a ayudar a gestionar el permiso del gobierno para restablecer la comunidad.

Los acompañaba un rabino radicado en Chile llamado Samuel Roittman, con el que hasta hoy me une una especial relación de cariño. Recuerdo la primera impresión que me causó. Una sonrisa muy amplia y un bigote profuso, y detrás unos ojos claros y brillantes también sonreían. Usaba un solideo, *kipá*, tejido en lana de vivos colores, y su acento chileno me resultaba peculiar, aunque después supe que era de origen argentino. Habló de las festividades judías y propuso comenzar a celebrarlas en casas de familias. Fue el inicio de esporádicos encuentros en casas particulares con el objetivo de festejar el *Shabat* (el día de descanso semanal que comienza el viernes por la tarde), *Rosh Hashaná* (el año nuevo judío), *Iom Kipur* (el día del perdón) y por supuesto, mi preferida, ¡*Pésaj*!

En Cuba el espíritu de la continuidad estuvo moribundo, al borde de la desaparición, pero no se había apagado completamente. El rabino venía un par de veces al año, pero la mayor parte del tiempo estaba en La Habana, donde residían la mayoría de las familias judías. De todas maneras, al menos una vez al año venía a Santiago. Me prometió que haría todos los esfuerzos para que cuando yo cumpliera los doce años y llegara mi *Bat Mitzvá*, la sinagoga pudiera reabrir. En el ritual del Movimiento Conservador al que pertenecía nuestro rabino, las mujeres son llamadas a la lectura de la *Torá*, los rollos del pentateuco que están en hebreo, el idioma original. Yo no tenía quien me enseñara el idioma, por lo tanto el rabino Samuel me escribió el capítulo correspondiente en fonética en español. También me regaló un libro sobre el significado de la *Bat Mitzvá* y otro que explicaba los fundamentos de las festividades principales del calendario hebreo.

Durante el transcurso de esos dos años me preparé estudiando ese material, sumamente ilusionada porque iba a tener el honor de reinaugurar la sinagoga; celebrando, ni más ni menos, el paso de ser una niña a una mujer judía. Para mí fue un orgullo indescriptible cuando efectivamente pude recitar el capítulo correspondiente, el mismo día de la reapertura de la sinagoga en Santiago. El Sefer *Torá*, los rollos de la Biblia que utilicé en la ceremonia, fue un obsequio de la comunidad de La Habana.

Se hicieron presentes mi familia, las demás familias judías con quienes nos reuníamos periódicamente, y mis compañeros de secundaria. Y además, ilustres visitantes: dirigentes de las comunidades judías hermanas de América Latina, dirigentes judíos de la Comunidad de La Habana, y mi amigo, el rabino Samuel, que viajaron con motivo de la reinauguración. En esta nueva etapa, la Comunidad Hebrea de Santiago pasó a denominarse *Hatikva*, igual que el himno nacional israelí, que significa «la esperanza». Desde ese día los servicios religiosos comenzaron a cumplirse allí, y también a desarrollarse otras actividades como estudios de las festividades, taller de danzas típicas israelíes llamadas *rikudim*, y charlas sobre actualidad israelí.

Yudelín no celebró su *Bat Mitzvá*. En ese momento, dos años antes que la mía, la sinagoga estaba cerrada. Si ella hubiera querido, podría haberla realizado en casa, pero no le interesó. Lo que sí le fascinaban eran los bailes folclóricos israelíes. Nunca se perdía ninguna clase. Por suerte me acompañaba a las charlas sobre actualidad israelí. Desde que cumplí los quince, era la actividad que más me interesaba.

En aquel entonces jamás hubiera podido comprender la extrema complejidad de la realidad israelí. Nunca el régimen hacía mención a la ideología retrógrada de los enemigos de Israel, que eran sus aliados. Sus ideas no podían ser más contradictorias ni estar más alejadas de los ideales comunistas. El único denominador común que este heterogéneo alineamiento tenía era su odio a los Estados Unidos y, de forma transitiva, a Israel. El relato jamás aludía a un fervor religioso o a elementos considerados santos. Sin embargo, no se podía tener una aproximación realista del conflicto sin mencionar el fanatismo religioso de actores principales como el Hamás, uno de cuyos sagrados principios era oponerse a la existencia de Israel, aun con la vida misma, sin tener en consideración ningún tipo de frontera.

Said Hotari, el terrorista suicida del Dolphinarium, pertenecía a las brigadas Izzedin Al Qassam, el brazo armado de Hamás, que incitaba a sus militantes al martirologio. Tomaron su nombre del predicador y clérigo sunita, el jeque

Izzedin Al Qassam, quien fundó el primer grupo terrorista palestino, La Mano Negra, en la década del treinta. Su objetivo era eliminar a los judíos y combatir al mandato británico.

Los asesinatos de judíos, la destrucción de sus cultivos y el sabotaje a los ferrocarriles ingleses le valieron a Al Qassam el reconocimiento del gran muftí de Jerusalén Haj Amin Al Husseini, el pronazi tío de Arafat, que lo designó como alta jerarquía religiosa en Haifa. Sus restos yacen justamente en el cementerio musulmán de esa ciudad, después de que los británicos le dieran muerte tras una emboscada.

El proyectil fabricado por Hamás en Gaza, que era disparado permanentemente sobre la población israelí, se llamó Qassam en su honor. El atentado del Dolphinarium fue reivindicado por esta necrófaga organización, que expresaba la voluntad de ofrendar sus almas en atentados suicidas para defender Palestina. «Palestina», claro está, incluía todo el territorio israelí. Poco después, Abdel Rahman Hamad, dirigente de Hamás en Calquelia, responsable del atentado del Dolphinarium y de varios otros, fue ejecutado mientras planificaba otras masacres. Su funeral congregó a una multitud que, disparando sus armas al aire, exigía venganza. El segundo de la organización, Abdelaziz Al Rantisi, prometió una cruel y muy dolorosa venganza.

Sin embargo, a diferencia de lo que aconteció durante dos mil años, asesinar judíos ya no era gratuito. Con la creación de Israel, los judíos se propusieron que esto no sucediera más. Pocos años después, tras un doble atentado en Jerusalén que tuvo como saldo catorce muertos, el líder espiritual y fundador de Hamás, el jeque Ahmed Yasín, y Al Rantisi fueron eliminados por comandos especiales.

El mundo condenó estas acciones al considerarlas eliminaciones extrajudiciales. Por supuesto que ninguno de esos países estaba muy preocupado por la vida de los judíos, ni lo había estado en el pasado. Pero la condena a Israel era políticamente correcta, y agradaba a los principales productores de petróleo. Los derechos humanos de los palestinos despertaban una sensibilidad especial, siempre y cuando los presuntos violadores de estos fueran los judíos. En otros casos los derechos humanos no importaban tanto. Por ejemplo, los que les asistían a las mujeres y otras minorías dentro de los propios países árabes. Todos eran humanos, pero en la escena internacional, parecía ser que algunos eran más humanos que otros.

Como argumentaba Alan Dershowitz: «Si un alienígena de un planeta lejano aterrizase en la ONU, se iría con la impresión de que Israel no solo es el único atacante de Oriente Medio, sino que también es el peor atacante del mundo entero. Condenaría a Israel únicamente y le excluiría de pertenecer a muchas entidades de la ONU, en las que Siria, Líbano o Irán sirven en puestos de honor». El extraterrestre pensaría que en ese pequeñísimo punto geográfico se concentraba la mayor parte de la maldad del mundo. Esta conclusión es contraria a toda lógica, y se explica por la sencilla razón de que más de la mitad de los distinguidos Estados miembros de las Naciones Unidas son tiranías violadoras de los derechos humanos.

En los Acuerdos de Oslo, la Autoridad Nacional Palestina se había comprometido a combatir el terrorismo, lo cual implicaba obviamente no auspiciarlo. Debía desmantelar la infraestructura, incautar el armamento y apresar a los terroristas. Pero Arafat no quería hacerlo. Si se enfrentaba a los extremistas palestinos, sería considerado un esbirro al servicio de Israel.

El nivel de violencia se intensificaba. Dos años después de iniciada la Segunda Intifada, tuvo lugar en Netanya el más terrible atentado terrorista. Durante el transcurso del *Séder* de *Pésaj*, Abdel Basset Odeh, un terrorista de Hamás de veinticinco años, entró al restaurante del Hotel Park; estaba repleto de familias que celebraban la Pascua, y se hizo explotar. La deflagración produjo treinta muertos, muchos de ellos integrantes de las mismas familias, y ciento sesenta heridos graves. La onda expansiva fue de tal magnitud que dejó el restaurante devastado, el hotel en ruinas y dañó todos los vehículos que se hallaban en las cercanías.

El gobierno de Sharón decidió lanzar la Operación Escudo Defensivo. Golani tuvo un papel central, llevando a cabo acciones en zonas urbanas muy pobladas, con las enormes dificultades que ello conlleva. Participó en el cerco a la Mukata en Ramala y en duros enfrentamientos en Nablus, Tulkarem y Yenín. Ianiv estaba estudiando en Jerusalén cuando fue convocado como reservista.

De la ciudad de Tulkarem, muy próxima a la línea verde, habían partido muchos de los terroristas que perpetraban atentados, un gran número integrantes de los Tanzim y las Brigadas de Al Aqsa, facciones que pertenecían a la propia Autoridad Palestina.

Tzahal impuso un toque de queda en la ciudad. Los Golani, junto a la guardia fronteriza, se adentraron en Tulkarem. El objetivo era terminar con el origen del terror. Efectuaron registros casa por casa y allanaron las oficinas de los Tanzim en busca de armas y personas requeridas. El ejército ocupó el lugar durante tres días, apresó a un centenar de sospechosos, abatió a uno de ellos e incautó armas y explosivos. Luego abandonó la ciudad, pero permaneció alerta en sus inmediaciones.

Arafat acusó a los judíos de actuar como los nazis, sin mencionar para nada la ola de salvajes atentados. Muchas organizaciones humanitarias internacionales se hicieron eco de ese relato.

A Ianiv toda la situación le resultaba sumamente injusta. En pocos días se había visto forzado a dejar de lado la preparación de un examen de Derecho para tener que vestir el uniforme. Debió integrarse al batallón, que con alto riesgo de vida incursionó en esa peligrosa ciudad. Habían sido extremadamente cuidadosos de no dejar pasar por alto elementos sospechosos pero sin causar daños innecesarios. Y cuando todas esas acciones se habían llevado a cabo con éxito, se enteraron por la prensa de las infundadas acusaciones que pesaban sobre él y sus compañeros de armas. Al igual que el resto de los israelíes, no veía la hora de poder desarrollar una vida normal, sin tener que luchar por su vida y la de su familia, una y otra vez. Había momentos en que era difícil mantener la moral y la esperanza alta.

Quiso el destino que Alón tuviera que intervenir en una de las más duras y tristemente célebres batallas de la Operación Escudo Defensivo. A menos un año de la trágica muerte de Siván, Alón debió incursionar en Yenín comandando a un grupo de soldados. Todos eran reservistas, hombres adultos, y muchos casados con hijos. El ejército debió apelar a todos. Y todos, en mayor o menor grado, sufrieron las secuelas psicológicas de haber vivido ese infierno.

Aunque los palestinos hablaban de Yenín como un campo de refugiados, en realidad es una de las principales ciudades de Cisjordania. Y se había convertido en la capital del terrorismo. Allí tenían sus bases principales Hamás, *Yihad* Islámica y las brigadas Mártires de Al Aqsa. De allí habían salido la mayoría de los suicidas, a pesar de que estaba custodiada por tropas de la ONU. Claro que estas solo querían cumplir con la formalidad de sus funciones, y no les quitaba el sueño si su negligencia o desidia provocaban la muerte de algunos judíos.

Tzahal decidió adentrarse en Yenín para apresar a los terroristas y destruir las armas. Pero, a diferencia de lo sucedido en Tulkarem, en Yenín los guerrilleros se habían preparado para oponer dura resistencia, contando con un arsenal no inferior al de un ejército regular. Todos los grupos, coordinadamente, planificaron una gran emboscada. Los combatientes se habían posicionado en puntos estratégicos. Plantaron trampas explosivas en los puntos de ingreso, en las calles y aun dentro de las casas de civiles. En los hogares, las bombas habían sido ingeniosamente escondidas en electrodomésticos, adornos o bolsas de basura.

Por razones humanitarias y éticas, las FDI habían tomado la decisión de ingresar a pie e inspeccionar casa por casa. Actuando con la mayor cautela, ponían en riesgo sus propias vidas para evitar al máximo las bajas civiles. Cualquier otro ejército en el mundo hubiera optado por bombardear indiscriminadamente con aviones, tanques o misiles, porque ello produciría muchas más víctimas del bando contrario pero menos del propio. De hecho, así lo habían hecho Rusia en Chechenia y Estados Unidos en Afganistán en esos mismos años. Pero *Tzahal* era un ejército popular y el más moral del mundo. Previamente al inicio de las acciones, procedió a la evacuación de todos los civiles que estuvieron dispuestos a hacerlo. La mayoría de las casas fueron abandonadas, pero muchos permanecieron por diversas razones.

Algunos habían sido tomados como rehenes por los terroristas, a quienes despreciaban profundamente. Estaban apresados en sus casas, con sus puertas dinamitadas. Los terroristas trasladaron el campo de batalla a sus dormitorios, utilizándolos como escudos humanos. En muchas de esas casas los israelíes eran bien recibidos, pues su presencia los liberaba. En algunos casos, hasta se producía un diálogo cordial. Una madre de cinco hijos le expresó a Alón su gratitud y el deseo de que pronto pudieran encontrarse en una era sin conflictos. Otros, por convicción, se habían quedado para cooperar con los terroristas. El odio en el que habían sido educados encontró en sus corazones terreno fértil. Sus hogares, adornados con fotos de Bin Laden o de *shahids*—los suicidas que consideraban mártires—, servían como escondite. En otros casos, fingiendo dar indicaciones, llevaban a los israelíes a una emboscada. Había quienes sacaban a sus propios niños a las calles con cargas explosivas.

En ese adverso escenario, se produjeron cruentos enfrentamientos, combates cuerpo a cuerpo donde perecieron víctimas de ambos lados. Los palestinos no tuvieron impedimento moral en sembrar explosivos en los cuerpos de los caídos o en las ambulancias que transportaban niños heridos. Todas esas trampas causaron gran número de víctimas israelíes. En total, el trágico saldo de este combate fue cincuenta y dos palestinos muertos y la mitad de israelíes.

La estrategia palestina no terminaba allí. Tras verse derrotados en el campo de batalla, prosiguieron sus embates en el plano propagandístico y diplomático. La ANP acusó a Israel de haber asesinado a miles de personas en Yenín ejecutando una limpieza étnica, uno de los términos predilectos en el vocabulario palestino. La Comisión de Derechos Humanos de las Naciones Unidas condenó de inmediato a Israel por cometer una masacre indiscriminada de civiles indefensos. El Consejo de Seguridad votó por unanimidad la creación de una comisión investigadora y la envió de inmediato al lugar de los hechos. Los medios de comunicación, organismos internacionales y hasta productores cinematográficos difundieron calumnias y difamaciones de las que el mundo se hizo eco de inmediato. ¡Qué satisfacción poder difundir que los judíos cometían masacres!

La posterior y exhaustiva investigación de la comisión determinó que tal masacre no había acontecido. Pero este dictamen fue muy posterior a las falsas acusaciones y, obviamente, no tuvo la misma repercusión que la patraña, por lo que el falso relato prevaleció.

Alón fue condecorado por su valentía en el campo de batalla, pero después de esta operación decidió dejar el ejército y comenzar la carrera de profesor de educación física en el Instituto Wingate. Jamás olvidó las terribles escenas allí vividas ni el punzante dolor de ver a sus compañeros caer acribillados a su lado, en el fragor de la batalla.

El baúl

Al terminar de comer el *afikomán* culmina la cena. Se sirve la tercera copa de vino y, sin beberla aún, se recita la bendición de agradecimiento posterior a las comidas. Luego se recita el pasaje en el que se invita al profeta Elías a pasar, y se abre la puerta. Se le ha reservado una silla exclusiva alrededor de la mesa, en medio de la cual lo espera una copa rebosante de vino. Elías, cuyo nombre hebreo Eliahu significa «el Señor es mi Dios», es el profeta cuyo espíritu se cree está presente en cada ceremonia de circuncisión y en cada *Séder*, y es quien además será el encargado de anunciar la llegada del Mesías.

La circuncisión, *brit milá*, es un precepto religioso que es cumplido también por los judíos seculares. Al octavo día del nacimiento de un varón, se le corta el prepucio, la piel que cubre el glande del pene. Ese ritual, iniciado por Abraham, simboliza la vigencia del pacto establecido entre Dios y el pueblo de Israel. Muchos cristianos desconocen que lo que se celebra el primero de enero, ocho días después de la Navidad, es la circuncisión de Jesús. Dependiendo de la época y del lugar, a veces se dejaba la puerta abierta durante toda la ceremonia para evitar que se produjera alguna falsa acusación de asesinato ritual. Si, por el contrario, implicaba un peligro ser descubiertos en una manifestación de fe judía, la apertura se realizaba solo por un instante.

Según la tradición, Elías visita los hogares judíos sin ser visto y bebe de la copa que le es especialmente asignada. Los niños, expectantes, intentan percibir el instante en el que el nivel de vino de la copa desciende mínimamente, por el pequeño sorbo que ingiere el incorpóreo visitante. Muchos rabinos explican que Elías no entra precisamente por la puerta, sino por los corazones. Luego se bebe la tercera copa y se elevan nuevas alabanzas al Creador. Tras los salmos de aleluyas, se procede a beber la cuarta y última copa de vino. El último paso es la aceptación. Si hemos seguido correctamente todos los capítulos del *Séder*, entonces el Todopoderoso nos habrá escuchado y recibido con beneplácito nuestras plegarias.

En Santiago ya teníamos el lugar donde Dios nos escuchaba mejor: la sinagoga de la calle Habana, en cuya reapertura tuve un papel protagónico. Pero allí no solo concurríamos a rezar, una práctica que no me entusiasmaba mucho. Más bien me interesaban sobremanera las charlas y actividades culturales y educativas que se organizaban. Muchas veces llegaban disertantes del exterior. Hablaban estrictamente sobre Israel, intentando no deslizar ninguna crítica hacia el régimen. Pero, claro, Israel se caracterizaba por ser una democracia y además pluripartidista, lo que generaba un fuerte contraste con el régimen comunista de partido único, aún mayor que con las democracias bipartidistas. Respecto del conflicto de Medio Oriente, la versión que recibíamos era diametralmente opuesta a lo que escuchábamos en los medios oficiales.

Nunca tuve dudas sobre la veracidad del relato de los emisarios. Poco a poco comenzaron a llegar latinoamericanos, de México, Argentina o Uruguay, que residían en Israel. No tenían problema alguno para entrar en Cuba. Hablaban español y poseían pasaportes vigentes de sus respectivos países. Cuando se les interrogaba en migraciones, declaraban que venían para cumplir funciones como docentes de hebreo o de historia judía, y que iban a trabajar a las comunidades hebreas de La Habana y de Santiago. Nunca tuvieron problemas por entrar con este fin. Sin embargo, a priori, consideraban la posibilidad de que cada viaje pudiera convertirse en una tarea peligrosa ya que, más allá de la documentación, provenían de un Estado formalmente enemigo.

Tras constatar esa nueva ventana de oportunidades, la Agencia Judía para Israel comenzó a incrementar la frecuencia de las visitas a los judíos cubanos, con quienes no había tenido contacto por casi dos décadas. Nuestros visitantes estaban capacitados no solo para brindar exposiciones, sino también información sobre las posibilidades de emigrar a Israel. Recuerdo a un emisario en particular, Igal Shaúl, un mexicano residente en un *kibutz*. Durante esa etapa de mi adolescencia, fue uno de los que más nos visitaba. Era muy claro en sus conceptos; recuerdo vívidamente esas conversaciones.

—Israel es el Estado judío, el único Estado judío —expresó Igal—. Es el país no solo de los israelíes, sino de todos los judíos del mundo. Uno de los objetivos de Israel es asegurar la continuidad de la vida judía. Es el único lugar donde un judío puede vivir plenamente como tal —aseveró con total convicción.

Paseó su mirada por los jóvenes y atentos rostros y continuó.

—Mientras estuvimos dispersos por el mundo, y nuestra suerte librada a la voluntad de los demás pueblos, no teníamos un futuro. Hoy que Israel es una realidad, es un precioso desafío personal ser protagonista en la construcción de una sociedad mejor en nuestro propio país. Israel ha absorbido con éxito a los sobrevivientes del Holocausto, a los expulsados de los países árabes, a los inmigrantes de los países del ex bloque soviético. Salvamos a comunidades enteras en peligro como la de Irak y la de Etiopía. Todos ellos recibieron al comienzo vivienda, servicios médicos, educativos y seguro social. Hemos alcanzado todos juntos logros increíbles. Hemos preservado nuestros valores morales y construido una vigorosa democracia. Nos hemos convertido en un país modelo, de avanzada, líder en investigación científica y tecnológica, en el desarrollo de la medicina, la agricultura y las artes.

—Dime Igal —inquirí—, tú nos pintas un panorama color de rosa. Nos dices que todo allí es maravilloso. ¿Acaso no tienen problemas?

—Claro, Anael, que tenemos problemas ¡y muchos! Pero te voy a contar una historia. Tú sabes que el régimen nazi recurría a las composiciones de Richard Wagner, declarado antisemita, como símbolo del arte ario. Incluso su música se escuchaba en los guetos y campos de concentración.

En Israel se planteó la disyuntiva de si su orquesta filarmónica, que era una de las mejores del mundo, debería ejecutar esa música o no. Muchos sobrevivientes se sentirían sumamente molestos por escucharla nuevamente. ¿Ustedes que opinan que debería hacer?

—Yo creo que si es israelí, no debería tocar esa música —aseveró Rudy.

—Podría tocarla solamente cuando se va de gira, pero no en territorio israelí —opinó Yudelín.

—Si es una orquesta de nivel internacional, debe tener el repertorio acorde a su jerarquía —expresó Yamila.

—¿Tú qué opinas? —me preguntó Igal.

—Mmmmm... la verdad no sé —dije con un poco de vergüenza.

Los alumnos miraron al profesor para conocer la respuesta.

—Yo comparto el pensamiento de Anael: ¡no sé! Lo importante no es mi opinión personal. Ni siquiera qué hizo al respecto la filarmónica. Lo relevante es que en el resto de los países del mundo esto no es un tema. La orquesta ejecuta a los grandes autores, sin ningún otro tipo de consideración. En Israel es un tema de debate, en el cual cada ciudadano tiene derecho a participar y a emitir su opinión libremente. Solo en Israel los nombres de las calles, los feriados, las bendiciones, las maldiciones, los colores, los olores y los sabores tienen un significado nacional y personal.

La respuesta me dejó reflexionando. Algunos conceptos me hacían cosquillitas en la panza. Gente tan diversa que compartía valores fundamentales y discrepaba profundamente en otros, amalgamada en una sociedad plural, conviviendo en democracia y libertad.

—Democracia es el gobierno de las mayorías, respetando a las minorías —explicaba Igal—. En Israel las minorías no solo son respetadas; sus miembros tienen todos los derechos y hasta partidos políticos propios. Incluso algunos parlamentarios árabes fueron elegidos con la plataforma de oponerse a la existencia misma del Estado, cuyo poder legislativo integran. Usualmente, se detienen en el podio del parlamento unicameral y expresan las peores diatribas que se les puedan ocurrir. ¡Y tienen fueros parlamentarios que los protegen!

—Guau —exclamé.

¡El contraste con Cuba era tan marcado! Aquí estaba prohibido criticar al gobierno, cuestionar sus leyes o decisiones. La única voz que se oía, en cualquier ámbito, era la oficial. Nunca escuchamos a alguien en franca oposición con el oficialismo. Ni en los medios de comunicación, ni en el secundario, ni en mi equipo de vóleibol, ni siquiera en la sinagoga.

Igal no venía más que dos veces al año a Santiago, pero siempre traía consigo un baúl con libros para la biblioteca de la comunidad. Yo siempre los tomaba prestados y los devoraba. Podría considerarse subversivo, ya que estaba prohibido leer libros no aprobados por el gobierno, o recibir publicaciones de visitantes extranjeros. Todos los libros, revistas o periódicos eran editados por el Estado. Siempre evité que mis compañeros de secundaria observaran siquiera su portada.

Así, inmersa en esas lecturas, mi imaginación volaba lejos, a otras latitudes y a otros paisajes. Comencé a tener un sueño. Yo había hecho mía la frase de Teodoro Herzl, el fundador del sionismo, que decía: «si lo queréis no será una leyenda», refiriéndose al Estado judío. Yo creía que a pesar de las dificultades para emigrar que existían en Cuba, si me lo proponía, cuando llegara el momento iba a poder lograr vivir en el país que anhelaba. Cuando se lo comenté a mamá, para mi asombro, no se sorprendió. Incluso me alentó.

—Cuando dejes de ser un pichón y estés en condiciones de desplegar tus alas y volar del nido, tu voluntad te llevará tan lejos como quieras ir. Tu mami siempre te apoyará.

Interpreté esas palabras como un aliento a continuar soñando con otros horizontes. En los años subsiguientes mi determinación por emigrar se afianzó. Comenzó a llegar a Santiago otro emisario de la Agencia Judía, Ami Cohen. Entendí que su función era específicamente orientar a quienes teníamos la intención de hacer *aliá*, que significa, literalmente, «ascender», o sea, emigrar a Israel. Nos dijo que estaba en condiciones de contestar todas nuestras preguntas al respecto. Mi mayor temor era sentirme sola, en un país extraño donde se hablaba una lengua antigua y totalmente desconocida para mí. En esos años había aprendido las letras y algunas palabras, pero eso solo me daba una idea de lo difícil que sería aprender ese idioma.

Durante esos años intenté convencer a Yudelín y a mi íntima amiga Yamila de que se fueran conmigo. Mi hermana mayor había comenzado a salir con Osbeck Castañeda, un chico no judío. Él no podía tener interés en irse tan lejos y ella no estaba interesada en estar sin él. Yamila Miller era judía. Integraba mi equipo de vóleibol y asistía conmigo a muchas de las charlas en *Hatikva*. Ella era unos meses menor que yo, y más inmadura. Le interesaba aprender como a mí, pero nunca imaginó emprender una aventura de esa envergadura en la vida real. Dejar el país, su casa, sus padres y hermanos e irse sola no se lo había planteado seriamente.

No era mi caso. Yo estaba decidida a irme de aquel lugar. Me entrevisté a solas con Ami.

—Tengo, como te imaginarás, un montón de preguntas.

—Pues, veamos. Todas las que te pueda contestar lo haré con mucho gusto.

—Antes de pensar en mí, me preocupan mis padres y mi hermana. Si dejo el país, ¿cómo sé que eso no les generará problemas a ellos?

—Antes que nada debes confiar en mí. Yo represento a la Agencia Judía, que ha tomado en sus manos la tarea de trasladar y luego absorber en la sociedad israelí a millones de personas provenientes de la mitad de los países de la Tierra. Hemos salvado a comunidades enteras en peligro. Jamás te embarcaría en una empresa que significara un perjuicio para tu familia.

—Confío en ti.

—Hay más de cuatrocientos cubanos viviendo en Israel que emigraron en los últimos años. La mayoría proviene de La Habana, pero hay chicos, que tú conoces, que emigraron y son de Santiago. Seguramente conoces a alguno: Odalys Pinto, Maila Oquendo, Alexander Adato, Manuel Weber... Puedo averiguarte más.

—Sí, conozco a alguno de ellos pero no mucho, son unos años mayores que yo.

—Puedes preguntarles a sus familias si han sido molestadas o si han tenido dificultades en sus trabajos y verás que no te miento... Es que existe un acuerdo con el gobierno.

—¿Un acuerdo secreto entre Cuba e Israel?

—Bueno, no sé si es secreto, quizá «reservado» sea la palabra más adecuada.

—Y si no hay relaciones diplomáticas, ¿cómo se logra ese tipo de arreglo?

—Oficialmente yo te quiero transmitir la más absoluta tranquilidad de que tu familia no será molestada ni sancionada si tú decides hacer *aliá*. Extraoficialmente puedo hacerte un cuento, pero no puedo comprobar su absoluta veracidad.

—Me encantaría escucharlo.

—Mónica Polak, una israelí de origen argentino, se encontraba en París en una reunión de la Internacional Socialista representando al partido del Hashomer Hatzair. El mismo del que, según me contaste, tus bisabuelos Ioan y Elena participaron de su fundación aquí.

—¡Exacto! Veo que recuerdas todas mis historias.

—Claro, me resultó sumamente interesante. El pueblo judío es una cadena de continuidad y siempre me ha fascinado conocer la historia y las peripecias de las personas. Te cuento que el Hashomer Hatzair cerró sus puertas en La Habana después del éxito de la revolución. Y no porque haya tenido problemas con el gobierno.

—¿Sabes lo que ocurrió?

—Sí. A consecuencia de la revolución, los judíos abandonaban en masa el país, y la asistencia a las actividades disminuyó de forma pronunciada. Tú sabes que los líderes de ese movimiento juvenil eran jóvenes de tu edad. Y se les presentó la disyuntiva de emigrar en conjunto a Israel a un *kibutz*, como era tradición, o quedarse para apuntalar su decaída organización. Decidieron hacer *aliá*, ya que nada garantizaba que si se quedaban habría un número suficiente de chicos para continuar con el movimiento. La mayoría se integró al *Kibutz* Gaatón en el norte.

—Así fue como se disolvió el Hashomer Hatzair en Cuba, ¿pero qué pasó con la reunión en París?

—Sí, ja ja, me fui un poco del tema, pero préstame atención que la historia es interesante. Mónica Polak representaba a Mapam, que es el partido israelí emergente del Hashomer Hatzair, en la Internacional Socialista. En esa reunión en París, ella tuvo la posibilidad de entrevistarse con Margarita Zapata, veterana de la Revolución Sandinista y vicepresidenta de la Internacional Socialista, quien representaba a los sandinistas. Ella era la nieta del legendario general revolucionario mexicano Emiliano Zapata. Cuando Fidel Castro estuvo en México se alojó en la casa de Zapata y Margarita resultó ser como una ahijada para él. ¡Y era judía! Así que ella se comprometió a hablar con Fidel e interceder por una familia judía que vivía en Cuba y que deseaba hacer *aliá*. Como si esto fuera poco, se consiguió también la mediación del secretario general del Partido Socialista Obrero Español y presidente español Felipe González. Así que, entre ambos, convencieron a su común amigo Fidel Castro, quien concedió el permiso para la salida de la familia Asís. Ese contacto dio paso al convenio posterior que el gobierno y la Agencia Judía acordaron para el resto de los judíos cubanos. Castro puso como condición que no emigraran a Estados Unidos. Por lo tanto, para que te permitan salir debes tener una visa israelí en tu pasaporte. Eso también implica ciertos riesgos, ya que desde el momento que solicitas un visado no se te permite continuar trabajando en el país. Solo puedes esperar la culminación del trámite para irte, y cuando lo haces, te vas sin nada. No puedes llevarte tus ahorros. Todo tu equipaje consta de una sola valija, que pesa poco más de veinte kilogramos.

—Todas mis pertenencias caben en esa maleta. En mi equipaje, el baúl más grande es el que contiene mis sueños. Pero más allá de la poesía, ¿cómo se supone que recibo una visa de Israel si no tiene embajada aquí?

—Bueno, para eso me pagan el sueldo a mí. No solo para admirar las bellas playas del Caribe. Efectivamente, Israel no tiene aquí ningún rango de representación diplomática. Por eso tiene un acuerdo con Canadá. La embajada de Canadá en La Habana tiene un departamento especial de intereses israelíes y un funcionario asignado a la tarea de recibir solicitudes de judíos cubanos que pretenden emigrar a Israel. Canadá oficia de intermediario y envía las solicitudes de visa a la embajada israelí en Ottawa y de allí a Jerusalén, donde se decide sobre la petición del solicitante.

Ese es el procedimiento formal, pero nuevamente apelo a la confianza que me debes tener. Si yo te ayudo a tramitar esa visa, vas a conocer de antemano las posibilidades de que te la otorguen. No vas a recibir una sorpresa negativa que te perjudicaría el resto de tu vida.

—¿Y es cierto que para dejar el país debo pagar una compensación por la educación que recibí aquí en forma gratuita?

—En los trámites que se deben realizar hay que pagar los costos del pasaporte y el permiso de salida. No se exige ningún otro gravamen. Si existe otro tipo de retribución por algún otro concepto, lo desconozco. Pero en todo caso sería entre los gobiernos. No te afecta directamente, ni aun en el caso de que ese precio exista.

—Quiero decirte que mi familia no está en condiciones de afrontar ni siquiera esos costos de pasaporte, que aquí son muy elevados.

—No te preocupes. La campaña de solidaridad de los judíos del mundo con sus hermanos necesitados, donde quiera que se encuentren, hace posible que ellos te ayuden. Todos los costos de pasaporte, permiso de salida, visado y billete de avión corren por nuestra cuenta. Son de cargo del pueblo judío. Eso incluye como obsequio una maleta. El baúl con tus sueños lo debes rellenar tú.

—Ja ja, claro, ese va colmado. Te he hecho muchas preguntas acerca de la salida pero no sobre la llegada. Ahora tengo que marcharme, pero necesito tener otra entrevista contigo. Necesito sacarme muchas dudas de cuestiones más prácticas. ¿Adónde me dirijo cuando llegue?, ¿quién me va a recibir? ¿Con quién voy a estar? ¿Cuáles son las opciones que se me presentan? En fin, tengo tantas preguntas que debo anotarlas para no olvidarme de ninguna. Ahora tengo que irme, porque tengo que estudiar para mi último examen de inglés para culminar secundaria.

—Bueno, ¿qué te parece el martes a las 15 horas?

—Perfecto, esa día tengo partido de vóleibol más tarde y no me lo quiero perder. Nos vemos el martes.

El martes a las 15 horas, puntualmente, llegué a la sinagoga.

—Hola, Anael, ¿cómo estás? ¿Cómo te ha ido en el examen de inglés?

—Me fue muy bien, por suerte finalicé el secundario. Es una etapa culminada. Vine a hablar contigo de la siguiente.
—Bueno, excelente. Hablemos.
—No, mejor habla tú. Cuéntame qué ocurrirá desde el momento en que el avión despegue de aquí.
—No hay vuelos directos entre Cuba e Israel. ¿Has viajado alguna vez en avión?... No, imagino que no. Debes tomar dos vuelos para llegar. El primero sale del aeropuerto de La Habana y llega a Toronto, Pearson. Allí debes tomar otro a Tel Aviv. En el aeropuerto de Pearson te explicarán hacia dónde debes dirigirte para tomar el siguiente avión. Tienes que esperar aproximadamente cuatro horas. Cuando abordas el avión a Israel, ya no debes preocuparte más. Aterrizarás en Ben Gurión, el aeropuerto en Tel Aviv, y al descender del avión encontrarás una persona que portará un cartel con tu nombre y apellido: Anael Cobas. Cuando lo veas, debes dirigirte hacia ella, te va a hablar en español y te guiará en todos los pasos subsiguientes.
—¿Cuáles son?
—En primer lugar, recibes un documento de identidad que certifica tu ciudadanía. Inmediatamente después de llegar, recibes la nacionalidad israelí, con todos los derechos y todas las obligaciones que eso implica. En esa primera etapa y por unos años son más los derechos que las obligaciones. Puedes, si así lo deseas, hebraizar tu nombre, pero también lo puedes hacer más adelante. Si deseas cambiarte el nombre o el apellido por uno hebreo, durante siete años, convivirán en tu identificación ambos nombres. Eso se hace por si hay alguna acción judicial pendiente o alguien te está buscando por algún motivo. La idea es que no utilices esta vía para escaparte de la justicia.
—Je je, no es mi caso, en cierto modo me escapo, pero no me considero culpable de algo.
—Entre los trámites para emigrar debes firmar una declaración asegurando que no tienes ninguna acción judicial pendiente o deuda con la justicia local, pero supongo que no todos dicen la verdad, al menos en otros países con otras realidades.
—Bueno, en mi caso te aseguro que soy inocente. Aún no te enjuician por proyectar un futuro distinto al que el régi-

men pretende para ti. Pero por las dudas prefiero irme antes de que esto suceda. ¿Y cómo sigue el proceso?

—Nosotros nos encargamos de la emigración, por esa razón estoy aquí para asesorarte. Una vez que estés allí, es el Ministerio de Absorción el que se encarga de todo lo atinente a tus necesidades. Existe todo un programa de beneficios para nuevos inmigrantes que abarca muchas áreas. Incluye ayuda financiera, seguro médico, subvención para estudios universitarios, exenciones de impuestos, de aduana, facilidades para obtener una vivienda, para adquirir un vehículo, etc. Más tarde también te ayudarán a encontrar un trabajo. La intención es brindarte todas las herramientas necesarias para que puedas integrarte plenamente a la sociedad. Pero vayamos por partes. Lo primero es que aprendas hebreo. Es el primer paso para desarrollar la tarea que quieras. Todos los israelíes hablan inglés, pero el idioma para estudiar y trabajar es el hebreo. Con lo que sabes de inglés puedes arreglarte en la calle o al ir de compras y hacerte entender al principio. Te cuento que muchos israelíes hablan español debido a que es su lengua nativa o porque les gusta y lo aprendieron. Otros, los que son de origen sefaradí, hablan ladino, que es un español muy antiguo, de la época en que expulsaron a los judíos de España. Son cada vez menos los que lo hablan. En definitiva, el primer paso es aprender el idioma.

—Uy, sí, eso me tiene muy nerviosa, es dificilísimo.

—Bueno, mira, millones de personas llegaron sin saber nada y al poco tiempo lo hablan fluidamente. Seguro que para ti no va a ser un obstáculo.

—Hablemos de mis clases de hebreo.

—Como te dije, es lo primordial. Y todo está preparado para que lo aprendas de la mejor manera. En la primera etapa, mientras lo estudias, puedes alojarte en un *kibutz* o en un centro de absorción. Tú sabes que el *kibutz* es una granja comunitaria agrícola, basada en los principios del socialismo, donde no existe la propiedad privada. Allí estudias hebreo y además trabajas como miembro del *kibutz* para pagarte tus gastos de alojamiento, comida y enseñanza. Trabajas veinticuatro horas por semana y estud…

—Ami, discúlpame, con todo respeto. Sé que tú eres miembro de un *kibutz*, y no tengo nada en contra de ese estilo de vida, pero entiende que estoy saturada de reglas socialistas, plagadas de buenas intenciones y de malos resultados. Me gustaría llegar a una ciudad y no a una comuna rural y socialista.

—Claro, está bien, no me ofendes para nada. Desde tu perspectiva, entiendo tus razones. La otra opción es que te alojes en un centro de absorción, especialmente acondicionado para ello. Cuenta con todas las instalaciones para brindarte los servicios de residencia, sociales y culturales, y por supuesto para aprender hebreo. Allí puedes permanecer hasta que te sientas con la suficiente independencia para salir y comenzar tu nueva vida. Incluso, si así lo deseas, puedes vivir allí, aun después de haber conseguido tu primer trabajo.

—Bueno, pero mi intención es estudiar en la universidad.

—Excelente, después de cinco meses, y dependiendo del nivel que hayas adquirido en hebreo, puedes continuar el aprendizaje del idioma en la propia universidad donde decidas estudiar. Ese curso se llama *mejiná*, y aprendes, además de hebreo, matemáticas, estadística, inglés y lógica.

Te encuentras dentro de la universidad, viviendo con los demás estudiantes, pero aún no has iniciado tu carrera universitaria. La *mejiná* también te prepara para rendir el examen psicométrico.

Este examen es la prueba de admisión para las siete universidades de Israel, que han unificado criterios. El puntaje que obtengas te permitirá, o no, cursar distintas carreras en las distintas universidades, de acuerdo a sus propios requerimientos. El Estado te va solventar los tres primeros años de estudios, que en Israel no son gratuitos, sino remunerados. El período de tiempo es aproximadamente lo que te lleva obtener el primer título. Para continuar los estudios, y cursar el segundo título, seguramente tendrás que conseguirte un trabajo, pero después de tantos años, ya serás una genuina *sabra*.

—Todo suena muy difícil.

—Ah... es que aún no te mencioné la parte difícil.

—¿Cómo?

—Bueno, aquí en Cuba las mujeres están exentas del servicio militar. Pero en Israel es obligatorio también para las mujeres, por un período de dos años. Tú sabes que *Tzahal* es un verdadero ejército del pueblo y todos deben colaborar, pues las amenazas que se ciernen sobre el país son reales, no ficticias. Nosotros no inventamos un peligro inminente de amenaza de agresión exterior como hace el gobierno aquí para justificarse y perpetuarse. Lamentablemente nosotros sufrimos permanentemente agresiones reales.

—Eyyy, ¡nunca te escuché decir cosas así de mi país! ¿Tú opinas que los Estados Unidos no están a punto de invadir Cuba?, pues desde que soy una niña estoy siendo advertida de esa posibilidad apremiante... Ja ja, no te preocupes, no lo digo en serio, nunca lo he creído.

—Sí, me pareció que podía ser franco contigo. Además, nuestra realidad explica las razones por las cuales todos los jóvenes deben enrolarse y brindar sus mejores años al ejército. Pero tú, como nueva inmigrante, si deseas estudiar, puedes aplazar tu reclutamiento por tres años, hasta finalizar el primer título universitario. Si quieres aplazar aún más el enrolamiento, debes elevar una carta a la oficina de reclutamiento. Ellos consideran cada caso en forma particular y toman en cuenta tu edad, condición física y tu situación personal, familiar, económica, académica, etc.

También puedes enrolarte apenas llegues al país, en cuyo caso el ejército te proporciona todo lo necesario, incluyendo la enseñanza del idioma. Y la tercera opción es que si quieres servir en el ejército en la especialidad que vas a estudiar, puedes hacer ambas cosas a la vez. Estudias mientras integras el ejército. En las vacaciones realizas el entrenamiento básico militar y al finalizar la carrera completas el servicio militar trabajando en lo que hayas estudiado, siempre y cuando el ejército lo haya aprobado previamente. Si te casas, automáticamente quedas exenta.

—Interesante. Mi anhelo es estudiar algo que me permita conocer y explicar la realidad acerca de Israel. Podría estudiar Ciencias de la Comunicación o Historia. No sé si es función del ejército explicar el porqué de sus acciones. Las injustas acusaciones que se escuchan aquí son terribles. Mi madre utiliza la palabra *demonización*. Creo que es la que mejor se aplica. Mi sueño es contribuir a difundir la verdad, y, como dice mamá, «una pequeña lucecita puede iluminar mucha oscuridad». Los ojos de rabia y angustia de mi madre frente al televisor a la hora de las noticias han marcado mi vocación.

—Estás en la edad ideal para luchar por tus sueños y hacer que se conviertan en realidad. Todos los comienzos son duros, pero si eres perseverante, la recompensa es inigualable. Entonces, ¿vas a completar estos formularios? ¿Estás decidida?

—Absolutamente.

—Lamentablemente son muy malas las comunicaciones aquí. En el resto de los países del mundo internet es absolutamente libre y puedes comunicarte e interactuar con quien quieras. El correo también demora mucho como para tener noticias directas. Pero me gustaría que te contactaras aquí con alguna de las familias de los cientos de jóvenes cubanos que ya están viviendo una nueva vida como judíos plenos en Israel.

—Sí, sí, lo sé. Y también sé que en breve seré una cubana feliz más en Israel.

El año próximo en Jerusalén

El *Séder* culmina con la plegaria al retorno: «Así como ahora nos fue dado celebrarlo, merezcamos hacerlo en el futuro. Diáfano que moras en las alturas, yergue la innumerable comunidad, conduce pronto a los retoños por Ti plantados a Sión en júbilo, redimidos».

Salimos de la esclavitud física de Egipto hacia la Tierra Prometida, donde podremos alcanzar la verdadera libertad, la libertad espiritual. Logramos concretar el sueño porque siempre mantuvimos enhiesta la esperanza. Logramos pasar de la opresión a la redención, y esa travesía es el paradigma de nuestra memoria colectiva.

Para finalizar, se entona la canción que durante miles de años anidó en el espíritu de los judíos en todos los lugares y en todas las épocas. Cantamos acerca del deseo de que el año venidero, todos juntos, nos encontremos reunidos en Jerusalén, nuestra capital, el corazón del pueblo judío. «*Leshana Habá Bierushaláim*», «¡El año próximo en Jerusalén!».

Hacia allí me dirigía yo. Tenía el privilegio de poder concretar el sueño de innumerables generaciones que me antecedieron. Iba a materializar la esperanza que expresaba el milenario cántico.

Apenas aterricé, un par de sonrientes funcionarios me dieron la bienvenida. Ambos, el chico y la chica, dominaban el español. Pasamos a una oficina, donde me ayudaron a realizar los trámites de rutina y me explicaron cuáles serían los pasos siguientes. Me entregaron el documento de identidad, que acreditaba mi nueva nacionalidad. Allí mismo debí escoger una institución bancaria y abrir una cuenta en la que el Estado, a través de distintas dependencias, depositaría mensualmente subvenciones que favorecían al nuevo inmigrante. Asimismo debí seleccionar y afiliarme a la institución que se haría cargo de mi seguro de salud, beneficio que también otorgaba el Estado. Quedé asombrada con la rapidez y efectividad con que se realizaban esos trámites, habitualmente burocráticos y engorrosos. Y mi alegría se disparó cuando, además, recibí como obsequio un teléfono móvil, dispositivo con el que nunca antes había estado en contacto.

Al salir del aeropuerto Ben Gurión me esperaba un vehículo, que me condujo directamente a Ashkelon.

La ciudad costera de Ashkelon es la más meridional del país. Tiene una costa bordeada de playas espléndidas, de finas y blancas arenas, bañadas por el mar Mediterráneo, con espacios verdes y un acantilado escénico. Con más de cinco mil años de historia, fue uno de los poblados más importantes del mundo antiguo. En el período cananeo, estaba circundado por murallas cuando Jerusalén aún no era más que una pequeña aldea. Mencionada a menudo en la Biblia como ciudad filistea, de allí provino Goliat el gigante, fue escenario de la traición de Dalila a Sansón y lugar de nacimiento de Herodes.

Allí fue mi primer hogar en Israel. En el coqueto barrio Barnea, en el 209 de la calle Bar Kojbá.

Shimón Bar Kojba fue un líder militar que se alzó en armas contra el Imperio Romano, y logró restituir la soberanía judía sobre Israel. Unos años después, el emperador Adriano tomó Betar, la fortaleza donde se había refugiado Bar Kojbá, aniquiló a todos sus habitantes y arrasó Jerusalén. Para evitar el regreso de los judíos, construyó en su lugar una ciudad romana, Aelia Capitolina, y nombró a toda esa provincia *Palestina*, para borrar todo vestigio del reino judío.

Volviendo a estos tiempos de restablecida soberanía judía, el nombre de esta y muchas otras calles rememoran el ancestral vínculo de los judíos con su tierra. En esta dirección se ubicaba el centro de absorción llamado *Beit Cánada*, la Casa Canadá. Erigido hacía más de treinta años, era un complejo de seis edificios rodeado de hermosos espacios verdes a pocas manzanas del mar Mediterráneo, que podía divisarse desde muchos de sus apartamentos. Los edificios constaban de seis apartamentos por piso, de uno, dos y tres dormitorios, equipados con los muebles elementales, cama, placares, mesa y sillas, y los electrodomésticos básicos como cocina, heladera y estufa. Había oficinas administrativas, salones de clase, biblioteca, salas de esparcimiento, sinagogas, discoteca, jardines públicos, campos de deportes y un parque infantil. Todo el complejo estaba cerrado; esto permitía a los niños corretear libremente en su interior.

El gran objetivo del centro de absorción era enseñar el idioma hebreo a los nuevos inmigrantes y ayudarlos en todos los aspectos de la vida. Brindarles todas las herramientas para que lograran familiarizarse con su entorno y adaptarse a su nuevo país. Allí los nuevos inmigrantes recibíamos todos los servicios residenciales, educativos, sociales y culturales hasta estar preparados para insertarnos en el mercado laboral y en la sociedad. En general, la mayoría de las familias permanecían en el centro de absorción algunos meses y se apresuraban a salir. Después de conseguir un trabajo, alquilaban una vivienda y se mudaban a sus propios hogares. Sin embargo, los pocos cubanos con los que me encontré habían optado por quedarse más tiempo.

La familia Behar residía en *Beit Cánada* desde hacía más de dos años. Ellos provenían de La Habana. Teníamos tanto en común que se convirtieron de hecho en mi familia adoptiva. Pasaba mucho tiempo en su casa y conversábamos mucho sobre lo que habíamos dejado atrás. Roberto y Yanet estaban felices con su decisión de venir a Israel, y su pequeña hija Ayalén, además de dominar el idioma hebreo, crecía feliz y en libertad. Yanet además esperaba a otra bebé a la que llamarían Ady.

Si bien muchas veces me contrataron para que cuidara de Ayalén, evidentemente mi vida social no transcurría en la casa de los Behar. Establecí vínculos sociales con gente de mi edad. En ese entonces yo tenía dieciocho años y en el centro de absorción había muchos jóvenes que se encontraban solos o con sus familias. Provenían de los más alejados puntos del planeta: de países latinoamericanos, del norte de África, de Etiopía y principalmente del este de Europa. La mayoría provenían de la ex Unión Soviética. Tras setenta años de férrea dictadura, los judíos habían permanecido desconectados de sus raíces a causa del régimen político. El espíritu de la continuidad sufrió duros embates que lo afectaron y debilitaron, aunque no lograron extinguirlo.

Cuando la Unión de Repúblicas Socialistas Soviéticas colapsó, se produjo una masiva ola migratoria que incluía a muchos que poco tiempo antes no se identificaban como judíos, y a otros que, sin serlo pero teniendo un ancestro judío, se acogieron al amparo de la Ley del Retorno para edificar en Israel un futuro mejor. Huían del estrepitoso fracaso comunista. De la crisis política, económica y del antisemitismo rampante. La Ley de Retorno es una versión invertida de las leyes nazis, que perseguían a todo judío o descendiente de judío hasta la tercera generación para matarlo. A ellos Israel les garantizaba la vida, otorgándoles de inmediato ciudadanía plena por la sola voluntad de radicarse allí.

En diez años el éxodo de los judíos soviéticos sobrepasó el millón de personas. Eso tuvo una incidencia directa, no solo en la demografía, sino en el desarrollo económico, científico, tecnológico y cultural del país. Muchos de los inmigrantes eran académicos, científicos, médicos, ingenieros, matemáticos y músicos. El hecho de ser una cantidad tan significativa les permitió generar una verdadera subcultura, que expresaba sus singularidades, con la que estuve muy en contacto. Si bien se distribuyeron por todo el país, muchos optaron por vivir en los mismos vecindarios. Fundaron sus propios medios de comunicación, periódicos, canales de radio y televisión, lo que les permitió permanecer apegados a su idioma y cultura. También mantuvieron sus hábitos alimenticios. Les gustaba mucho consumir productos no *kasher*, que les son vedados a los observantes, tales como los de origen porcino. Importaban infinidad de diferentes tipos de vodka y cerveza, que no se conocían en Israel. En esa época tuve la oportunidad de degustar varias decenas de marcas diferentes de esas bebidas espirituosas.

En el plano político también tuvieron su expresión propia, pues crearon sus propios partidos que llevaron al gobierno a parlamentarios y ministros rusohablantes y nuevos inmigrantes. Si bien, en general, poseían un fuerte acento ruso en su hebreo, se integraron perfectamente a la sociedad.

Y aunque culturalmente éramos disímiles y nuestro grupo muy heterogéneo, el trato era muy amable y amistoso.

Supongo que el clima reinante, que era de preparación y aprendizaje, amortiguaba las diferencias. Aún conservo muchos amigos de esa época, y recuerdo algunas palabras en ruso y bielorruso. Cada uno hizo su vida y cada uno vive en otra ciudad. Pero todos recordamos con mucho cariño esa primera etapa de nuestras vidas. Hoy, gracias a la tecnología y a las redes sociales, continuamos conectados a través de internet.

Las actividades en el centro de absorción no eran solo de estudio de la lengua. El objetivo era prepararnos para convertirnos en ciudadanos independientes, plenos. Estudiábamos computación e inglés. Además se impartían clases no obligatorias de historia hebrea y judaísmo. Había charlas sobre los más variados temas como el empleo o el consumismo. También se organizaban actividades que abarcaban distintas áreas, como deportes, teatro, música y festividades judías. Participábamos en fiestas, campamentos y apasionantes paseos, en los que recorríamos y conocíamos el país a lo largo y ancho. De hecho, descubrí que era increíblemente angosto. Los jueves por la noche solíamos reunirnos todos en la discoteca, donde escuchábamos la música de moda en hebreo y en inglés. Quedé impactada con la producción nacional de videoclips. Ya en ese entonces, había un canal de cable que trasmitía veinticuatro horas por día música moderna en hebreo, con su correspondiente videoclip. Bebíamos alcohol en sus diferentes variedades y bailábamos. A esa edad todos buscaban tener una pareja. En mi caso, esa necesidad natural se vio acentuada por el hecho de estar completamente sola.

Entre todos los jóvenes, Alexander Bielski había siempre llamado mi atención. Era delgado, muy alto, rubio, de ojos azules y tez extremadamente blanca, lo cual contrastaba sobremanera con la mía. Había emigrado con su familia desde Minsk, Bielorrusia, y cuando lo conocí hacía pocas semanas que había llegado.

Bielorrusia integró la antigua URSS hasta que, después de la caída del Muro de Berlín, se independizó. Fue devastada en la Segunda Guerra Mundial, durante la cual perdió a un tercio de su población total, de los que ochocientos mil eran judíos. A pesar de ello, aún en la actualidad, campeaba un antisemitismo feroz, proveniente de lo más recóndito de la historia. En general, los judíos soviéticos debieron soportar todo tipo de persecuciones y ataques antisemitas. Tanto es así que la palabra «pogromo» proviene del ruso *pogrom* e integra el vocabulario de infinidad de otros idiomas. Significa «masacre de judíos», y las padecieron en todas las épocas.

En la Rusia zarista, frente a tanta injusticia y discriminación, y con la esperanza de obtener la igualdad, numerosos judíos engrosaron las filas de los partidos revolucionarios, entre muchos otros, Leiba Bronstein, más conocido como León Trotski, líder bolchevique, fundador del Ejército Rojo. Entre los mencheviques había aún mayor cantidad de judíos. Por eso, los nazis llamaban a la revolución rusa «judeocomunista». Sin embargo, la revolución, apenas se consolidó, acusó a los judíos de ser los fundadores del capitalismo, y al judaísmo de ser contrarrevolucionario. Nuevamente se desataron feroces pogromos. Quemaron libros, clausuraron las sinagogas y todas las instituciones judías, asesinaron a los rabinos e intelectuales judíos, y prohibieron el estudio del idioma hebreo. Stalin mandó fusilar a todos los integrantes del Comité Judío Antifascista, alegando una conspiración judeosionista que amenazaba a la URSS. Posteriormente negarían el Holocausto.

La campaña antisemita tuvo un breve paréntesis en la época de la creación de Israel. Debido a la expectativa de que el nuevo Estado se integrara al bloque soviético, la URSS votó a favor de su creación en las Naciones Unidas y permitió que Checoslovaquia enviara las armas con las que triunfó en la Guerra de Independencia. Apenas se develó que Israel no caería bajo la égida de su imperio, Stalin sentenció que todo sionista era agente del espionaje estadounidense.

Al posicionarse junto a los países árabes en sus guerras contra Israel, la URSS aumentó su campaña antisionista, que lindaba en el abierto antisemitismo. Los judíos soviéticos eran considerados espías o traidores. Si intentaban emigrar, la propia KGB debía autorizarlos. Si les denegaba el permiso, se les juzgaba por parasitismo social y se les encarcelaba, se les confiscaban sus bienes y perdían su trabajo, ellos y sus familiares cercanos.

Con la política de *perestroika* de Gorbachov apenas se les permitió salir. Así que no le faltaban razones a una familia judía de los países bajo la égida de la ex Unión Soviética para querer emigrar y hacer una nueva vida en Israel.

Alexander hablaba bielorruso, y yo español. Ambos habíamos empezado recientemente a aprender hebreo y sabíamos un poco de inglés. Sin embargo, nuestra atracción mutua hizo que no tuviéramos problemas de comunicación. Bailábamos, bebíamos, reíamos. Vivía con sus padres y su hermano menor, Vladimir. Dado que yo tenía una habitación para mí sola, prácticamente se mudó a mi apartamento. Nada del pasado nos unía, pero el hecho de estar solos frente a tantos desafíos y a un mundo completamente nuevo nos había hecho congeniar.

Un jueves por la noche decidimos ensanchar nuestro mundo e ir a bailar a Tel Aviv, la gran urbe israelí. Fue la primera ciudad judía del moderno Israel, fundada hacía más de noventa años. Su aspecto era impresionante. Desplegaba ante nuestros ojos modernas, majestuosas y elevadísimas torres de concreto y cristal; por la noche, iluminadas, le daban un aspecto futurista completamente novedoso para nosotros. Conocíamos la ciudad como un importante centro económico y tecnológico, como la capital financiera del país. La habíamos visitado a la luz del día, en un paseo organizado por el centro de absorción. Pero nuestra intención era divertirnos y conocer por qué le llamaban «la ciudad que nunca duerme». Y es que en torno a ella giraba la cultura y el ocio del país, con museos, parques de atracciones, centros comerciales y espectáculos de todo tipo. Su vida nocturna era riquísima y bulliciosa, repleta de restaurantes, pubs y discotecas. Era esencialmente secular, considerada amigable por la comunidad gay. Allí se daban cita jóvenes, artistas, músicos y turistas.

Nos habían recomendado una discoteca en particular: Haoman 17. Su nombre era la dirección donde se ubicaba pero en otra ciudad, en Jerusalén, años atrás. En Tel Aviv, donde se había trasladado, estaba ubicada en el 88 de la calle Abarbanel. Contaba con la más moderna tecnología en audio e iluminación y, ya en aquel entonces, era visitada por disc-jockeys internacionalmente reconocidos. Era una fiesta muy divertida. Teníamos que quedarnos hasta altas horas de la madrugada porque no contábamos con transporte para regresar; debíamos esperar a que salieran los primeros buses de la mañana con destino a Ashkelon. La capacidad de Alexander para ingerir alcohol me impresionaba. Exhausta de tanto bailar, más el alto volumen de la música y la dificultad para respirar inmersa en la nube de humo que producían los cigarrillos, opté por salir a tomar el fresco afuera. En el balcón había gente fumando, charlando, bebiendo. Me acerqué a un pequeño grupo de personas, dos de las cuales discutían acaloradamente. Dos muchachos jóvenes, supongo que estaban aún cumpliendo su servicio militar. Yo era una nueva inmigrante, mi hebreo era paupérrimo. De todas formas entendí lo suficiente. El más alto y delgado afirmaba categóricamente:

—¡Todo es culpa de la ocupación! Todos los problemas de Israel y de todo el pueblo judío en la actualidad se deben a la ocupación.

Su interlocutor, de piel más oscura y de talla marcadamente menor, usaba solideo, lo que denotaba que se trataba de una persona observante de la religión. Se le marcaban las venas de su cuello cuando respondía.

—¡No existe tal ocupación! La Tierra de Israel siempre fue nuestra, no podemos ocupar nuestra propia casa. ¿Tú sabes por qué nos llamamos judíos? Porque provenimos de Judea, ni más ni menos. ¿Y tú sostienes que estamos ocupando Judea? ¡Es como sostener que los ingleses ocupan Londres o los americanos Washington!

El círculo alrededor de ellos se agrandaba, nutriéndose paulatinamente de curiosos que se acercaban, pero casi ninguno intervenía. Alex, al notar mi ausencia, salió al balcón en mi búsqueda, siempre portando un recipiente con cualquier sustancia alcohólica en su interior.

—¿Qué haces? —me preguntó, no tan interesado, sino más bien como un saludo.

—Nada, salí a tomar el fresco. El humo de los cigarrillos me asfixia y estos zapatos me hacen daño en los pies. Ah, y además bebí demasiado alcohol.

—Vayamos a caminar por la playa. Aún faltan horas para que salga el primer bus. En la playa puedes andar sin zapatos, no hay humo y el alcohol puedo no compartirlo contigo.

—Sí, es una excelente idea. Quiero escuchar el ruido de las olas romper en la orilla.

Caminamos en dirección a la costa. Solíamos ir con mis padres y mi hermana en Santiago de Cuba a caminar a la playa, que quedaba a pocas manzanas de casa, después del anochecer. Era una actividad que me encantaba. Hacerla junto a Alex me trajo reminiscencias de mi niñez. Cerrando los ojos recordé escenas, olores, sabores. A la luz del sol, ambas costas eran muy diferentes. El color del Caribe es inigualable y la playa santiagueña estaba bordeada por las montañas de la Sierra Maestra. En Tel Aviv no se divisaba nada más allá del Mediterráneo, y hacia el lado de la costa se erguían altas y lujosas edificaciones. Pero a esas altas horas de la noche se parecían. El sonido del mar, su aroma, la tranquilidad, la oscuridad.

En ese clima recordé a mi familia, a mi madre, mi padre, mi hermana. Los extrañaba, pero quizá no tanto como antes me lo había imaginado. Definitivamente este era el lugar al que pertenecía. Por lo tanto la separación era la única vía de poner las cosas en su debido sitio. Era como una medicina de sabor desagradable, pero cuyos efectos son los deseados.

Vivir en un país judío, libre y democrático, donde las personas discuten acaloradamente en las calles a cualquier hora, y cuyas diferencias eran tan profundas que lo que uno le atribuía ser la causa de todos los males, el otro entendía que ni siquiera existía. No se me ocurrió una brecha más grande para un mismo tópico. Sin embargo, intuí que esos dos jóvenes terminaron tomando alcohol juntos apoyando sus codos en la misma barra del bar. Aunque debo admitir que no los vi, solo los imaginé.

No le comenté nada a Alex al respecto, pero saber quién de los dos tenía razón fue, desde ese momento, un propósito para mí. Quería también tener una postura propia sobre el tema. Nada en la literatura a la que había accedido gracias a Igal Shaúl hacía referencia a algo parecido. Pero en Cuba aprendí que las versiones oficiales representan únicamente una visión extremadamente parcializada de la realidad, y que es imposible conocerla sin recurrir a otras fuentes. Así que cuando me encontrara en las condiciones de lenguaje y de disponibilidad de tiempo adecuados, investigaría más y, quizá, yo misma elaboraría mi propia teoría, que sería más inclusiva que las expuestas en el balcón de Haoman 17.

Al año siguiente decidí dejar *Beit Cánada*, desplegar mis alas y volar. Del abanico de posibilidades que tenía, opté por mudarme de ciudad y comenzar la *mejiná*, el curso preacadémico en la Universidad Hebrea de Jerusalén. Este programa preparatorio era obligatorio para los nuevos inmigrantes, pues conjuntamente con el psicométrico, el examen de ingreso común a todas las universidades, era un requisito imprescindible para cursar una carrera universitaria. El principal objetivo era el aprendizaje del hebreo, incluyendo el lenguaje técnico de cada asignatura, ya que todas las carreras universitarias se estudiaban en ese idioma, aunque el inglés era imprescindible.

El curso anual constaba de dos semestres de estudios intensivos. Las materias obligatorias eran: inglés, matemáticas y estadística, además de hebreo. Los cursos opcionales se relacionaban con el campo del conocimiento que uno pensaba escoger culminado ese año. Yo opté por materias humanísticas, aún sin tener la certeza de qué carrera iba a seguir. Por eso asistí a los cursillos de orientación vocacional y asesoramiento que ayudan a elegir una carrera. Tampoco falté a los cursos de preparación para el examen psicométrico. Para ser admitido en los estudios deseados era necesario obtener una determinada relación entre los puntajes finales obtenidos en la *mejiná* y en el psicométrico, según el cupo de cada departamento.

Como residía en las viviendas estudiantiles, mi vida giraba en torno al ámbito universitario. Eso me permitió conocer en profundidad la vida universitaria y tener claro cuáles eran las opciones académicas que se me abrían. Además de proporcionarme las armas necesarias para cursar el año lectivo siguiente, la *mejiná* fue una excelente vía para conocer más el país y su gente. La asociación de estudiantes organizaba múltiples actividades extracurriculares, como conciertos en el campus, salidas al teatro, celebraciones conjuntas de las festividades e incluso paseos por distintos lugares del país, durante las vacaciones. Eso me permitió conocer mejor la rica geografía e integrarme aún más a la multifacética sociedad israelí.

Si bien en lo personal fue un año maravilloso, académica y socialmente la situación política era insoportable. La Segunda Intifada cobraba víctimas por doquier, y producía una verdadera histeria colectiva. Creo que fue uno de los años más duros de afrontar de toda la historia del Estado.

Mientras estaba de vacaciones concurría poco a la universidad, aunque vivía a pocas manzanas. Al día siguiente de un terrible atentado en el centro de la ciudad, unos terroristas entraron en la cafetería del edificio Frank Sinatra de la universidad e introdujeron una potente bomba. En el lugar donde usualmente solía tomar café por las tardes, escondieron un bolso de inocente aspecto, pero especialmente preparado con balas de metralla para causar el mayor daño posible. Se alejaron e hicieron detonar el artefacto. La potencia de la deflagración hizo volar por los aires todo a su alrededor. Los cristales estallaron, el techo se derrumbó y los cuerpos de las personas fueron impactados por la explosión. Murieron nueve y ochenta y cinco resultaron heridas. Aunque en esos días no se daban clases, la cafetería era un lugar sumamente concurrido. Muchos jóvenes se daban cita allí porque debían hacer exámenes o inscribirse para los cursos del año siguiente.

Yo tenía compañeros de todas las nacionalidades, pero, por su ubicación, la universidad, sita en el Monte Scopus, tenía un número muy importante de estudiantes árabes. Era un verdadero ejemplo de convivencia. La gran mayoría de los muertos y heridos fueron jóvenes estudiantes, de todo credo y color. De los nueve muertos, cinco eran extranjeros, estadounidenses y franceses, y uno de los israelíes era de origen argentino.

David Ladowski, nacido en Buenos Aires, tenía veintinueve años. Había hecho *aliá* hacía diez y había ido a la universidad a entregar la última tesis de un doctorado en Administración Pública. Ya tenía trabajo, pues había sido elegido para desempeñar el cargo de vicecónsul de la embajada de Israel en Lima, Perú. Posteriormente, su familia instituyó en su nombre un fondo que proveía asistencia financiera a los estudiantes que así lo requirieran y un premio a quien se destacara por su contribución a la paz. Esa era la manera que teníamos los judíos de perpetuar la memoria de un ser querido. Ese es el tipo de respuesta que le dábamos a la muerte, honrando la vida y convirtiendo una tragedia en una obra de bien. En cambio, en Gaza, cinco mil personas habían salido a celebrar jubilosamente, con disparos al aire, el éxito del cruel atentado, del que Hamás se adjudicó la responsabilidad.

Aunque tenía bastante definida la carrera que seguiría, decidí hacer un paréntesis en mis estudios y enrolarme en el Ejército. En Cuba las mujeres están exentas del servicio de las armas, que es voluntario. En cambio, en Israel las mujeres también deben contribuir a la defensa del Estado en forma obligatoria.

La diferencia numérica con los potenciales enemigos es de tal magnitud que Israel debe utilizar todos sus recursos humanos. Por eso regía la conscripción universal y obligatoria de tres años para los hombres y dos para las mujeres, al cumplir los dieciocho años de edad. Al ser una nueva inmigrante y además haber sido admitida en una institución de estudios superiores, podría haber postergado mi reclutamiento hasta después de finalizar el primer ciclo de estudios universitarios. Sin embargo, me presenté ante la oficina de conscripción de Jerusalén para renunciar a ese aplazamiento. Sentí que no solo era mi deber, sino que era el paso necesario para convertirme definitivamente en una israelí auténtica, pues el ejército era una excelente herramienta de integración social. Consideré que la experiencia me iba a enriquecer y a aportar vivencias provechosas, y estaba dispuesta a asumir las que no fueran tan buenas como parte del duro aprendizaje de vivir como judía íntegra y en libertad. Además, había una serie de normas no escritas que regían en la sociedad, y el hecho de haber servido en *Tzahal* era muy bien visto, considerado positivamente en muchos aspectos de la vida civil, como, por ejemplo, al constar en el currículum para una solicitud de empleo.

Y lo más importante de todo: yo también quería proteger a mi país. Ponerme el uniforme me hizo sentir sumamente orgullosa y realizada. «Estoy aquí, lo logré», pensé cuando me miré al espejo con el uniforme verde oliva.

Desconexión

Concluido el *Séder*, no se puede ingerir ningún otro alimento sólido que no sea el *afikomán*. El último sabor que debe retener nuestra boca es el de la *matzá*. Un gusto que no es precisamente el de un rico y elaborado postre, sino más bien uno insulso y desabrido. Es que es una noche para la reflexión. El dejo que nos quedamos paladeando es el de la dulce conexión entre todas las generaciones, engarzada a través de la libertad, la ética y los valores que nos definen. Uno de esos valores es la igualdad entre los géneros. Israel se esfuerza por otorgar igualdad de oportunidades a las mujeres. La primera ministra Golda Meir fue la primera mujer en Medio Oriente, y la tercera en la historia moderna en ser democráticamente elegida para conducir los destinos de un país. Y Dorit Beinish fue la primera jueza del mundo en ser designada como presidenta de la Suprema Corte de Justicia.

Debido a su obligatoriedad para las mujeres, las FDI se habían erigido en líderes mundiales en integración de género, lo cual incluía políticas de prevención de acoso sexual. Cuando ingresé, ya existía una Comisión de la Mujer, que tenía como cometido fomentar la igualdad de oportunidades y estimular a las mujeres a desarrollar todo su potencial. En la década de los ochenta, las mujeres podían acceder a poco más de la mitad de los puestos en el ejército. Ese índice se fue elevando y veinte años después, más del 90 % de los roles estaban disponibles para mujeres, con alta participación en las funciones de comando. Si bien cuando se casaban eran dadas de baja, más de un tercio de los soldados en servicio eran mujeres. Esta relación le había permitido a *Tzahal* asumir funciones nacionales no estrictamente militares. El ejército realizaba actividades de carácter civil, impensadas para cualquier otra fuerza armada del mundo.

Muchas soldadas oficiaban como maestras preescolares, escolares o de hebreo para nuevos inmigrantes. Otras ayudaban a alumnos con dificultades a finalizar sus estudios secundarios. Muchas se especializaban en historia de las FDI, que luego enseñaban en las escuelas y campamentos de entrenamiento. Podían ser oficiales de bienestar social, y asistir a las familias de los soldados necesitados, o instructoras en la *gadná*, un programa para jóvenes turistas. De todas maneras, un elevado porcentaje optaba por cumplir funciones militares propiamente dichas, incluso la de ser combatientes.

Personalmente seguí un camino bien diferente. Culminado el intenso entrenamiento inicial básico, me uní a la Unidad de Educación y Juventud. Entre las diversas actividades sociales y culturales que desarrollaba *Tzahal*, como las bandas musicales militares, también operaba su propia estación de radio.

La radio del ejército, Galei Tzahal —significa «ondas de *Tzahal*»— era conocida por su acrónimo Galatz. Desde los primeros años de la formación del Estado, esta emisora comenzó a transmitir desde un improvisado estudio de una vieja escuela en Ramat Gan, con las paredes y ventanas envueltas en frazadas para mejorar la acústica y disminuir el ruido proveniente del exterior. En sus orígenes, su programación estaba orientada fundamentalmente hacia la milicia, con temas, canciones y mensajes para los soldados. Sin embargo, con el transcurso del tiempo, y a diferencia de otras radios militares del mundo, Galatz comenzó a dirigir su programación al público civil.

El promedio de edad, y la libertad de que gozaban quienes operaban la radio, propició que esta haya sido una de las primeras estaciones en dejar de lado el lenguaje formal que empleaban los otros medios de comunicación. Estos jóvenes militares, que actuaban como reporteros, periodistas, editores, locutores y productores, utilizaban un lenguaje coloquial, corriente, sin protocolos. Impusieron un estilo jovial, dinámico y con un ingrediente muy judío: la autocrítica. Esa actitud generó en el público mucha simpatía e identidad con la emisora.

Así, Galatz se convirtió en un baluarte del pluralismo, la prensa libre y la información veraz. La audiencia, en general, la prefería por considerarla independiente, lo cual no deja de ser curioso, ya que la mayoría de sus periodistas estaban cumpliendo con su servicio y sujetos a disciplina militar. La radio nunca pretendió ser vocero oficial del ejército, y sus comunicadores carecían por completo de censura previa. Los jerarcas ponían énfasis en que fueran reporteros sagaces y honestos consigo mismos, sin imponerles lineamientos.

La única censura a la que estaban sometidos era la del sentido común y la autocensura. No sería lógico, por ejemplo, mientras se desarrollaba un conflicto, revelar las posiciones en que se encontraban las tropas. Con el transcurso del tiempo, cada vez más civiles, primeras figuras del periodismo nacional, se integraron a la plantilla y programación de la radio.

Unos años atrás, Galei Tzahal había comenzado a operar otra estación de radio que emitía todo tipo de música intercalada con informes del tránsito. Se llamaba «Galgalatz», acrónimo de «onda de las ondas de *Tzahal*». Difundía la música más variada, de distintos géneros, autores e idiomas. Nunca podía predecirse qué canción se escucharía a continuación. Rápidamente se posicionó entre las de mayor *rating* y como la preferida de los jóvenes.

Consideré una oportunidad única poder servir en el ejército trabajando en una radio. Si bien como cubana llevaba el ritmo caribeño en la sangre, mi sueño no era realizar la selección musical sino irradiar mi seductora voz como locutora. Sin embargo, cuando completé el extenso formulario, consciente de mi fuerte acento español, opté por aspirar a ser editora. Ingresar en el equipo de la radio no fue para nada fácil. Después de tantos años, muchos jóvenes que se iniciaron allí se convirtieron en exitosos periodistas. Por ejemplo, Ilana Dayan, con quien luego me unió una cálida relación, comenzó su carrera periodística en Galatz. Hija de padre argentino y madre uruguaya, Dayan era un referente del periodismo independiente israelí, con importantes programas de investigación en radio y televisión. En el último programa televisivo que la vi estaba reporteando en la Casa Blanca al mismísimo presidente estadounidense Barack Obama. Por lo tanto, eran muchos los jóvenes que deseaban cumplir funciones en la emisora. Aun así, sabiendo que la competencia iba a ser dura, me presenté a los exámenes de selección y admisión. Fueron extensas pruebas de conocimientos y cultura general, obviamente todas en hebreo. Quizá debido a un don natural, sumado a mi fuerte inclinación por la lectura y mi innata curiosidad, lo cierto es que me seleccionaron.

Me encontraba lejos de mi familia y de mi país natal. El ejército tenía consideraciones especiales para quienes integraban sus filas y estaban solos en el país, bajo la categoría de «soldado solitario». Aunque yo me sentía en casa, con una fuerte conexión con la tierra y con el pueblo.

Por haber ingresado a la fuerza a los veinte años, solo tenía la obligación de servir durante doce meses. Pero una de las condiciones para ingresar a esa función fue la extensión de ese plazo. Así que accedí a permanecer en el cargo por dos años adicionales, recibiendo el salario y las condiciones generales de un soldado profesional. Finalizado ese término, renové mi compromiso por dos años más. En definitiva, permanecí durante cinco años en ese fantástico trabajo.

El primer proyecto en el que trabajé, sin duda, marcó mi vida. Se trató de un trabajo conjunto entre la radio y primeros artistas nacionales, para homenajear a los caídos en acción o en atentados terroristas. Si la víctima había escrito algún verso, cuento o poema, los músicos componían una melodía y la transformaban en canción. La propuesta contó con los más importantes intérpretes israelíes y se denominó *Pronto nos convertiremos en una canción*. El nombre del proyecto era una frase, publicada en un periódico, que pronunció un joven al referirse metafóricamente a su miedo a caer en combate, y se hizo famosa. Cada *Iom Hazicarón*, día de recuerdo a los caídos, la nación se conmovía con esas canciones. Entre muchas otras, recuerdo una emotiva canción de Roni Dlomi, titulada *Envíalo*, cuya letra fue escrita por Biniamín Frank antes de caer a los veintiún años:

> Envíalo, déjalo ir libre, aunque sabes que no volverá a ti.
> Envíalo, déjalo ir a su lugar, donde la cosecha vuela con el viento.
> Déjalo quitarse los zapatos, correr, jugar con el viento.
> Déjalo silbar
> y cantar, saltar sobre las piedras del camino.
> Déjalo vivir como vivía. No estés triste porque él se fue
> como un pájaro a la libertad. Vuelve a los días de rutina,
> Porque tú sabes, tu amante no volverá a ti.

Más tarde me cambiaron de función. Se me adjudicó la tarea de recolectar y editar la información internacional, que luego sería leída en los informativos. Una responsabilidad enorme, si tenemos en cuenta el alcance nacional e internacional que tenían las noticias que emitíamos. Cuando al principio tenía dudas, me dirigía a mi comandante, el jefe de redacción, y en lugar de responderme a mis preguntas en forma concreta, me solía recordar:

—Anael, en estos precisos instantes, tus compañeros en otras unidades están velando por nuestra seguridad. Están monitoreando las fronteras y pilotando sofisticados aviones de combate. Así que confío que tú no tendrás problemas para resolver correctamente el trabajo que te he asignado, que tiene un grado mucho menor de complejidad.

Estas trascendentales funciones eran frecuentemente intercaladas con otras, no tan sublimes, como limpiar las escaleras y los baños, lo que me hacía recordar que era un soldado y debía cumplir las órdenes de mis superiores. Esos años como editora fueron muy intensos y enriquecedores. Aprendí mucho sobre la situación de Israel, su inserción internacional, las características, aspiraciones y estrategias de sus enemigos.

La Operación Escudo Defensivo disminuyó la cantidad de ataques terroristas palestinos, pero no lo suficiente como para brindarle al país una vida relativamente normal. El peligro del terror estaba siempre al acecho.

Unos años atrás se había erigido, en el límite con la Franja de Gaza, una valla de seguridad con el fin de evitar las incursiones de terroristas a suelo israelí. Ese obstáculo fue muy efectivo porque evitó la infiltración de atacantes. El gobierno de Sharón decidió construir otra valla de seguridad, que bordeara Cisjordania, con idéntico objetivo. Se me ocurren infinidad de lugares comunes respecto a que el mundo necesita más puentes que muros, pero considerando las intenciones de nuestros vecinos, era una medida de autodefensa más que justificada; máxime teniendo en cuenta que en el mundo había infinidad de muros que se habían levantado con fines mucho menos esenciales.

En efecto, entre India y Pakistán había un muro de separación. Turquía construyó uno para reivindicar territorios de Siria. Arabia Saudita lo hizo a lo largo de la frontera con Yemen. Existía una cerca dentro de Chipre, que delimitaba las zonas turca y griega, y otra que, rodeada de campos minados, dividía a las dos Coreas. En Belfast, Irlanda del Norte, los católicos y protestantes se separaron mediante un muro, como los habitantes de las repúblicas de Uzbekistán con los de Kirguistán. En África otra extensa muralla electrificada cortaba Botsuana de Zimbabue. Para impedir el ingreso de inmigrantes ilegales, Estados Unidos construyó un muro en la frontera con México, y Holanda distanciaba su territorio continental de la zona portuaria de Hoek van Holland. Con el mismo fin, España construyó una extensa cerca, rodeada con alambre de púas y custodiada por soldados armados, que alejaba Ceuta y Melilla de Marruecos. En todos esos casos, las personas que intentaban cruzar, desarmadas, solo tenían las intenciones de buscar un futuro mejor, no asesinar a los del otro lado haciéndose estallar.

Sin embargo, el escenario internacional era un festival de hipocresía. La Asamblea General de las Naciones Unidas, integrada por ciento noventa y tres miembros, de los cuales cincuenta y siete eran musulmanes, fue convocada de urgencia para oponerse a la medida israelí. Rápidamente declaró ilegal a la cerca, e instó a su inmediato desmantelamiento, sin hacer alusión alguna al terrorismo desenfrenado que azotaba a Israel. Las Naciones Unidas estaban regidas por un triple estándar. Un primer criterio se aplicaba a las democracias, otro diferente para las dictaduras, y el tercero era uno especial para Israel. Todos se sumaron al coro condenatorio, el presidente Bush, el papa Juan Pablo II, la Cruz Roja Internacional, casi todos los países del mundo, y, por supuesto, los medios masivos de comunicación.

Subido a ese podio de críticas, Arafat fue aún más lejos. Bautizó a la valla como «muro nazi», estableciendo una infame analogía con el muro que circundaba el gueto de Varsovia, aunque en realidad, en un 95 % se trataba de un alambrado monitoreado con cámaras y sensores y cuarenta y dos puertas de acceso. Solo el 5 % restante estaba constituido por bloques de cemento propiamente dichos, en un tramo en las afueras de Jerusalén y en el trecho frente a Calquelia y Tulkarem, desde donde francotiradores disparaban a los vehículos que transitaban por la Ruta 8.

Tergiversando los hechos para engañar aún más al mundo, Arafat atribuyó a la cerca el objetivo de la discriminación racial. En sus palabras, Israel imponía un «*apartheid*» para luego ejecutar una «limpieza étnica». Aún hoy, vastos sectores de la opinión pública creen firmemente esa absurda teoría. Los judíos del gueto de Varsovia fueron recluidos para ser eliminados. La valla, por el contrario, tenía la intención de dificultar el asesinato de israelíes mientras la incitación y la cultura de la muerte imperaban en sus vecinos. La cerca era un obstáculo para el terrorismo, mientras que el terrorismo era el verdadero obstáculo para lograr la paz.

Con estas acusaciones Arafat pretendía hacer olvidar que su corrupto gobierno no estaba cumpliendo con el prioritario compromiso asumido de detener el terrorismo. En cambio, lo que sí hacía era desviar los fondos de ayuda internacional en beneficio propio. Según el Banco Mundial, la Autoridad Palestina había recibido, hasta entonces, el doble de dinero por habitante de lo que había recibido Europa por el Plan Marshall. El saqueo de los recursos y la educación en el odio y en la perpetuación del conflicto solo alejaban más a su pueblo del sueño del Estado propio.

No contribuyó a esclarecer la situación la postura de Iosi Sarid, que encabezaba el partido político de extrema izquierda israelí Meretz, quien calificó a la valla de crimen contra la humanidad.

En ese contexto, a iniciativa de los países árabes e islámicos, y con la oposición de los países occidentales y Rusia, la Asamblea General solicitó a la Corte Internacional de Justicia de La Haya que se expidiera sobre el caso, aunque jurídicamente no se cumplían los requisitos necesarios. La Corte Internacional solo tenía jurisdicción, en los casos en que ambas partes expresaran su consentimiento, de dirimir el contencioso en su ámbito. Israel consideró que el tribunal no era el foro adecuado para esa discusión y «Palestina» ni siquiera tenía el estatus de Estado miembro.

Más allá de estas disquisiciones jurídicas, el pronunciamiento de la Corte era consultivo y no vinculante para las partes. De todas maneras, y como era de esperarse, declaró ilegal el «muro», sin mencionar nunca al terrorismo como la causa que le dio origen.

Recuerdo leer esas noticias internacionales y redactarlas para ser locutadas en la radio. Me hervía la sangre de la indignación por el descaro con que el mundo exterior se manifestaba. No me correspondía a mí explicar en las noticias que la enorme mayoría de los israelíes, tanto judíos como árabes, musulmanes o cristianos, estaban absolutamente de acuerdo con esta medida de prevención, pues todos eran víctimas potenciales de la demencia terrorista. Tampoco podía explayarme sobre el manifiesto desconocimiento de los jueces, muchos de los cuales, incluyendo a su presidente chino, provenían de países en los que no se respetaban los derechos humanos.

Seguramente que a todos ellos les tomaba más tiempo llegar a su lugar de trabajo que los quince minutos a pie que le requería a un terrorista salir de Calquelia y llegar a Kfar Saba. Además viajarían en confortables automóviles. Me hubiera gustado ver sus reacciones si tuvieran que viajar en un transporte colectivo en Jerusalén. Me imaginé sus rostros, observando atentamente a cada pasajero, su aspecto, su expresión, sus gestos, sus movimientos, su vestimenta, su equipaje. Su expresión se desfiguraría por el mero hecho de que otro autobús se detuviera a su lado.

Creo que hubiera sido justo que antes de emitir un dictamen hubieran venido a conocer *in situ* la vida de las personas y los lugares sobre los que resolverían. No creo que alguno de ellos tuviera conocimiento de que la Autoridad Palestina había patrocinado un torneo de fútbol que llevaba el nombre de Abdel Basset Odeh, el suicida que se había inmolado en el Hotel Park en Netanya, glorificándolo como un mártir. Estar sentados en cómodas poltronas en el Palacio de la Paz en Holanda definitivamente incidía sobre su abordaje y limitaba su perspectiva.

Mientras tanto, en Jerusalén, dos personas hacían reflexiones muy similares acerca de la burda parcialidad de los jueces. Ianiv se encontraba estudiando en la Universidad Hebrea de Jerusalén. Su interlocutora era una reina, pero en la ficción hollywoodense. Natalie Portman, quien interpretara a Padmé Amidala en la saga *Star Wars*, se encontraba haciendo un posgrado en psicología en la ciudad que la había visto nacer veintitrés años antes. Ianiv se había acercado a ella fingiendo no saber quién era. Sabía que a Natalie no le gustaba la fama, y que se había inscripto en la Universidad con su verdadero nombre en hebreo: Netali Hershlag. Ianiv, meses antes de su arribo al país, ya estaba enterado de ese acontecimiento; se lo había contado su compañero de estudios Roy Segal.

Roy lo sabía por sus abuelos maternos, que vivían en Jerusalén, y veinte años atrás habían sido vecinos de la familia Hershlag, con quienes mantenían contacto. Avner Hershlag era un ginecólogo especializado en endocrinología reproductiva, y con su esposa norteamericana, Shelley Stevens, habían decidido emigrar a Estados Unidos cuando su pequeña hija Netali tenía solo tres años.

Tzvi, el padre de Avner, había llegado de Polonia y perdido a toda su familia en Auschwitz. Era un sionista socialista convencido y profesor de economía. Su esposa Mania Portman había llegado a Palestina desde Moldavia.

Natalie había elegido como nombre artístico el apellido de su abuela. Mientras todas las pantallas de cine del mundo exhibían el rutilante éxito de la primera película de *Star Wars*, ella se encontraba estudiando psicología en la Universidad de Harvard. El día del estreno mundial del *film*, Natalie no pudo asistir porque debía presentarse a unos exámenes. Con un elevado coeficiente intelectual, había expresado que no encontraba a la actuación como intelectualmente desafiante y que prefería «ser inteligente que ser una estrella de cine». En Harvard se graduó con honores, fue asistente de Alan

Dershowitz en su laboratorio de psicología, y publicó un par de trabajos de investigación en revistas científicas. También publicó una encendida defensa a favor de Israel en el periódico de la universidad, fuertemente criticado por los siempre inspirados prosélitos del impulso antisemita.

Ianiv planificó tener un acercamiento que pareciera casual. Cuando se aproximó a la celebridad internacional, le hizo un comentario sobre actualidad y comenzó a charlar de los temas que inquietaban a todos los israelíes. Natalie, que algunos años después ganaría un Óscar a la mejor actriz por la película *El cisne negro*, hablaba un hebreo perfecto, sin ningún atisbo de acento extranjero. Y más que interiorizada, se sentía consustanciada por los temas que aquejaban a Israel.

De los conceptos vertidos, Ianiv recordaría algunos para siempre. Natalie le contó que vivía en Estados Unidos y que amaba a su país, pero que Jerusalén era su casa, pues allí estaba su corazón. Que era una judía orgullosa y que quería criar a sus hijos como tales. Que el idioma hebreo era poético y que contenía palabras mágicas. Al igual que la enorme mayoría de los israelíes, concordaban en los beneficios que ofrecía la valla de separación. Ambos reconocían que era muy difícil de comprender para quienes no debían enfrentar la amenaza terrorista a diario, y que además generaba múltiples inconvenientes. Por ejemplo, afectaba la libertad de circulación de ciertos pobladores palestinos.

Si bien la mayoría había permanecido en la zona oriental, los palestinos que quedaron del otro lado debían traspasar el cerco diariamente, a través de controles de acceso, para asistir a sus campos y centros de estudios. Había dos derechos en conflicto: el derecho a la vida de los israelíes, y el de libre tránsito de algunos palestinos. Entre el derecho de estos a no ser importunados y el de los israelíes a no ser volados en pedazos, el gobierno se inclinó por este último. Gobernar siempre es optar.

Natalie subrayaba que, a su parecer, un defecto importante era que su trazado no se correspondía con la Línea Verde. Ciertamente, en determinados tramos, se adentraba entre un 3 y 4 % dentro del territorio que antes ocupaba Jordania. Las consideraciones que se realizaron para su construcción fueron estrictamente de seguridad. Las confiscaciones que se debieron realizar no pretendían ser anexiones o límites políticos. Aun así, en varias ocasiones la Suprema Corte de Justicia israelí, ante justificadas quejas de pobladores afectados, ordenó rediseñar su trazado. La valla era provisoria y pasible de ser removida en cualquier momento, mientras que la muerte que ocasionaban los terroristas era permanente. Al menos si nos referimos a este mundo. Ianiv y Natalie también coincidían en que no creían en el venidero.

Tampoco yo creía en la vida después de la muerte. No me inquietaban esas cuestiones. Como editora de noticias, cada día se me presentaba más desafiante que el anterior. Tenía que redactar complejas noticias internacionales en palabras breves y concisas y emplear expresiones que abarcaran conceptos complejos. En esos años se sucedían diversas iniciativas internacionales para lograr la paz. Todos los actores internacionales pretendían convertirse en los impulsores de un giro que cambiara la situación.

La más aceptada fue la «Hoja de ruta», patrocinada por Estados Unidos, la Unión Europea, Rusia y la ONU, siempre tan preocupada por la situación en Israel. Ariel Sharón triunfó nuevamente en las elecciones parlamentarias, mientras Arafat, que se encontraba en estado crítico de salud, falleció en París.

Mahmud Abás tomó su lugar, preferido por la izquierda israelí por considerarlo moderado. Había participado activamente en las conversaciones de paz de Madrid y Oslo. También conocido como Abu Mazen, su nombre de guerra, fue quien proveyó los fondos para la masacre de Múnich. En su juventud, realizó su tesis doctoral en la Unión Soviética; allí negó el Holocausto y sostuvo que fue una «fantástica mentira» utilizada por los sionistas con fines políticos. No parecería ser el perfil de un «moderado», pero así eran las cosas en Medio Oriente. Y a Sharón no le merecía confianza alguna. Mientras tanto, el primer ministro, figura paradigmática de la promoción de los asentamientos en los territorios, preparaba una movida sin precedentes, que no dependía para su implementación de la buena voluntad del liderazgo palestino. Sharón iba a proponer su desmantelamiento.

La retirada unilateral de Gaza desalojaría a todos los civiles y militares de una vez y sin exigir ninguna contraprestación a cambio. Toda la Franja de Gaza, administrada por Israel desde la Guerra de los Seis Días, sería completamente evacuada. Instalaciones militares, poblados civiles, invernáculos, industrias y ocho mil quinientos civiles, llamados colonos. Era el tipo de desocupación que los palestinos siempre habían dicho que deseaban. Mientras no se firmara un acuerdo definitivo, el ejército seguiría controlando las fronteras terrestres, el espacio aéreo y naval, y las fuentes de agua. A toda esta compleja propuesta le di el nombre de «Desconexión», que luego fue adoptada por todos los medios y hasta por el propio gobierno.

Sharón encontró una vehemente oposición interna. Había movilizaciones en contra de la medida con vocingleros actos, manifestaciones en las calles, carpas frente a las instituciones gubernamentales y todo tipo de publicidad. Quienes se oponían alegaban que no existía precedente de una retirada que no fuera consecuencia de una derrota militar y por la cual no se obtuviera nada a cambio. Adoptaron el color naranja fluorescente como emblema, que lucían en banderas, cintas y remeras. Los partidarios de la propuesta gubernamental utilizaban como contrapartida los colores de la bandera nacional, blanco y azul. Una vez más, la sociedad estaba fuertemente dividida.

De acuerdo a las encuestas, la mayoría de la población apoyaba la arriesgada apuesta de su primer ministro. Para algunos, los territorios en disputa eran vitales para las necesidades de seguridad. Pero para garantizar el futuro de un Estado judío y democrático, no se podía ignorar la realidad demográfica. Y Gaza, un pequeño territorio de trescientos sesenta kilómetros cuadrados, albergaba un millón y medio de habitantes, el 40 % de la población palestina, con una de las mayores densidades demográficas del mundo. En definitiva, nunca había sido la intención de Israel tener que gobernar a otra población.

Las discusiones en el seno de su partido, el *Likud*, lo pusieron al borde de una escisión, que luego se concretaría. Pero Sharón logró imponer su postura. Luego, el plan fue aceptado por el gobierno a pesar de que importantes ministros, como Natan Sharansky y Biniamín Netanyahu, renunciaron. El parlamento aprobó el proyecto como ley.

El plan de desconexión evacuó, en agosto de 2005, veintiún asentamientos en Gaza (quince de los cuales se hallaban en Gush Katif), y cuatro en Samaria, Cisjordania. Los colonos ejercieron una resistencia pasiva, sin ejercer la violencia física, pero expresando su disgusto y dolor por tener que abandonar su hogar. Lo sentían como una verdadera tragedia. El desalojo implicaba no solamente abandonar la casa que con esfuerzo habían construido, sino perder su medio de subsistencia; y peor aún, la disolución de la comunidad a la que pertenecían. Produciría un devastador efecto de desarraigo, al desaparecer todos los lugares a los que pertenecían: empresas, escuelas, sinagogas y hasta el cementerio donde sus familiares estaban enterrados. ZAKA se negó a colaborar en el traslado de las tumbas del cementerio, y debió hacerlo el rabinato militar.

Por tratarse de una operación tan controvertida, el gobierno apeló a las FDI. El ejército debió ejecutar una tarea ingrata y muy impopular para vastos sectores de la población. Entre las unidades de combate desplegadas estaba Golani.

Tanto Ianiv como Alón fueron convocados como reservistas, no para participar en la operación, sino para sustituir en sus funciones a los soldados que habían debido desplazarse a Gaza. Ianiv pudo excusarse debido a que pocas semanas antes había contraído matrimonio con Jessy. En cambio, Alón tuvo que dejar brevemente sus estudios en Wingate y acudir a la llamada. El aspecto positivo era el reencuentro con sus viejos camaradas de armas. Los soldados que debieron participar directamente en la evacuación sentían empatía con los desalojados. Muchos de ellos cumplieron su tarea con tristeza y lágrimas en los ojos. Algunos militares y policías fueron objeto de agravios. Intentaban poner orden y gritaban. Los niños lloraban, los adultos rezaban y cantaban. Numerosos soldados se unieron a los colonos en su último rezo antes de abandonar para siempre la sinagoga, fundiéndose en un abrazo mojado por el llanto. Esas lágrimas no lograron mitigar el fuego del incendio en el que ardieron las sinagogas.

Los cuatro mil corresponsales extranjeros no pudieron captar imágenes y noticias de un enfrentamiento fratricida. Los que lo esperaban no habían tenido en cuenta un concepto profundamente arraigado en el judaísmo, que consideraba que la destrucción del Segundo Templo se había producido debido al odio entre hermanos y no por la fuerza del conquistador romano. Los colonos no consideraban a los jóvenes soldados como sus enemigos. No dirigían su enojo contra los ministros que habían apoyado la medida o contra los exultantes partidos de la izquierda, sino que canalizaban todo su descontento contra Sharón.

Claro que los dirigentes mundiales tenían otra visión. El presidente norteamericano George Bush, la canciller alemana Angela Merkel, el primer ministro británico Tony Blair, el primer ministro turco Recep Erdogan, el secretario general de las Naciones Unidas Ban Ki Moon, elogiaban al primer ministro israelí. El presidente egipcio Hosni Mubarak sostuvo que Sharón era el único líder israelí capaz de alcanzar la paz.

Efectivizada la retirada, toda la zona se hundió rápidamente en un caos de salvajismo y destrucción. Los palestinos no se limitaron solo a quemar los lugares que simbolizaban la presencia judía. Los saqueos y la violencia no dejaron nada en pie. Ni siquiera las instalaciones que podían haber sido utilizadas para continuar produciendo, como los invernáculos.

Una de las premisas sobre las que se fundamentaba la desconexión había fallado. Los palestinos no consideraron la decisión israelí como un gesto de buena voluntad, sino que la visualizaron como una huída. La interpretaron como una victoria de los fundamentalistas contra Israel. Esta reacción se tornó contraproducente, pues en lugar de contribuir a una distensión, por el contrario, exacerbó los ánimos más belicistas. Así como la retirada del sur del Líbano en 2000 prestigió a Hizbolá dentro del mundo árabe, Hamás y la *Yihad* Islámica se atribuyeron el éxito de haber expulsado a los sionistas, y lo celebraron con estruendosos festejos. Sería el comienzo del fin de Israel, proclamaban.

Un importante líder de Hamás, Jaled Meshal expresó: «Es impensable que nuestro pueblo renuncie a la resistencia que ha hecho que el enemigo se retire (…) La resistencia es una elección estratégica porque la retirada de Gaza es el primer paso del camino para completar la liberación».

Otro alto dirigente de Hamás, Mahmud Az Zahar dijo: «Nuestras armas permanecerán en nuestras manos hasta que la bandera palestina flamee en Jerusalén (...) Mientras una pulgada de nuestra tierra permanezca bajo la ocupación, estas armas continuarán en nuestras manos (...) Para que podamos liberar Palestina desde el río (Jordán) hasta el mar (...) nuestra gran celebración será cuando todas las tierras sean liberadas».

Abás, que antes había telefoneado a Sharón para felicitarlo por su «valerosa decisión», en su pugna interna por acreditarse el mérito, afirmó que el plan de desconexión era el fruto de los sacrificios de los mártires palestinos. Públicamente declaró: «Hoy estamos celebrando la liberación de Gaza y el norte de Samaria; mañana celebraremos la liberación de Jerusalén (...) La *Yihad* pequeña ha terminado y la *Yihad* más grande está por delante (...) agradezco a los mártires, liderados por el gran mártir Yasser Arafat (...) La victoria fue conseguida con la sangre de nuestros mártires».

Los planes de reubicación de los colonos no dieron los resultados esperados. Gran parte de la opinión pública los había considerado siempre como un obstáculo para la paz. Otros los acusaban de perseguir una compensación económica. Sin embargo, estas personas eran idealistas. Muchos rechazaron los estímulos económicos que les otorgaba el gobierno si dejaban voluntariamente sus hogares antes de la fecha límite de la desconexión. Se quedaron en sus casas hasta el último momento, viviendo el trauma del desalojo y perdiendo por ello beneficios e indemnizaciones. Debido a la ineficiencia del Estado, debieron permanecer durante años en condiciones precarias en hoteles, viviendas temporales o contenedores rústicamente acondicionados.

Mientras tanto, el gobierno israelí había prometido que tras la desconexión mejoraría la situación de seguridad y ya no caerían más Qassam sobre los poblados sureños.

Ashkelon

Muchos de los eventos que rememoramos durante el *Séder*, como las diez plagas sufridas por Egipto o la partición del mar, son acontecimientos milagrosos. Milagro significa que el suceso no ocurre de acuerdo al orden natural de las cosas. Aunque un hecho sea maravilloso, si cumple con las leyes de la naturaleza, no es milagroso. Si un hecho sobrenatural ocurre una vez, nos genera perplejidad y asombro, pero si sucede con cierta frecuencia, deja de ser tal. Sin embargo, yo comparto la famosa frase que en un reportaje expresara Ben Gurión: «En Israel, para ser realista, hay que creer en los milagros».

Pese a las intenciones del gobierno, el lanzamiento de proyectiles sobre el sur se quintuplicó en los años subsiguientes. Sin embargo, el número de víctimas mortales, quizá milagrosamente, no guardaba ningún tipo de proporción con los miles de misiles disparados.

Culminada la desconexión, Ariel Sharón decidió abandonar su partido *Likud* y conformar uno nuevo: Kadima. Para ello, reunió un gran número de integrantes del *Likud*, figuras independientes y también importantes personalidades del laborismo, como el legendario Shimon Peres, verdadero icono de su partido y del propio Israel. Pero antes de poder someter al veredicto popular su nuevo proyecto, sufrió un infarto cerebral a comienzos de 2006, que lo alejó definitivamente de la vida política, y años más tarde, de la terrenal.

Ehud Olmert, su fiel seguidor, lo sustituyó como primer ministro y como candidato en las elecciones en las que triunfó. El escenario que lo aguardaba lucía escabroso.

En ese tiempo yo estaba culminando la fascinante experiencia como comunicadora. Esa etapa en la radio había sido sumamente enriquecedora, pero era el momento de afrontar la siguiente. Me disponía a estudiar y quería hacerlo en la Universidad Hebrea de Jerusalén. Conocía bien el lugar, pues había realizado el curso preparatorio en ese campus del Monte Scopus. Había obtenido altas calificaciones, lo que sumado a mi buen desempeño en el examen psicométrico, me permitía elegir la carrera que deseara. Consideré que era un privilegio poder asistir a esa universidad, una de las más antiguas de Israel, fundada un cuarto de siglo antes que el Estado, y una de las mejores del mundo. Pretendía cursar y obtener el primer título en dos carreras diferentes: Sociología e Historia del Pueblo Judío. Una vez culminadas esas licenciaturas, decidiría qué curso tomar para la carrera de posgrado. El previo año lectivo, Ianiv se había graduado en la misma universidad como abogado, así que en ese período nuestras vidas aún no se cruzarían.

Mientras tanto, a comienzos de 2006, los palestinos tuvieron la histórica e inusual oportunidad de poder expresarse en elecciones libres y democráticas, y elegir un nuevo parlamento. En lugar de aprovechar la inédita ocasión para darse una oportunidad de progresar, le otorgaron un contundente triunfo electoral a Hamás, hartos de la corrupción del partido gubernamental *Al Fatah*.

Después de optar por un grupo de esa naturaleza, no tendrían la oportunidad de enmendar su error, al menos en un plazo prudencialmente democrático. El victorioso Hamás se enfrascó en una guerra civil, y tras cruentos enfrentamientos armados dio un golpe de Estado en 2007, y expulsó a *Al Fatah* de Gaza. Tomó el control de los cargos de gobierno, las fuerzas de seguridad, la justicia, las universidades y la prensa.

Esta agrupación, considerada como terrorista por el mundo desarrollado, no había prometido convertir a Gaza en un paraíso de desarrollo y paz. ¡Y vaya que no lo hizo! Su prioridad manifiesta era incrementar su poderío bélico para destruir a Israel, y a ese objetivo se dirigían sus recursos. Su caótica administración gobernaba con mano de hierro y profundo desprecio por los derechos humanos. A la sometida población le tornaba la vida cada vez más miserable; no podían acceder a los servicios básicos de salud y educación. El

Ministerio de Salud no contaba con medicamentos, la compañía eléctrica no podía suministrar la energía necesaria, la empresa potabilizadora de agua no cumplía su función, la planta de tratamiento de aguas residuales se desbordaba y la basura no se recogía. El desempleo se disparó y las dos terceras partes de los gazatíes se sumergieron por debajo de la línea de pobreza. Por supuesto, no faltaba quienes culpaban a Israel también de esto.

La cuantiosa asistencia financiera que llegaba de Irán, Turquía, Catar, Arabia Saudita y Siria no se destinaba a las áreas sociales; los fondos se usaban para fabricar misiles y construir una sofisticada red de túneles subterráneos. Los que cruzaban la frontera con Egipto tenían como fin el contrabando y la provisión de armas. Los que cruzaban la frontera con Israel se utilizarían para ataques sorpresivos. De ese modo, una célula terrorista se infiltró y emboscó a una patrulla; mató a dos soldados y secuestró a Guilad Shalit. Este tipo de incursiones al otro lado de la frontera para ejecutar ataques o secuestros eran muy arriesgadas y con pocas posibilidades de éxito. Por eso los extremistas palestinos preferían el lanzamiento de misiles Qassam. Estos proyectiles artesanales eran baratos, fáciles de fabricar y sencillos de disparar. Eran cilindros de metal, con pequeñas aletas estabilizadoras. Dónde impactaran dependía del azar, de la parábola que trazara su trayectoria de acuerdo al viento, del ángulo de disparo y de otras variables. Para transportarlos no utilizaban vehículos, sino niños que, corriendo, los cargaban sobre sus hombros.

Gaza se convirtió en una enorme plataforma desde donde se disparaban permanentemente Qassam a la población civil israelí. El asedio lo sufrían las poblaciones fronterizas como Netiv Haasará, Najal Oz y Kerem Shalom, y las ciudades del Neguev como Sderot y Ashkelon, aunque también Ashdod y Netivot.

En cinco años, desde el comienzo de la Segunda Intifada hasta la desconexión, habían disparado casi setecientos misiles hacia Israel. La reacción que produjo el repliegue israelí de Gaza fue que solo durante el siguiente año dispararan casi mil.

Quiso el destino que la novel pareja, Ianiv y Jessy, constituyera su primer hogar en Ashkelon. Ianiv había decidido establecer allí su estudio jurídico, conjuntamente con su compañero de estudios, Roy Segal, que era oriundo de esa ciudad. Ambos habían estudiado en la facultad de Derecho en Jerusalén y habían proyectado continuar juntos su vida profesional. Esa pujante ciudad, de ciento treinta mil habitantes, sería un buen mercado para dos jóvenes y emprendedores abogados.

Ashkelon, situada entre el Mediterráneo y el desierto, tiene un clima sumamente agradable, fresco y seco la mayor parte del año. Posee fascinantes sitios arqueológicos, un puerto deportivo internacional y la planta desalinizadora más grande y avanzada del mundo. Pero está a escasos trece kilómetros de Gaza.

Ianiv y Roy se instalaron en el segundo piso de la calle Tzahal 8 esquina Ussishkin. Habían comenzado con buen pie su trayectoria profesional. Por su parte, Jessy estaba encantada en su nuevo hogar. Había nacido en Israel, en el seno de la familia Milevski, que provenía de Galitzia, Europa oriental. Delgada, de semblante elegante y contorneada figura, era una mujer esbelta y atractiva. Su tez, muy blanca, contrastaba con la de la mayoría de las bronceadas pieles de sus connacionales. Su rubio cabello ondulado caía por debajo de los hombros. En su fino rostro, de delicada nariz, resaltaban unos claros ojos verdes cuya profunda mirada irradiaba un magnetismo particular.

De carácter introvertido, Jessy siempre se preocupaba por los demás. Y había logrado convertir ese rasgo peculiar en su ocupación. Sentía pasión por su trabajo y siempre estaba dispuesta a quedarse más tiempo en las actividades con los chicos. En Ashkelon desarrollaba a pleno su vocación.

Las comunidades sureñas, principalmente Sderot y Ashkelon, eran permanente blanco del lanzamiento indiscriminado de proyectiles. Sderot, ubicada a cinco kilómetros de Gaza, fue fundada como un campamento provisorio para inmigrantes provenientes de Irán y luego de los países de la ex Unión Soviética y Etiopía. Había alcanzado la categoría de ciudad al contar con más de veinticinco mil habitantes.

Allí residía el ministro de Defensa Amir Peretz. En uno de los tantos ataques, un Qassam cayó a escasos metros de su casa, e hirió gravemente a Maor Peretz, uno de sus guardaespaldas, quien perdió ambas piernas. Además, mató a Faina Slutzker, una mujer musulmana que había inmigrado con su esposo judío y sus dos hijos pocos años antes.

Apenas un misil era disparado, un conjunto de radares lo detectaba rápidamente y se activaban las alarmas. Cada una de las edificaciones, públicas o privadas, contaban con un refugio antibombas, una habitación especialmente diseñada a esos efectos. Después de la Primera Guerra del Golfo, la ley estableció la obligatoriedad para toda edificación de contar con un espacio, con paredes y techo de mayor espesor. También se habían reforzado los techos en las instituciones educativas, y se construyeron protectores de cemento en las calles.

Los habitantes de Sderot contaban con quince segundos para resguardarse. Para entender lo que esto significa hay que ponerse a contar lentamente hasta quince en el hogar, en el trabajo, en la calle o en un supermercado, y constatar si es posible en ese breve instante alcanzar otro lugar. Y considerar la posibilidad de estar acompañado por menores o adultos mayores, que no siempre están en condiciones de movilizarse rápidamente. No siempre lo que estamos haciendo es pasible de detenerse de inmediato, en el preciso instante en que suena la alarma; eso hace impracticable la posibilidad de alcanzar el refugio.

Los palestinos habían logrado hacerse de misiles Grad y Katyusha, producidos en Irán, de más largo alcance y precisión que los Qassam; llegaban a ciudades más alejadas, como Ashkelon. Allí, una vez que se activaba la alerta roja, sonaban las sirenas y los altoparlantes instaban a todos a guarecerse; los angustiados pobladores no tenían quince sino veintiséis segundos para hacerlo.

Los misiles imponían el ritmo de vida de la ciudad; se lanzaban tres o cuatro por día. Las alarmas alertaban su inminente estallido y todos corrían a los refugios. Luego sobrevenía el vuelo de los helicópteros Apache y los disparos hacia Gaza. Las explosiones diarias influían en la gente en la forma de vivir, pensar y de relacionarse entre sí.

Estar en condiciones de escuchar la alerta roja era una obsesión para los pobladores. Mantenían siempre abiertas las ventanas sin importar la temperatura exterior; las duchas se tomaban muy brevemente; el volumen de los televisores era el mínimo posible; los conductores no escuchaban música en sus vehículos. La actividad diaria debía planificarse de acuerdo al momento que podía estallar el próximo cohete y la ruta escogida debía tener la mayor cantidad posible de refugios. En las calles y comercios la actividad estaba reducida al mínimo. Los recreos en las escuelas ya no eran al aire libre ni tampoco la actividad deportiva. Las familias que pudieron abandonaron la zona.

El ulular de la alarma podía encontrar a las personas en medio de la calle, sin un resguardo a la vista. Las instrucciones eran, en primer lugar, correr hacia el refugio o hacia la primera planta del edificio más cercano, o, de lo contrario, tirarse al piso y rezar (esto último no figuraba explícitamente en las indicaciones). Si estaban conduciendo, podían detener el vehículo o proseguir la marcha, ya que de todas maneras no podían conocer la trayectoria del proyectil. Todo esto generaba un alto nivel de estrés y daño psicológico en la población.

Estos elementos estaban siempre ausentes en las noticias. Evaluar los daños solo en función de la cantidad de víctimas no reflejaba la realidad. Aun para quienes no resultaban muertos o heridos, la tensión de vivir bajo amenaza permanente les generaba diversos efectos como estrés postraumático, ansiedad extrema e insomnio.

Los más perjudicados eran los niños, uno de los segmentos más vulnerables de la sociedad. No solo porque varios fueron víctimas mortales o heridos graves, sino porque todos padecían trastornos emocionales, aun los que lograban mantenerse calmados ante las sirenas e interrumpir la actividad que estaban desarrollando. Muchos presentaban un deterioro en su desempeño general, problemas de conducta, depresión o dificultades para relacionarse. Otros se orinaban encima o en la cama, y no querían dormir solos, buscaban la compañía de sus padres. Otros rehusaban salir de su habitación o jugar al aire libre.

A Jessy la vida le había dado la oportunidad de poder ayudar a esos niños. Después de finalizar el curso de maestra, tuvo la inquietud de capacitarse en un área no tan extendida. Se especializó en terapia asistida con animales. Esta disciplina le permitía conjugar su cariño por los animales, su apuesta a la inteligencia emocional y su amor por los niños. Esta técnica era beneficiosa para diferentes tipos de público, como ancianos, discapacitados o personas privadas de libertad. Pero Jessy se dedicaba de lleno a los niños.

Muchas escuelas, tanto en Ashkelon como en Sderot, decidieron contratar a Jessy. Además, se mostraron dispuestas a convertir un rincón de sus espacios libres en un pequeño jardín zoológico.

Jessy utilizaba varios tipos de animales, desde tortugas, serpientes, aves y peces, pasando por roedores como conejos, chinchillas y cobayos, hasta mamíferos de mayor porte como perros. A las instituciones que no contaban con sus propios animales, Jessy llevaba los suyos, a los que albergaba en su casa. Esto no hacía muy feliz a Ianiv; no soportaba los sonidos ni los olores, ni siquiera se acercaba al lugar del jardín donde se encontraban.

Los animales eran una herramienta para generar, en la interacción con los niños, estados emocionales positivos. La conexión especial que se producía entre el niño y el animal era una fuente de múltiples estímulos sensoriales que producían asombrosos beneficios físicos, sociales, emocionales y cognitivos. Los niños disfrutaban mucho de la compañía de los animales. Estos los entretenían, y los niños aprendían a regular sus reacciones; lo que favorecía el autocontrol, la autoestima, la comunicación no verbal y la empatía. Estaban predispuestos a demostrarles cariño; acariciarlos satisfacía la necesidad de contacto físico que todos los seres humanos tenemos.

Mientras los adultos tenían la posibilidad de plantear su problema a un profesional, psicólogo o psiquiatra, los niños tenían dificultades para identificar y describir con precisión sus problemas emocionales. El animal actuaba como catalizador de emociones. El diálogo con la mascota le facilitaba al niño la comunicación, lograba verbalizar lo que le ocurría en su interior.

Para ayudar a que el niño se expresara, Jessy recurría a una serie de juegos; los niños debían inventar la historia de vida del animal, dibujarlo, construirle una casa o cambiar de roles con él. Estas actividades le permitían a Jessy interpretar las dificultades emocionales que estaban atravesando esos chicos y así poder ayudarlos a superarlas.

Mientras se gestaba una nueva vida en el vientre de Jessy —sin que ella lo supiera—, las organizaciones terroristas gestaban nuevas muertes. Unos días después del secuestro de Shalit a manos de Hamás en el sur, Hizbolá ejecutó una operación idéntica en la frontera norte. Un comando se infiltró desde Líbano y asesinó a ocho soldados y secuestró a dos: Eldad Réguev y Ehud Goldwasser.

Israel no ocupaba ni un montículo de arena de Gaza desde hacía casi un año cuando sufrió esa agresión. Y no ocupaba ni un milímetro de territorio libanés desde hacía seis años cuando lo sorprendió la emboscada transfronteriza. La concertada operación de pinzas fue ejecutada en ambos frentes por entidades terroristas, una sunita y otra chiita, sin provocación previa ni áreas en disputa. No existía ningún conflicto territorial, de acuerdo a los límites internacionales reconocidos por la ONU.

Hizbolá, que significa «partido de dios», era una organización terrorista islámica radical. Era el brazo armado de Irán en Líbano, donde pretendía imponer un régimen teocrático. Irán lideraba un movimiento fundamentalista, similar al nazismo, que mediante el uso de la fuerza aspiraba a destruir a la civilización occidental y sus valores. Como satélite iraní, Hizbolá pretendía extirpar toda expresión no islámica en su área de influencia y, por supuesto, atacar a Israel.

El Líbano no había podido cumplir con las exigencias internacionales de desarmar a Hizbolá y controlar la totalidad de su territorio. No había podido evitar que se formara en el sur un Estado dentro de otro Estado. A pesar de que Hizbolá era parte de la coalición gubernamental, contando con dos ministros, era a su vez una fuerza más poderosa que el propio ejército libanés, y dominaba esa zona.

El mundo occidental la consideraba una organización terrorista. Fue responsable de secuestros de aviones y diversos atentados. Los más trascendentes fueron los de la embajada y el cuartel de la Marina estadounidenses en Beirut, y los atentados en Buenos Aires, que destruyeron la embajada israelí y la mutual judía AMIA, con cientos de heridos y víctimas mortales.

Hizbolá, además de funcionar como un partido político, también poseía una extensa red de asistencia social. Mezquitas, centros educativos, hospitales, farmacias, movimientos juveniles y clubes deportivos. Otorgaba becas a estudiantes y empleos en fábricas de su propiedad. Controlaba diversos medios de comunicación, un semanario, una radio y hasta un canal de televisión. Todos sus establecimientos lucían enormes imágenes de su mentor y líder de la revolución islámica, el ayatolá Ruhollah Jomeini, y en sus fachadas, junto a su bandera, ondeaba la de Irán.

El presidente iraní, Mahmud Ahmadineyad, ridiculizaba y ponía en tela de juicio que el Holocausto hubiera realmente sucedido, mientras, por otro lado, se proponía consumarlo obteniendo armas nucleares para, según sus palabras, «borrar del mapa» a Israel.

Para promover la *yihad* global y expandir sus tentáculos, Irán proveía a Hizbolá de asistencia financiera, técnica y logística. Los terroristas eran adiestrados por militares iraníes y dotados de poderosas armas y misiles.

Para ilustrar la calaña moral de los enemigos de Israel, basta recordar lo sucedido durante la guerra entre Irán e Irak durante casi toda la década del ochenta. Jomeini importó de Taiwán medio millón de llaves de juguete para colgarlas de los cuellos de niños iraníes. Los niños iban desarmados, pues no había armas para todos, al frente de los batallones para proteger a los soldados con sus cuerpos, mientras el enemigo iraquí les disparaba. Jomeini también enviaba niños a explorar los campos minados, que volaban en pedazos cuando encontraban los explosivos. Por supuesto que antes se les había ocurrido utilizar animales, como caballos o mulas, pero cuando se producía una explosión, estos huían despavoridos. En cambio, a los niños, reclutados por la organización Movilización de los Oprimidos, Jomeini los convencía de que alcanzarían la vida eterna a través del martirio. Entonces se dirigían gozosos a la muerte con sus llaves de plástico, que les abrirían las puertas del paraíso.

Es difícil comprender cómo ese tipo de monstruos, que buscan imponer su religión por la fuerza y arrastrar al mundo hacia el Medievo, despiertan tanta solidaridad. Impulsan fuerzas totalitarias, que se oponen a todos los valores fundamentales en los que se asienta la civilización occidental: la libertad, la democracia, el imperio de la ley, el respeto a los derechos humanos, la libertad de cultos. Lo único que puede explicar el apoyo de tantos sectores de la sociedad a esa barbarie es que su odio va dirigido (en primer lugar, pero no únicamente) contra Israel y los judíos.

Si bien en el relato bíblico del Éxodo no se mencionan conceptos como los de la opinión pública mundial, seguramente el faraón habría tenido infinidad de adeptos y simpatizantes. Si hubiera existido algo así como una sociedad de naciones en la Edad Antigua, seguramente, las aspiraciones de los hebreos hubiesen recibido el total rechazo de babilonios, asirios, hititas, cretenses, micénicos, filisteos y, por supuesto, de los cananeos. Desde sus fastuosos palacios, los soberanos absolutos habrían enviado a sus emisarios especiales para condenar enérgicamente a los engreídos monoteístas.

Irán se encontraba en ese momento en una encrucijada, presionado por las grandes potencias para que pusiera fin a su programa nuclear, amenazado con la imposición de sanciones. Necesitaba indefectiblemente distraer la atención mundial con un conflicto de envergadura en el que tuviese una influencia importante. Siria, otro de los pilares de apoyo a Hizbolá, también estaba en una situación internacional sumamente incómoda. Todos sabían que había tenido directa participación en el asesinato del primer ministro de Líbano Rafik Hariri, y pretendían acusarlo frente a tribunales internacionales. Ambos países, patrocinadores de Hamás y de Hizbolá, consideraron muy conveniente lanzar el conflicto en esos momentos, imponiéndole a Israel una guerra en dos frentes simultáneos.

El jeque Hassan Nasrallah, líder de Hizbolá, era una figura muy popular en todo el mundo islámico y sumamente admirado en la sociedad palestina. Consumado el rapto, exigió a Israel que liberase a terroristas no solamente pertenecientes a su grupo, sino también a Hamás. Ambos grupos, además de coincidencia ideológica, mantenían una coordinación operativa y compartían aberrantes modalidades de combate.

Se enquistaban entre los civiles, tomándolos de rehenes. Convertían sus casas, mezquitas y hasta hospitales en cuarteles, arsenales y lanzaderas de misiles. De ese modo, sus objetivos eran los civiles de ambos bandos. Los civiles israelíes eran sus objetivos deliberados, y a los civiles de Gaza o Líbano los usaban cruelmente como escudos humanos. Debido a ese siniestro victimismo que inspiraba tanto a Hizbolá como a Hamás, todas las víctimas les significaban un triunfo. Mientras celebraban los muertos del enemigo, los propios eran utilizados como propaganda, y así obtenían réditos en la batalla de la opinión pública mundial.

A mediados de 2006, Hizbolá poseía doce mil misiles Katyusha y Fajr, de corto y mediano alcance que, al igual que Hamás, lanzaba habitualmente sobre Israel. Solo en los últimos doce meses había disparado mil cohetes, ante la pasividad del gobierno de Líbano y, por supuesto, del mundo.

Finalmente, Israel decidió responder. Se fijó como objetivo la neutralización del accionar de Hizbolá y el rescate de los soldados secuestrados. En julio lanzó una dura ofensiva militar sobre territorio libanés por tierra, aire y mar. Los devastadores efectos de la guerra produjeron cientos de víctimas y la huída masiva de miles de personas. Además se dañó considerablemente la infraestructura que utilizaban los terroristas para abastecerse, como cuarteles, carreteras, radares y el aeropuerto.

La comunidad y la prensa internacional crearon nuevos conceptos para criticar a Israel. Al no poder negar las agresiones de los terroristas, calificaban de desproporcionadas las reacciones israelíes.

Estados Unidos se encontraba empantanado en Irak. Rusia era aliado tradicional de quienes se oponían a la existencia de Israel. Europa se sentía sumamente temerosa de sus propias minorías islámicas y no tenía la más mínima intención de emitir alguna señal que pudiera exasperarlas. El presidente español Rodríguez Zapatero se fotografió con un pañuelo palestino. Las calles occidentales se colmaron de manifestantes, especialmente de las izquierdas europeas y latinoamericanas, a favor de «la paz». En realidad, mediante declaraciones, consignas y pancartas satanizaban y culpabilizaban a Israel, expresando un profundo odio que compartían con la extrema derecha. Mientras tanto, las Naciones Unidas establecían una equivalencia moral entre los terroristas y la autodefensa de la democracia agredida. El Consejo de Derechos Humanos de la ONU condenó exclusivamente a Israel.

Durante más de un mes, tiempo que duró el conflicto, más de cuatro mil misiles impactaron en territorio israelí; mataron a decenas e hirieron a miles de civiles. Además, murieron más de cien soldados en intensos combates. Los secuestrados no pudieron ser recuperados y los cascos azules de la ONU ocuparon una estrecha franja de separación en el sur de Líbano.

En plena conflagración, mientras cientos de miles de ciudadanos se encontraban en los refugios, el tenista israelí de origen uruguayo Andy Ram triunfó en el campeonato de dobles mixtos en Wimbledon, junto a la tenista rusa Vera Zvonariova. Junto a Jonathan Erlich, Ram había representado a Israel en los Juegos Olímpicos del 2004, y alcanzado los cuartos de final.

Durante la guerra, la ciudadanía y la oposición política apoyaron sin ambages al gobierno. Una periodista británica entrevistó al jefe de la oposición *Bibi* Netanyahu; la primera pregunta fue si habían muerto más libaneses que israelíes. Netanyahu le replicó si estaba segura de que quería comenzar la entrevista con esa pregunta.

—¿Y por qué no? —contestó ella—. Entonces Netanyahu expresó:

—¿Y por qué en la Segunda Guerra Mundial murieron más alemanes que americanos y británicos? Y no hay ninguna duda de que la causa de la guerra fue la agresión alemana. Y en respuesta del bombardeo alemán a Londres, los británicos hicieron desaparecer la ciudad de Dresde, quemando a la población civil alemana en un número mayor que los muertos ocasionados por la bomba atómica en Hiroshima. Además, puedo recordar que en 1944, cuando la fuerza aérea británica trataba de bombardear el edificio central de la Gestapo en Copenhague, algunas de las bombas erraron el blanco y cayeron en el hospital de niños matando a ochenta y tres niños internados allí (...). Quizás usted tenga otra pregunta...

Por supuesto que no la tuvo.

Campamento

Durante la guerra, más de un millón de israelíes residentes en el norte estuvieron expuestos a los misiles que sufrieron Haifa, Carmiel, Naharia, Safed, Kiryat Shmoná, Maalot y otras localidades. Bombardeos que causaron estragos y sembraron el pánico. Un cuarto de la población total del país debió permanecer durante semanas en refugios subterráneos. La sociedad civil se movilizó para ayudar a quienes debían soportar estos padecimientos. Diversos artistas, cantantes, magos y payasos se presentaban voluntariamente en los refugios para entretener a los afectados. Los que carecían de habilidades histriónicas distribuían alimentos y otros suministros.

Los que pudieron, más de medio millón, se trasladaron a otras zonas del país, fuera del alcance de los proyectiles. Esta masiva autoevacuación se distribuyó en todo tipo de alojamiento, hoteles, casas de familiares o amigos; incluso en hogares de desconocidos, que ofrecían albergue a quien lo requiriera. Particulares, empresas y diversas organizaciones ofrecían espacio para los que no lo habían conseguido. En las diferentes rutas, carteles y pancartas de sus conciudadanos les manifestaban solidaridad y apoyo.

Esas situaciones límite hacían aflorar el atávico sentimiento judío de que todos formaban parte de una misma familia. Las múltiples, insólitas e inéditas demostraciones de verdadero desprendimiento y desinteresada generosidad daban muestra de una genuina y profunda solidaridad. La mayoría de esas acciones eran anónimas, aunque algunas luego se conocieron.

Según la tradición judía, la celebración de una boda no debe posponerse. Debido a la imposibilidad de realizarla en el norte, la Universidad de Tel Aviv cedió gratuitamente sus jardines para que numerosas parejas pudieran celebrar allí su matrimonio.

El periodista Amir Ben David publicó en el diario *Iediot Hajronot* el sorprendente testimonio de un almacenero de Kiryat Shmoná. Dos desconocidos entraron en su local —vacío— y le preguntaron si vendía fiado. Tanto insistieron que el almacenero finalmente accedió a que sus visitantes, que se identificaron como dos benefactores de Jerusalén, le abonaran en efectivo el total de la suma que sus clientes habituales le adeudaban.

También se dio un caso de filantropía extrema. El multimillonario de origen ruso Arcadi Gaydamak financió una gigantesca colonia de vacaciones para que seis mil norteños pudieran estar a resguardo. Instaló una verdadera ciudad de tiendas en la hermosa playa de Nitzanim, situada entre Ashkelon y Ashdod, muy próxima al *kibutz* del mismo nombre. El *kibutz* Nitzanim fue arrasado por las fuerzas egipcias durante la Guerra de Independencia y luego reconstruido. Su encantadora playa, de blancas arenas, es bañada por las cristalinas aguas del Mediterráneo, cuyas asombrosas tonalidades varían entre el turquesa azulino y el verde esmeralda.

El moderno campamento contaba con enormes carpas que alojaban a decenas de personas. Cada carpa estaba equipada con electricidad, aire acondicionado y demás comodidades que el dinero podía comprar. Los acogidos tenían cubiertas todas sus necesidades: alimentos, servicios sanitarios, asistencia médica, lavandería, e incluso esparcimiento. Por supuesto que el hospedaje no estaba exento de inconvenientes. Se perdía intimidad, pues se debía compartir el espacio con decenas de personas. Dormían sobre colchones en el suelo, pero al menos no sonaban las alarmas.

Dado que en el verano muy raramente llovía, se desplegó una enorme pantalla de cine al aire libre que permanentemente exhibía películas. Los más destacados artistas israelíes brindaron allí espectáculos y conciertos. Además había otras actividades para adultos, como gimnasia, yoga y bailes. Para los niños se ofrecían funciones de títeres, paseos al zoológico y las actividades lúdicas con animales que voluntariamente organizaba Jessy.

De hecho, la mayoría de los residentes eran niños, muchos sin sus padres, ya que todo estaba preparado para que funcionara como una gigantesca colonia de vacaciones. Los enviaban allí para que disfrutaran su veraneo en un hermoso balneario, con playa, mar y actividades recreativas, mientras estaban a resguardo. Sin embargo, los niños conocían la situación. Se habían tenido que esconder en los refugios al escuchar las sirenas antes de llegar allí. Sintieron explosiones y vieron la angustia dibujada en el rostro de sus padres. La guerra se respiraba, impregnaba el aire. Estaba en las conversaciones, en la radio, en la televisión y en los carteles y banderas en las rutas.

Jessy aportaba la zooterapia para los más pequeños, que quedaban encantados con esa experiencia. Utilizaba distintos animales que transportaba en su automóvil. El recorrido desde Ashkelón era de solo unos minutos. A los animales que requerían de menos atención ya les había encontrado un rincón propio en el campamento. Ayelet, la novia de Alón y su futura concuñada, que residía allí con su familia, se encargaba de su cuidado y alimentación. No eran muchas las tareas que había para realizar en el campamento, además de las domésticas más elementales. Pero algunos sí tenían trabajo, y arduo. Un gran número de psicólogos voluntarios atendían a los niños. Eran múltiples los trastornos y reacciones de angustia que manifestaban. Los más pequeños volvían a chuparse el dedo o a usar el chupete. Los más grandes sufrían temores, dificultades para conciliar el sueño, pesadillas, agresividad o ensimismamiento. Algunos reflexionaban acerca de la muerte, cosa que a edades tempranas no suele hacerse.

Dadas las circunstancias, en ningún lugar podían estar mejor. Y todo era de forma absolutamente gratuita. Se estima que Gaydamak gastó entre un cuarto y medio millón de dólares por día durante poco más de un mes. ¿Puede una persona competir y superar al Estado en la protección de sus ciudadanos? ¿Cómo puede un particular gastar tanto dinero en beneficencia?

Gaydamak también había donado al *Maguen David Adom*, la Cruz Roja israelí, tan imprescindible en tiempos aciagos, la suma que requería para enjugar totalmente su déficit. Antes había adquirido el equipo de baloncesto Hapoel Jerusalén, el muy popular club de fútbol Betar Jerusalén, y subvencionado a su acérrimo rival, el representante árabe del fútbol israelí Bnei Sajnin.

Todo esto logró que Gaydamak se hiciera rápidamente famoso y reconocido, y tenía como cometido incursionar en la política. Fue candidato a alcalde de Jerusalén, pero obtuvo una votación ridículamente baja. El público había comenzado a conocer su verdadera historia. Gaydamak inició su imperio comercializando carbón y trigo. Pero luego protagonizó uno de los mayores escándalos de corrupción de Francia, conocido como el *Angolagate*.

En la década de los noventa se asoció con Jean-Christophe Mitterrand, el hijo del entonces presidente de Francia François Mitterrand, para proveer armas rusas a Angola. Entre otros, estuvieron involucrados el ministro del Interior de Francia, Charles Pasqua, y funcionarios del gobierno ruso de Boris Yeltsin. El presidente de Angola, José Eduardo dos Santos, lideraba uno de los regímenes políticos más corruptos de África. Adquiría ilegalmente armas para luchar contra los rebeldes y a cambio proporcionaba petróleo.

Diez años después, Mitterrand, conocido como *monsieur Afrique* por sus estrechos vínculos con los líderes africanos, fue condenado a dos años de prisión, que eludió mediante el pago de una cuantiosa multa. Las investigaciones judiciales desembocaron en el pedido de captura internacional contra Gaydamak. Mientras residía en Israel, fue acusado y condenado en ausencia por venta ilegal de armas, soborno de funcionarios públicos, evasión de impuestos y lavado de dinero. Pero a diferencia de los muchos otros implicados, Gaydamak era más difícil de atrapar. Poseía diversas nacionalidades: israelí, francesa, canadiense y angoleña, y viajaba mucho. Los pasaportes de Canadá y Angola le otorgaban inmunidad diplomática. Finalmente, años después, se entregó voluntariamente a la policía francesa, y solo permaneció escasas semanas en prisión. El resto de la condena la cumplió como arresto domiciliario, en su lujosa mansión en París.

No tan lujosas eran las carpas que había montado en el campamento de Nitzanim, pero durante la guerra dieron vital refugio a miles de personas, entre ellas casi todas las familias residentes en el *moshav* Amka, donde vivía Ayelet Nini. El *moshav* Amka, situado en la Galilea occidental, a diez kilómetros al sureste de Naharia, fue fundado por judíos del Yemen, entre los que se encontraban los bisabuelos de Ayelet.

Ayelet estudiaba administración de empresas en la Universidad de Haifa. Pocos días antes de la guerra había regresado de Grecia; allí participó con el conjunto de baile del *moshav* en un festival internacional de danzas tradicionales, representando al folclore *teimaní* (judíos yemenitas). Los estruendosos parlantes del campamento emitían permanentemente música de moda. Cuando Ayelet logró convencer al responsable del audio para que sonaran las melodías con la que su grupo bailaba, los desplazados bailarines brindaron el mismo espectáculo que pocas semanas antes habían exhibido en Grecia, para deleite de todos los espectadores. Debieron repetir la función en reiteradas oportunidades pero sin sus trajes típicos, ya que habían arribado prácticamente sin equipaje. Al final, Alón se encargó de conseguirles atuendos de baile para todos, y aunque no correspondían a la usanza tradicional yemenita, eran muy alegres y coloridos.

Los integrantes del grupo de danza heredaron de sus mayores el amor por la cultura étnica tradicional y el folclore yemenitas. La mayoría descendía de los primeros pobladores que habían llegado del Yemen, en la operación *Alfombra Mágica*, al crearse el Estado.

La comunidad judía de Yemen, una de las más antiguas del mundo, había vivido en ese país en condiciones de pobreza y desprecio. Su estatus era de *dimmi*, ciudadanos de segunda, la categoría que la sociedad musulmana asignaba a los judíos. Cuando fue aprobada la Partición, su situación empeoró y comenzaron a correr riesgo de vida. Con la falsa acusación de que habían asesinado a dos niñas musulmanas, se produjeron mortales disturbios, saqueos e incendios en el barrio judío. Un *déjà vu* recurrente en la historia judía. La misma patraña que originó los pogromos antisemitas en occidente. Todas acciones inspiradas en el incomprensiblemente poderoso y obstinado espíritu antisemita. Pero en este caso, Israel ya existía. Y una de sus bases fundacionales era cortar el reiterativo ciclo de la historia, defendiendo a cualquier judío, dondequiera que se encontrara. El novel Estado no escatimaría esfuerzos para salvar a judíos acosados. Así que organizó una titánica y compleja operación de evacuación masiva para trasladar a toda la comunidad yemenita.

En 1949, el nuevo rey del Yemen, Ahmad ibn Yahya, autorizó la partida de los judíos a cambio de que se mantuviera en secreto, de recibir contraprestaciones económicas y de que se cedieran sus propiedades al imanato. Así se estableció un puente aéreo entre el campamento de tránsito en Adén y el aeropuerto de Tel Aviv. Un puñado de familias acomodadas prefirió quedarse para no tener que deshacerse de sus bienes. Siempre hubo quienes se abrazaron al becerro de oro. Como muchos otros en el transcurso de la historia, abrigaban la esperanza de que la situación mejoraría. Y como pasó en la mayoría de los demás casos, eso jamás sucedió.

Cincuenta mil judíos fueron transportados en más de cuatrocientos vuelos, no carentes de peligros, escasez de combustible, tormentas de arena y, en algún caso, hasta de fuego enemigo. Como en el éxodo bíblico, el soberano había autorizado su marcha y, tal como en el relato, salían de la opresión a la libertad. Incluso hizo falta apelar a conceptos religiosos. El rabino debió enunciar pasajes bíblicos para persuadirlos de que ingresaran a las aeronaves. Es que nunca antes habían visto un avión y se sentían temerosos de abordarlos. Fue así que citó dos versículos.

El capítulo del Éxodo 19:4 reza: «Vosotros habéis visto lo que he hecho a los egipcios, y cómo los he llevado como en alas de águilas y los he traído a mí». Y para convencerlos debió apelar a la profecía bíblica de Isaías, quien predijo el renacer de Sión y la venida del Mesías. El Libro de Isaías 40:31 expresa: «Mas los que esperan a Dios tendrán nuevas fuerzas, levantarán alas como las águilas, correrán y no se cansarán, caminarán y no se fatigarán».

Para reafirmar la conexión, las aeronaves de la compañía norteamericana Alaska Airlines fueron pintadas con la imagen de un águila con las alas extendidas. En definitiva, la profecía se había cumplido. Por esa razón, la operación Alfombra Mágica fue también conocida como Alas de Águilas.

Lo que más añoraban de su Yemen natal era el *cat*. El país se paralizaba cuando, después de almorzar, la mayoría de la población, sin distinción de clases sociales, se reunía para masticar *cat*. Se trata de un pequeño arbusto, cuyas amargas hojas verdes se mascan y producen un efecto estimulante, similar al del café. Contiene una sustancia emparentada con las anfetaminas, que induce a un estado de euforia y bienestar, por lo que le adjudicaban sorprendentes propiedades que no necesariamente poseía. Los judíos yemenitas introdujeron en Israel esa planta y la cultivaban en sus terrenos o jardines. No producía adicción física ni efectos secundarios, por eso no estaba considerada como una droga, pero sí sus derivados. Su consumo regular podría eventualmente afectar la capacidad de reacción.

La capacidad de reacción del primer ministro Olmert fue duramente cuestionada una vez culminada la guerra. Diversos factores de la sociedad responsabilizaron al jerarca de haber cometido errores en el transcurso del conflicto. Así lo determinó la Comisión Winograd, que se conformó a los efectos de analizar las decisiones adoptadas. El informe negativo le significó una erosión importante de su imagen. Además, les costó los cargos al jefe de Estado Mayor, Dan Jalutz, y al ministro de Defensa, Amir Peretz. La mayoría de los israelíes se sentían insatisfechos con el resultado obtenido.

Después de que los árabes utilizaran las tierras desalojadas para atacar con mayores ventajas, el concepto de la «profundidad territorial estratégica» volvió a instalarse en el imaginario colectivo. Muchos israelíes comenzaron a reconsiderar su postura sobre entregar tierras a cambio de paz. Una paz que se alejaba un poquito más cada vez que se realizaba algún tipo de concesión.

En ese contexto, Olmert conjuntamente con Abás acudieron a la cumbre de Annapolis convocada por el presidente Bush. Los tres gobernantes tenían la imperiosa necesidad de mejorar su imagen. Bush, sin poder salir de Irak ni haber podido disminuir las ambiciones nucleares de Irán; Olmert, acuciado por problemas políticos, de salud y denuncias de corrupción, y Abás, derrotado electoralmente y expulsado por la fuerza de Gaza. Evidentemente ninguno podía aspirar a algo más que unas cuantas coloridas portadas en los diarios del mundo. Pero en esos momentos, les era suficiente.

Nadie con un mínimo de realismo podía esperar que de esa reunión surgiera algo positivo. Y el milagro no sucedió. Por su parte, Hamás se opuso a la cumbre y organizó multitudinarias manifestaciones en su contra; mientras tanto, continuaba aprovisionándose de armas y disparando cohetes sobre Israel. Ochocientos durante el 2007. Israel declaró a Gaza como «entidad hostil», lo que provocó un empeoramiento en las condiciones de vida de su sufrida población.

La importancia del petróleo, el peso del islam y la grotesca cultura de victimización de los palestinos lograron que la agenda internacional tuviera como tema prioritario la creación de un Estado palestino, como si esto fuera la panacea para todos los males que acuciaban a Medio Oriente, como si la mayor tragedia para un pueblo fuera no poseer un Estado propio, y como si los palestinos fueran los únicos en el mundo que no lo tenían. Y peor aún, organismos internacionales, gobiernos y medios de comunicación aceptaban que el objetivo de alcanzar ese Estado era tan importante que no importaban los medios para conseguirlo. El terrorismo, la corrupción, la violación de los derechos humanos, la falta de democracia, quedaban a un lado en pos del supremo objetivo de conseguir un Estado. Era inadmisible y políticamente incorrecto responsabilizar a los propios palestinos de no tener su Estado. La rigurosidad histórica era innecesaria, ya que, de todas maneras, el precio lo debía pagar Israel.

En Gaza, la dictadura fundamentalista aprobaba disposiciones coránicas en su feudo. Latigazos para quienes consumían droga, lapidación para las adúlteras, amputación de manos para los ladrones, pena de muerte para los homosexuales, y ejecución a los traidores. Por supuesto que no había separación de poderes, y la Justicia que determinaba si se habían cometido esos delitos dependía del poder político.

Mientras tanto, el disparo de misiles contra el sur de Israel nunca se había detenido. En 2008 habían lanzado casi dos mil. Hamás dio unilateralmente por finalizada una frágil tregua que el gobierno egipcio había ayudado a concretar, e incrementó aún más el lanzamiento de cohetes, con el agregado de que había logrado adquirir de Irán misiles Grad de más largo alcance, que superaban los cuarenta kilómetros, y amenazaba a ciudades más lejanas como Ashdod y Beer Sheva.

Nuevamente, esta «pandilla de bellacos», como los llamó el pacifista escritor israelí Amos Oz, estaba priorizando su odio nihilista, intentando dañar a Israel por sobre la voluntad de edificar su propio futuro. Consideraban que la guerra contra el infiel era su deber y arrastraban consigo a los civiles de ambos pueblos, que no creían en esa guerra santa. En esa locura de huir hacia adelante, pretendían provocar a Israel, imponerle una guerra y apostar a que muriera el mayor número de víctimas de ambos bandos. Por alguna misteriosa razón, su exitosa imagen de victimismo no era opacada por la continuación de sus ataques terroristas. A la lluvia de Qassam se le adicionaban los más destructivos Grad.

En Ashkelon las consecuencias eran nefastas. Todos los habitantes estaban psicológicamente afectados. La actividad económica y productiva había experimentado un fuerte descenso. Decenas de automóviles dañados, cientos de casas destruidas, cosechas arruinadas, miles de horas de jornadas laborales perdidas.

Si bien yo estudiaba en la Universidad Hebrea de Jerusalén, pasaba mucho tiempo en Ashkelon. Esa fue la ciudad que me había acogido cuando llegué al país y donde aún vivía la familia Behar. Roberto y Yanet, después de haber permanecido durante algunos años con sus hijas en el centro de absorción, se habían mudado muy cerquita de allí, a una casa situada en el bulevar Drom Africa (Sudáfrica) 32, en el barrio Afridar.

Para la celebración del sexagésimo aniversario de la independencia, una treintena de personalidades y mandatarios extranjeros honraban a Israel con su visita. En las emblemáticas instalaciones llamadas Constructores de la Nación, frente a la terminal central de autobuses en Jerusalen, el presidente Peres organizaba una conferencia internacional denominada *Afrontado el mañana*. Se trataban los temas de innovación y desarrollo, remarcando los inmensos aportes de Israel y los judíos a la investigación, la ciencia, la tecnología y la modernidad.

Mientras el presidente norteamericano George W. Bush pronunciaba un emotivo discurso durante los festejos oficiales, un misil Grad disparado por la *Yihad* Islámica de Beit Lahia impactó en el edificio del centro comercial Hutzot en Ashkelon. El misil dio de lleno en la azotea de la edificación a la hora de mayor afluencia de público. Perforó el techo y destruyó el consultorio médico ubicado en el tercer piso, donde también se encontraban los cines y la plaza de comidas. La clínica de medicina materno-infantil, perteneciente al seguro médico Clalit, quedó destrozada. El estallido provocó importantes daños, y muchas personas quedaron atrapadas bajo los escombros. Pero muchas otras resultaron heridas por el caos y el pánico que generó. La siempre inoportuna sirena de advertencia, esta vez, no se había activado. El ejército había adoptado la decisión de desconectar temporalmente las alarmas debido a que habían sufrido desperfectos. El radar no pudo distinguir los misiles que se dirigían a la ciudad de otros que caerían en lugares más alejados y deshabitados, y se habían disparado falsas alarmas.

El ataque provocó casi un centenar de heridos, y fue más grave para quienes se encontraban en la clínica, entre ellos un médico, una enfermera, una joven madre con su pequeña de seis años y algunos pacientes. Los que se hallaban en estado crítico fueron trasladados por aire al centro médico Sheba, en Tel Hasomer. Los demás fueron asistidos en el hospital Barzilai de Ashkelon. Casualmente el destacamento de bomberos de la ciudad se hallaba a escasos metros del centro comercial, por lo que su intervención fue inmediata.

En el momento de la explosión me encontraba en la planta baja del edificio. Había ido a llevar a Ayalén a una fiesta de cumpleaños, en una pizzería del *shopping*. Mientras la gente evacuaba desordenadamente el lugar y la multitud se dirigía en forma caótica hacia las salidas, yo iba en dirección contraria, buscando desesperadamente a Ayalén. A pesar de que me pareció una eternidad, en pocos minutos pude encontrarla. Estaba toda cubierta de polvo, me generó mucho susto. Acusaba un fuerte golpe en el hombro. Salimos presurosas a la calle. En la acera todo era confusión.

Conmoción, gritos, sirenas, quejidos, humo, polvo, nervios, llantos, desesperación. Personal militar, policías, bomberos, médicos, paramédicos, perros adiestrados. Lo primero que atiné a hacer, cuando por fin logramos salir a la calle, fue detener el primer automóvil, que por supuesto se detuvo de inmediato.

—Necesito que nos lleves rápido hasta el hospital Barzilai —le exigí sin siquiera saludarlo.

El conductor era Ianiv Stein. En el trayecto me fui sosegando porque Ayalén estaba bien, no tenía signos de alguna herida de consideración. Llamé a Yanet, su madre, y la tranquilicé. Después de charlar, ambas se serenaron. Así pude entablar mi primera conversación con Ianiv.

—Te agradezco que nos lleves. Allí todo era confusión. Solo pude atinar a correr en busca de Ayalén y largarme de aquel sitio. Las alarmas no sonaron antes de la explosión, ¿sabes qué fue lo que la causó? ¿Fue un artefacto implantado dentro del *shopping*?

—No, la radio dice que cayó un Grad.

—Un Grad, ¡qué terrible! ¿Hay muertos, heridos?

—Aún no lo han dicho, es muy pronto para saberlo.

La radio relataba lo sucedido. Debí sentirme más calmada, porque le comenté a Ianiv:

—Sabes, trabajé en esa emisora como productora durante años.

—No logro captar de dónde proviene tu acento, ¿eres de Sudamérica?

—No, del Caribe, de Cuba.

—¿Cuba? ¡Qué hermoso! Siempre soñé con visitar Cuba. ¿Y cómo te llamas?

—Anael Cobas.

—Anael, hermoso nombre. Me llamo Ianiv. Ianiv Stein. Ha sido un gusto. Te deseo suerte.

—Igual para ti y muchas gracias.

Después de ocho años y más de diez mil misiles, la población exigía que su gobierno actuara. La Operación Plomo Fundido tenía el objetivo de impedir que Hamás continuara lanzando cohetes y rearmándose; también, el de rescatar al soldado secuestrado Guilad Shalit, al que nunca había podido ni siquiera visitar la Cruz Roja Internacional.

A pesar de su superioridad bélica, el ejército enfrentaba enormes dificultades debido a la estrategia palestina de utilizar instalaciones civiles como tapaderas de las militares y a civiles como escudos humanos. *Tzahal* se convirtió en el primer ejército del mundo en avisar previamente de sus ataques. Lanzaba decenas de miles de panfletos desde aviones, enviaba mensajes de texto a los móviles y llamadas telefónicas a los pobladores para que evacuaran los lugares que iban a ser atacados. Eran blancos militares legítimos, porque de allí partían los disparos. De esa manera, el ejército perdía por completo el factor sorpresa, tan importante en cualquier operación de ese tipo. Aun así, muchos de ellos no tenían la posibilidad de huir porque eran rehenes de los terroristas. Y como en toda guerra, que siempre es indeseable y atroz, hubo víctimas civiles inocentes.

El ejército intentaba minimizar este tipo de tragedias, pero la macabra ecuación era que, de no ser destruidas, esas armas se utilizarían contra los pobladores israelíes. Los terroristas no tenían disyuntivas morales.

Cuando durante años los israelíes sufrían atentados terroristas y lluvia de misiles, el mundo guardaba silencio. Nadie protestó contra la intención manifiesta de Hamás de exterminar al pueblo judío. Nadie criticó la imposición a su población de normas retrógradas como la poligamia, el matrimonio con menores, la discriminación contra la mujer, los homosexuales y las minorías religiosas, y el enrolamiento de niños como esclavos. Tampoco levantaron su voz cuando los palestinos fueron asesinados masivamente por sus hermanos árabes.

Pero cuando los judíos eran culpables de las muertes, abruptamente la sensibilidad mundial hacía erupción. Grupos de izquierda y defensores de derechos humanos alzaban su voz y tomaban partido por Hamás. Era difícil entender esa solidaridad con el fundamentalismo islámico. ¿Acaso los progresistas podían apoyar la instauración de un califato musulmán, que impusiera un fascismo teocrático? ¿Podía la izquierda identificarse con ideas antidemocráticas y reaccionarias, opuestas a la modernidad, que solo habían producido tiranías, miseria y atraso?

El único denominador común de tan diferentes concepciones era estar bajo los influjos del demonio antisemita, que les despertaba un odio sin límites, visceral. Las acusaciones y calificativos no conocían medida ni razón. Poco importaban las cifras (siempre terribles) de muertos, ni la proporción real entre terroristas y civiles.

Los manifestantes y los medios de comunicación tomaban de inmediato como ciertas las cifras proporcionadas por el muy poco fiable Ministerio de Salud de Hamás. Cifras que se modificaban de acuerdo al público. Para informar a los medios de comunicación occidentales, las cifras de civiles caídos eran altísimas. Pero cuando se trataba de competir con *Al Fatah* en cuanto al sacrificio realizado por sus militantes en la lucha, la proporción de combatientes caídos aumentaba repentina y sustancialmente.

Como era tradicional, la comunidad internacional le impuso a Israel exigencias particulares. Los organismos internacionales cuestionaron los mecanismos y hasta su propio derecho a la autodefensa. Denostando y desaprobando la respuesta israelí, se la calificó de «desproporcionada». Si no fuese trágico, sería gracioso el hecho de que ningún gobernante o intelectual pudo definir nunca qué sería proporcional en ese caso.

Si el objetivo de Israel era no seguir recibiendo el impacto de proyectiles, ¿una reacción mesurada sería suplicar que no lo continúen haciendo? ¿Proporcional sería que Israel lanzara sobre población civil misiles en forma indiscriminada? ¿Que enviara suicidas con cinturones explosivos a los centros comerciales? ¿O quizá calcular el número de misiles per cápita sobre los poblados y disparar un número equivalente para aterrorizar a la población de Gaza? La proporcionalidad era un concepto abstracto e indeterminado, que solo se le aplicaba a Israel para convertirlo, como por arte de magia, de agredido en agresor.

El pináculo de la hipocresía fue la constitución de una comisión internacional para investigar los crímenes cometidos por ambas partes. Nuevamente, se establecía una equivalencia moral entre una democracia que se defendía y una organización terrorista. Fue presidida por el juez Richard Goldstone: un judío sudafricano que avaló la falta de imparcialidad de los demás jueces. Antes de conformar la comisión, ya habían expresado públicamente la responsabilidad de Israel por atacar deliberadamente a civiles. Por esa razón Israel no cooperó con la investigación, al estimar un prejuzgamiento inaceptable. La comisión concluyó que Israel y Hamás habían cometido crímenes de guerra, y quizá contra la humanidad, sin efectos vinculantes para las partes.

Poco tiempo después, Goldstone se disculpó públicamente en el *Washington Post*, al aseverar que si hubiera sabido lo que posteriormente supo, no habría condenado a Israel. La retractación del juez sudafricano careció por completo de efectos jurídicos. La opinión de la ONU a través de esa comisión era la originalmente acordada por todos sus miembros.

Cuando Israel puso fin a la operación militar, los dirigentes del Hamás prometieron recuperar su arsenal en pocas semanas y lanzar una nueva guerra.

Encuentro

Jessy debía criar a sus hijos en un ambiente hostil, en condiciones inimaginables en los países civilizados. Además, su actividad laboral la sometía a grandes angustias. Debía detectar y enfrentar problemas psicológicos en niños. Secuelas que para la mayoría pasaban desapercibidas, y muchas veces hasta sus propias familias ignoraban.

Ianiv no se sentía el centro de atención de su esposa. Jessy le dedicaba todo su tiempo libre a Ofir, a la pequeña Aviv, y también debía cuidar a sus animales; a Ianiv algunos le resultaban definitivamente detestables. Optaba por no acercarse a ese rincón del jardín de donde provenían esos sonidos y olores. No recordaba sentir tanta aversión por las serpientes, pero tener tres en su propia casa era inusual y desagradable. De chico recordaba amar a los perros. Pero los dos que habitaban su jardín y su casa acabaron por molestarle también.

Reconocía que era beneficioso para Ofir y Aviv crecer en contacto con los animales, pero él no estaba dispuesto a ocuparse del minizoológico que invadía su terreno. La relación con Jessy no era mala, pero Ianiv consideraba que su esposa era demasiado cándida y soñadora.

Frente a las presiones de la vida cotidiana y la crudeza del mundo exterior, Jessy decidió buscar la paz y la armonía en el único lugar donde podía encontrarla: en su fuero íntimo. Su búsqueda también estaba enfocada en poder aliviar la situación de muchos niños. Incursionó en la práctica de la meditación trascendental. Una técnica creada por Maharishi Yogi en la India, sesenta años atrás. A través de la relajación profunda, se restablecía el equilibrio entre la mente y el cuerpo, y se reducía el estrés y mejoraba la salud.

Los Beatles fueron discípulos de Maharishi. Más recientemente se había producido un resurgimiento de la meditación trascendental, promovida por celebridades hollywoodenses como Jerry Seinfeld, Clint Eastwood, Ellen DeGeneres, Cameron Diaz y Martin Scorsese, entre otros.

Jessy comenzó a asistir a ese curso. Dos veces por día, la primera muy temprano por la mañana, se sentaba durante veinte minutos en la posición de loto a meditar. Con los ojos cerrados recitaba mentalmente un mantra que liberaba tensiones y lograba un estado profundo de paz interior. Decía que se trataba de una herramienta que le permitía adentrarse en su fuero íntimo, encontrarse consigo misma. La mente era como un océano, que aunque en la superficie pudiera lucir encrespado, en la profundidad siempre era calmo. Explicaba que no se trataba de una religión, de un culto o de una filosofía, sino de un conocimiento milenario.

Sin embargo, esta técnica no gozaba de mucho prestigio. Gabriel Cavaglion, amigo de Ianiv, que trabajaba en el Instituto Universitario Académico de Ashkelon, le explicaba que la sociedad israelí no se mostraba proclive a aceptar filosofías ajenas al judaísmo. Además, no era tan claro que no se tratara de un verdadero culto. Por el contrario, la concepción y la filosofía subyacente eran, sin duda, hinduistas. El mantra era una palabra en sánscrito, una lengua litúrgica del hinduismo. Solo podía ser transmitido en secreto del maestro al alumno, de acuerdo a sus características particulares, y por eso era personal e intransferible. Aunque cada mantra correspondería al nombre de diferentes deidades hindúes.

Ianiv no era un hombre creyente. Conocía las narraciones de la Biblia, sus protagonistas principales, los principios generales, los conceptos sobresalientes. Como judío sabía perfectamente en qué no creía. No consideraba necesario profundizar sus conocimientos sobre otras corrientes religiosas, en las cuales sabía de antemano que tampoco creería. Al principio no le molestó la válvula de escape de la realidad adoptada por su esposa. Los problemas se comenzaron a producir cuando Jessy, extasiada con el invisible y mágico escudo que la protegía, comenzó a sugerirle a Ianiv la conveniencia de que él la acompañara. Jessy sostenía que si este se iniciaba en la meditación trascendental, la relación entre ellos mejoraría sensiblemente. Y más aún, creía que si un pequeño grupo la practicaba, podría extender sus efectos beneficiosos al resto de la sociedad. Esa mera acción sería capaz de reducir la violencia, los crímenes, las enfermedades, los accidentes de tránsito y hasta podría colaborar a la consecución de la paz.

Esa etapa de exteriorización de una filosofía que debería ser interior comenzó a generar asperezas y minar la relación, ya que Ianiv no compartía en absoluto esas creencias. Sus vidas, como en tantos otros casos, comenzaron a tomar rumbos diferentes.

Tres años atrás, en nuestro accidentado primer encuentro tras el atentado al centro comercial Hutzot, el diálogo con Ianiv había sido exiguo. La situación de tensión no se prestaba para más. Mucho después supe que Ianiv lo recordaba bien. A los pocos días del aventón al hospital, Ianiv me había solicitado amistad a través de la red social Facebook. Apenas lo acepté, Ianiv se apresuró a entablar un diálogo a través de esa plataforma de comunicación; me preguntó por la salud de Ayalén. Por supuesto que él sabía que ella se encontraba bien, pero fue una excusa para que quedáramos en contacto virtual. Durante esos años Ianiv no había hecho ningún comentario sobre las actividades, opiniones o fotografías que yo publicaba. Pero sin que yo lo supiera, calladamente las observaba. Teníamos una única amiga en común, que ambos teníamos en Facebook: Dana Melaku; una persona muy querida para su familia, con quien sus padres se mantenían en contacto después de la muerte de Siván. A Ianiv no le pareció una buena estrategia para comenzar un diálogo preguntarme cómo había conocido a Dana. Era un inicio de conversación arriesgado, ya que a veces los amigos de Facebook ni siquiera se conocen entre sí.

Lo que Ianiv quería evitar era mi previsible pregunta acerca de su estado civil. Yo no había reparado en la reveladora alianza que lucía en su anular porque la situación en que nos conocimos no se prestaba en lo más mínimo para observaciones de ese tipo. Él sabía que en muchos fines de semana y otros días no laborables yo visitaba a los Behar, que vivían en Afridar, barrio aledaño al suyo. Mientras su relación con Jessy se deterioraba, cuando conducía por esa zona, reducía la velocidad del vehículo e intentaba generar un encuentro «casual».

Meses después, subí una foto a mi página; estaba junto a Ayalén, Ady y Kinamon, su simpático perrito Beagle. No me había percatado de que Ianiv investigaba cada señal que yo inconscientemente emitía, y en esa foto le pareció reconocer el entorno. Dedujo que ese lugar era el parque Atidani, que estaba a escasos minutos de su casa de la calle Har Jatzor, en el barrio Neot Barnea. Y, efectivamente, un fin de semana conducía su automóvil y nos vio, mientras disfrutábamos, con las niñas Behar y el perro, del luminoso y verde espacio.

Ianiv no bajó del coche ni se detuvo a saludar. Pretendía un entorno más amigable para iniciar una conversación. Observó la hora y se propuso todos los fines de semana caminar los cinco minutos que tardaba desde su casa hasta el parque para generar ese encuentro. La excusa perfecta se la daría Shajar, el labrador, uno de los dos perros de Jessy, al que jamás había sacado a pasear. Jessy no comprendió esas repentinas ganas de Ianiv de salir a caminar con Shajar en su tiempo libre. Lejos estaba de adivinar sus verdaderas intenciones. Creyó que buscaba una callada compañía para caminar y reflexionar. Ella buscaba envolverse en un manto de paz y amor que solo el llanto de Aviv y la sirena antimisiles lograban remover.

Cientos de Qassam y decenas de Grad después, Ianiv, que incansablemente se dirigía una y otra vez al parque Atidani, nos encontró. Esa soleada tardecita me encontraba con Ady y su perrito Kinamon. Grande fue su sorpresa cuando Ady, al percatarse de su presencia, entusiasmada corrió hacia el perro.

—¡Shajar, Shajar! ¿Cómo estás, lindo perrito? —exclamó Ady con entusiasmo, acariciando al animal, que demostraba su alegría dando brincos y vueltas a su alrededor.

Rápidamente Ianiv se dio cuenta de que si la niña conocía al perro era porque había participado en alguna actividad organizada por Jessy. También el efusivo encuentro sorprendió a Kinamon, que exteriorizando sus celos armó gran alboroto en el parque. Todos los inicios de conversación, que tantas veces había planificado Ianiv, quedaron definitivamente a un lado. Cuando los canes finalmente se calmaron, me dirigí a la pequeña.

—Ady, ¿de dónde conoces a ese perro tan cariñoso?

—Shajar va mucho a mi escuela. Lo trae Jessy junto a otros animales. Me encantan las actividades que hacemos con ella. Jessy es muy buena.

—Ah, ¡qué bien! Y Jessy es tu...

—Eh, es mi esposa —balbuceó Ianiv, que antes de que pudiera fingir asombro por haberme encontrado ya estaba dando explicaciones sobre Jessy.

Quiso el destino que, unos días antes, el matrimonio tuviera la primera conversación acerca de la conveniencia de una posible separación; así que cuando Ianiv se refirió al interesante trabajo de su esposa, pudo deslizar un conveniente comentario sobre el estado de su relación.

—Bueno, sí, estamos casados, por ahora. No sé por cuánto tiempo más. No estamos bien. Al menos no en un buen momento.

No le presté mayor atención a su situación sentimental; me pareció totalmente irrelevante. Pero Ianiv consideró que ya había plantado el germen de lo que podría ser el comienzo de un vínculo. Desde su punto de vista estar casado pero en crisis no era lo mismo que solamente estar casado.

Con el tiempo comenzamos a encontrarnos habitualmente en el parque.

—Ianiv, te estoy encontrado muy seguido, con demasiada frecuencia para ser coincidencia.

—Es verdad, trato de venir cuando tú estás.

—Lo último que necesito es salir con un hombre casado.

—Te lo he dicho, mi situación de pareja se deteriora día a día. Además no te he invitado a salir aún, ja ja, creo que te estás adelantando a los acontecimientos.

Ianiv era inteligente, caballeroso, simpático, atractivo, gentil. Los perros habían hecho buenas migas y mientras correteaban juntos nos permitían mantener extensos, interesantes y variados diálogos. Diálogos que continuaban a través de internet.

—Debo advertirte que uno de mis mayores defectos es ser una persona demasiado frontal, que expreso espontáneamente lo que pienso, a veces sin medir las consecuencias.

—Ja ja ja —me reí, para completo asombro de Ianiv.

—¿Qué es lo que te causa gracia?

—Mira, Ianiv, todas las personas con las que he tratado adolecían o más bien creían adolecer del mismo defecto. Todos se creen demasiado honestos, cuando simplemente son poco objetivos para analizarse a sí mismos. Es muy difícil que nos perjudiquemos a nosotros mismos diciendo una verdad que puede ser fácilmente sustituida por otra un poco maquillada. Y es muy difícil evitar decir una mentira piadosa, cuando no hace daño a nadie y produce más bien que mal. Además, ¡tú eres abogado! ¿Cómo puedes ser tan honrado?

Al terminar la argumentación estallé en una ruidosa carcajada. Ianiv me miró asombrado. Le pareció muy original mi respuesta e intuí que por algunos instantes no supo si ofenderse o reírse conmigo. Finalmente admitió:

—Debo reconocer que me gusta tu independencia de criterio. Aunque conmigo te equivocas, entiendo que como concepto general es una percepción perspicaz. Cuando me conozcas más, me dirás si esta es una característica mía o no. Y respecto a mi profesión, te aseguro que solo defiendo a los inocentes... Ja ja ¡no!, eso no es verdad. Los culpables también merecen ser defendidos en un juicio justo y con las debidas garantías. Además es mi trabajo.

Nuestras historias tenían, superficialmente, muy poco en común. Mientras yo nací en Cuba, sin haber recibido educación judía, el abuelo de Ianiv, Aarón Stein, ya había nacido en Jerusalén. Ianiv había crecido en un ambiente naturalmente judío y sionista, en tanto que yo había abrazado con pasión el estudio de la historia del pueblo judío ya adulta. El color de piel era diferente, pero no así nuestros valores y concepciones, que nos resultaban extremadamente similares.

—Espero que no te ofendas por lo que te voy a confesar: siempre sentí una atracción especial hacia las morenas.

—Ah, qué sorpresa enorme, ni me lo hubiera imaginado. ¿Y esa atracción es hacia todas las morenas?

—Ja ja, bueno, como tipo de mujer, digo. Siempre me pregunté si la piel color chocolate tiene ese mismo sabor. Quiero saber cómo sabe un beso tuyo.

—Digamos que sientes una curiosidad investigativa.
—Ja, ja, no, es que hace tiempo que quiero besarte.
Nuestra atracción física era intensa, evidente y mutua. Nos besamos en un muy luminoso atardecer. Ianiv, mirándome a los ojos, me dijo:
—Me gustaría salir contigo para seguir conociéndote más.
Aunque iba contra mis principios salir con un hombre jurídicamente casado, accedí. Si bien su relación con Jessy era una mera formalidad, siempre estuve convencida de que cuando un hombre casado le decía a otra mujer que iba a dejar a su esposa, era solo una mentira para ganar tiempo. Además, en el caso de Ianiv, tenía hijos pequeños y adorables, y separarse de ellos le sería realmente doloroso. Implicaba perderse esa etapa tan hermosa de la vida, que quizá sea de las más lindas y disfrutables. Sin embargo, a Ianiv le creí.
Cuando me encontraba cursando el doctorado en la Universidad de Bar Ilán, en Ramat Gan, Ianiv dejó su hogar. No fue una sorpresa para mí. Quizá me había enterado antes que la propia Jessy, aunque el orden de los factores no alteraba para nada el producto. Sentí pena por los niños.
Una noche, mientras compartíamos una copa de vino tinto Syrah, mi preferido, Ianiv me dijo:
—La vida es como un viaje en un tren, que solo va hacia adelante y no se detiene. Nunca sabemos cuánto durará, a quiénes encontraremos en nuestro vagón, ni en qué estación descenderemos. Eres la persona con quien quiero compartir ese viaje. Quiero que te sientes a mi lado y que hagamos el viaje juntos. Quiero que en el trayecto me ilumines con tu blanca sonrisa y tus reflexiones únicas.
Algunos meses después decidimos mudarnos a Ashkelon. Allí Ianiv tenía su trabajo y vivían sus hijos. La rutina se veía frecuentemente alterada por el disparo de misiles, aunque, claro, uno de estos nos había permitido conocernos. La universidad me quedaba un poco más lejos; debía conducir en las congestionadas horas pico, por la mañana para ir y por la tarde para regresar. Pero valía la pena. En nuestro hogar había muchos libros y ningún animal doméstico.
Me sentí sumamente nerviosa la primera vez que viajamos al norte, a Nordía, a conocer a sus padres. Pero la angustia me duró pocos minutos. Me recibieron con los brazos abiertos. Y como apasionada de la historia, rápidamente me sentí

sumamente cómoda en un hogar profundamente sionista, muy activo en la construcción del país.

Allí se conversaba de todos los temas. Como en todo hogar judío e israelí, uno de los temas ineludibles era la paz, o, más bien, su falta, y las esperanzas de que pudiera producirse un cambio que nos acercara a la tan anhelada convivencia pacífica. No faltaba quien consideraba que, teniendo en cuenta las condiciones externas, nos encontrábamos en el mejor escenario posible.

En esas extensas charlas familiares, comencé a vislumbrar la presencia de los espíritus antagónicos. Conociendo a esas fascinantes personas comunes y sus historias, los percibí entre bastidores, forcejeando denodadamente entre sí. No los había descubierto sumergida en mis libros de estudio, sino que los observé en el brillo de los ojos de las personas, mientras relataban sus peripecias. Escuchándolos fui reconstruyendo la epopeya personal y familiar de los invitados habituales a la celebración del *Séder* de los Stein. Al percatarme de su fuerte influencia, quise identificarlos en cada historia y exponerlos en un relato.

Si bien los temas de actualidad despertaban mucha pasión y siempre había posiciones divergentes, la familia Stein había escuchado, con respeto y más concordancias que discrepancias, mi opinión sobre el espinoso tema de los territorios. El controvertido asunto había despertado mi interés aquella noche en el balcón de la discoteca de Tel Aviv, donde esos jóvenes discutían apasionadamente y encendieron mi curiosidad. «¡Todo es culpa de la ocupación!, ¡no existe tal ocupación!». ¿Era el dominio sobre los territorios la causa de todos los males de Israel?

En todos esos años, tan intensos, había tenido la oportunidad de trabajar en permanente contacto con los temas de actualidad, editando las noticias. También estudiaba historia, analizando minuciosamente muchos de los hechos que dieron origen a la situación del presente. Por lo tanto, evidentemente, tenía asumida mi postura al respecto.

Utilizando la estrategia de pronunciar un discurso en árabe y otro diferente en inglés, adaptado a la mentalidad occidental, los palestinos tuvieron éxito en imponer en la comunidad internacional su narrativa del conflicto, plagada de inexactitudes y falacias históricas. Lograron que su versión fuese un dogma incontrovertible para casi todos aquellos que pretendían tener un acercamiento al asunto.

El relato alternativo era sencillo. Los palestinos poseían un país que fue conquistado por los sionistas, violando sus fronteras, expulsando a sus pobladores y colonizando sus tierras. Ante tamaña injusticia, sin precedentes en la historia, los jóvenes no tenían otra opción que emplear como arma de lucha el terrorismo suicida. Así lo proclamaban abiertamente al mundo y así enseñaban a sus niños en las escuelas.

Es una historia conmovedora. Pero nunca sucedió. Jamás existió ningún territorio palestino. Esas tierras nunca fueron territorio soberano de nadie. El mandato británico tenía el cometido, nunca revocado, de impulsar en esos territorios el asentamiento de judíos. Así había sido establecido por la Liga de Naciones, y todas sus resoluciones fueron transferidas a la ONU, de acuerdo al artículo 80 de su Carta.

Israel no capturó esos territorios de un Estado independiente. Cisjordania pertenecía a Jordania, y Gaza a Egipto, países que dominaban ilegalmente esas zonas. Las habían conquistado en su guerra de agresión, al rechazar la creación de Israel. Mientras los árabes gobernaban, jamás se les dio el rótulo de territorios ocupados, y sus pobladores no eran denominados palestinos. Los habitantes de Cisjordania poseían documentos de identidad jordanos. La OLP no solamente nunca reivindicó un Estado independiente allí, sino que dirigía sus ataques terroristas contra Israel. No fundaron allí Palestina porque su objetivo declarado, al igual que el de los demás países árabes, era echar a los judíos al mar.

Cuando Israel se apoderó de esos territorios en la Guerra de los Seis días, en 1967, lo hizo para repeler los ataques desde esos frentes. En ningún otro caso en la historia se llaman «ocupados» a territorios capturados en legítima defensa. En puridad deberíamos referirnos a ellos como territorios «en disputa» y no «territorios ocupados».

Como sostuvo lúcidamente Abba Eban, el ministro de Relaciones Exteriores de entonces, era «la primera guerra en la historia en la que al día siguiente los vencedores pidieron la paz y los vencidos pidieron la rendición incondicional».

Al haber triunfado en la guerra, Israel consideró que había obtenido un nuevo elemento de negociación, ya que siempre estuvo dispuesto a cambiar tierras por paz. Prueba irrefutable de ello es que, cuando tanto Egipto como Jordania accedieron a plasmarlo en un acuerdo, de inmediato se concretó.

Aunque sea una premisa incuestionablemente aceptada, los asentamientos judíos no son ilegales. No lo son porque ninguno se construyó sobre las ruinas de poblados palestinos, y porque no están en «territorios ocupados». Jordania conquistó ilegalmente Cisjordania y renunció a toda pretensión sobre esta después de que Israel la tomara. Su estatus definitivo debería definirse en un acuerdo internacional.

El plan de partición propuesto por la ONU no fue aceptado por árabes y palestinos, por lo que carece de valor jurídico. Pero no solo lo rechazaron; también lanzaron una guerra de exterminio. Al ser derrotados firmaron un armisticio que establecía líneas de cese al fuego. No eran límites políticos acordados. Cuando los palestinos pretenden fijar las fronteras de 1967 como un punto de partida, están apelando a una distorsión histórica. Las fronteras de 1967, como tales, jamás existieron. Nunca fueron consagradas como fronteras internacionales en ningún acuerdo, ni tienen fundamento de derecho alguno. Cuando sus vecinos árabes traspasaron las líneas del armisticio de 1949 para aniquilarlo, Israel contraatacó y tomó nuevos territorios. La intención fue trasladar las acciones bélicas a los territorios desde los cuales había sido agredido, y alejar los combates de su población civil.

Al acordar un nuevo armisticio, se trazó una línea (con marcador verde) que estipulaba un límite que los ejércitos no debían transponer. Las consideraciones que se tuvieron en cuenta fueron estrictamente militares. Las fronteras definitivas serían fijadas en el marco de un acuerdo de paz.

Al finalizar la guerra, el Consejo de Seguridad aprobó la resolución 242, que insta a las partes a acordar fronteras «seguras y reconocidas», que sustituirían a la línea del armisticio. No hubo ninguna referencia a las «fronteras de 1967». Exhorta a Israel a retirarse de «territorios ocupados» en el conflicto, no de «todos los territorios». Esto dio la pauta que dejó bajo la responsabilidad de las partes la negociación para la demarcación definitiva de las fronteras. Por supuesto que esa línea de 1967 podría eventualmente utilizarse como referencia en una negociación futura.

El terror contra los judíos se remonta a muchas décadas antes de la ocupación. Al Husseini, en la década del veinte, promovió la limpieza étnica y aniquiló a los judíos de Hebrón, tras lo cual, la ciudad donde están enterrados los patriarcas bíblicos pasó a considerarse árabe a todos los efectos.

Pocos meses antes de la declaración de Independencia, varios vehículos explotaron en la calle Ben Yehuda, la más concurrida de Jerusalén; mataron a más de cincuenta transeúntes e hirieron a decenas.

No es cierto, entonces, que la causa del terrorismo sea la desesperación o la humillación. Ese fanatismo es producto del odio religioso y la cultura de la muerte. De hecho, los ataques suicidas se intensificaron fuertemente después de los Acuerdos de Oslo, precisamente con el comienzo de la implementación de la retirada israelí. La prueba más contundente es que si la ocupación finalizara de inmediato, el conflicto persistiría. En ese mismo sentido, Netanyahu explicó: «Si los árabes depusieran sus armas hoy, no habría más violencia. Si los judíos depusieran sus armas hoy, no habría más Israel».

Más allá de este análisis, el objetivo primordial de Israel es y siempre ha sido alcanzar la paz con sus vecinos. Todos los gobernantes israelíes han concordado en la fórmula de «dos Estados para dos pueblos» como vía para lograr la paz.

Pero en el terreno existen diversos obstáculos. En primer lugar, Israel requiere de fronteras con profundidad estratégica para poder implementar sistemas tempranos de alerta e intercepción. Las retiradas israelíes, tanto del sur de Líbano como de Gaza, no solamente produjeron el rearme y fortalecimiento de los grupos terroristas, sino que, lo que es peor, incrementaron fuertemente sus agresiones. No puede descartarse que, de producirse una retirada de Cisjordania, esto beneficie a los extremistas y la zona pase a ser controlada por Hamás.

Si el conflicto fuera geográfico, con imaginación y buena voluntad se podrían trazar fronteras aceptables para ambas partes. Todos los asentamientos judíos en su conjunto ocupan aproximadamente un 6 % de los territorios en disputa, superficie que se podría canjear por otra similar. Esto evitaría masivas y costosas evacuaciones, considerando que los palestinos no aceptan que permanezca en su territorio ni un solo judío, a pesar de que más de un millón de palestinos viven en Israel y gozan de un alto nivel de vida y de todos los derechos ciudadanos.

Como expresara Albert Einstein en su célebre frase: «Triste época la nuestra. Es más fácil desintegrar un átomo que un prejuicio». Este choque tiene una naturaleza más profunda, no es acerca del trazado de una frontera. Este no es un conflicto territorial; lo disfrazan así para que Occidente lo pueda internalizar. Pero, en realidad, el conflicto es religioso y de valores.

Los palestinos consideran que los judíos son meros intrusos en el extenso océano territorial musulmán, y que no merecen estar allí como entidad soberana. No aceptan ningún espacio en que los musulmanes sean gobernados por judíos. No reconocen ni el relato bíblico, ni el especial vínculo histórico entre el pueblo judío y la Tierra de Israel.

La causa del litigio nunca fue el establecimiento de un Estado palestino, o la definición de sus fronteras. El problema siempre fue, y continúa siendo, la no aceptación por parte de los palestinos del derecho de Israel a existir, independientemente de límites fronterizos.

En *Pésaj* no hablábamos de política. El *Séder* se prolongaba tanto que no teníamos el tiempo suficiente, ni las energías. La Pascua se dedicaba por entero a cultivar la libertad. Era la ceremonia de reafirmación de los valores en los que creíamos y que nos definían. Valores permanentes, que no estaban condicionados por ninguna coyuntura ni consideración política. Me encantaba la ceremonia. Me gustaba su simbología abstracta, pero mucho más el rencuentro con esas personas que no veía con frecuencia y que me resultaban encantadoras y enriquecedoras. Todas y cada una de ellas había debido enfrentar, en su momento y a su manera, los desafíos impuestos por el espectro del antisemitismo, que se retorcía de rabia ante cada celebración de *Pésaj*.

Imaginaba que el espíritu de la continuidad, aunque sabedor de lo efímero de esa victoria, igualmente la celebraría. Se me ocurrió que, por ese mágico lapso de tiempo, hasta podría invitar a los antecesores de los comensales para que los acompañaran desde el más allá, observándolos desde arriba mientras duraba el *Séder*.

Nunca había regresado a Cuba a visitar a mi familia. Los primeros años estuve dedicada a adaptarme a una nueva realidad. Luego, no me sentí segura de hacerlo. Transcurridos dos años de ausencia, se requería una autorización especial para regresar. Y debía estar otorgada en un pasaporte cubano, pues no reconocían la doble nacionalidad. Tenía grandes probabilidades de que me rechazaran el visado, sumado a la dificultad de que Cuba carecía de representación consular. Si intentaba pasar por alto esa exigencia utilizando el pasaporte israelí, también requería de visa. Si bien el visado podía ser tramitado por la agencia de viajes que vendía el pasaje, debía completar un formulario con mis datos personales, e indicar especialmente el lugar donde me alojaría.

Si me hospedaba en la casa de mis padres, podría perjudicarlos, ya que los CDR vigilaban celosamente todos los movimientos del barrio. No se permitía alojar a un extranjero sin una autorización especial del gobierno. Si el régimen me consideraba una extranjera, estaría violando esa prohibición. Y si me consideraba ciudadana, habría incumplido con las normas exigidas de ingresar al país con pasaporte nacional. Así que en todos esos años no nos habíamos visto, aunque nos manteníamos en contacto. Las comunicaciones en la isla no eran buenas, no podíamos hacerlo a través de internet como lo hacía el resto del mundo. El servicio de internet no estaba disponible para los ciudadanos comunes ni en sus hogares ni en sus teléfonos móviles, aunque prácticamente nadie los poseía. Estaba prohibido sintonizar emisoras de radio o televisión que no fueran las estatales, y también comunicarse con periodistas extranjeros. Muchas prohibiciones, como al entrada en hoteles y otros lugares atractivos, no se aplicaban a turistas ni a diplomáticos. Internet solo podía ser utilizado por extranjeros o por empresas multinacionales o estatales. Los servidores estaban en manos del Estado y todo el tráfico estaba estrictamente controlado por los servicios de seguridad.

Me comunicaba con mi familia a través del teléfono de línea. Las conversaciones eran extensas y nos manteníamos actualizados. Yudelín se había casado y tenía dos preciosos niños. Nunca hubiera tenido la oportunidad de venir a visitarme, con tanto trabajo, responsabilidades familiares, y sin dinero. Pero a mí se me había ocurrido cómo. Tenía un plan perfecto para poder reencontrarme con mi hermana. Tuve que decírselo mucho antes de que se pudiera concretar, porque había cosas que debía empezar a hacer con suficiente antelación.

Yudelín amaba el deporte como papá. Era profesora de Educación Física, y se había especializado en Fisiología del Ejercicio en la facultad de Cultura Física de la Universidad de Oriente de Santiago de Cuba. La fisiología del ejercicio es el estudio de las adaptaciones y reacciones que se producen en el cuerpo durante la práctica deportiva. Investiga qué músculos se emplean, cómo se obtiene la energía, cuánto oxígeno se necesita, la frecuencia cardíaca, la respiración o la sed; en definitiva, las leyes físicas y químicas que producen cambios en el organismo durante el ejercicio físico. Aplica la ciencia al deporte para mejorar el entrenamiento atlético y lograr un mayor rendimiento deportivo. Además de profesora de gimnasia, Yudelín amaba bailar. Desde niñas concurríamos juntas a las clases de *rikudim*. Se había convertido en profesora de danzas israelíes, que la comunidad de Santiago ofrecía gratuitamente. Lo hacía de forma honoraria, pero a mí se me había ocurrido una manera en la que, por fin, tanto trabajo voluntario fuera recompensado. Pero una vez más, las agresiones terroristas destruyeron vidas y sueños, y estuvieron a punto de desbaratar mi plan.

Tal como se lo habían propuesto y anunciado, los dirigentes de Hamás se pusieron a trabajar de inmediato en rearmarse. En lugar de asistir a su castigada población, toda la ayuda de los países árabes, de Turquía y de las organizaciones no gubernamentales, era desviada para sus fines prioritarios. Por el Pasillo de Filadelfia, que separaba a Gaza de Egipto, ingresaban de contrabando, a través de túneles, toneladas de armamento desde Sudán, Libia e Irán. El nuevo misil iraní, Fajr 5, tenía la capacidad de alcanzar setena y cinco kilómetros, ampliando a casi el doble de distancia su potencial destructivo. Estos misiles de largo alcance podían llegar a las ciudades más importantes, como Tel Aviv y Jerusalén, y hasta Kfar Saba. Eso ponía en peligro eventual a la mitad de la población del país.

En el par de años subsiguientes a la Operación Plomo Fundido, el lanzamiento de cohetes descendió sensiblemente. Sin embargo, a partir de 2011 comenzó a incrementarse, y en 2012 se intensificó fuertemente, superando el millar ese año. El enorme aumento de la frecuencia nos impedía a los habitantes del sur desarrollar una vida normal. Las clases se suspendían y la actividad económica estaba distorsionaba por completo. A todos nos generaba miedo y enojo estar a merced de la voluntad de los terroristas.

El elemento desencadenante fue el lanzamiento de Hamás de un misil antitanque contra un *jeep* del ejército israelí que se encontraba patrullando de su propio lado de la frontera; hirió gravemente a cuatro soldados, acompañado de una verdadera lluvia de misiles.

El gobierno, encabezado ahora por Netanyahu, decidió responder con una acción de envergadura. En el verano de 2012 lanzó la operación conocida como Pilar Defensivo. Su objetivo era, como antes, destruir la infraestructura terrorista para devolvernos la calma a los sufridos ciudadanos que vivíamos bajo amenaza constante.

La primera acción fue la quirúrgica eliminación de Ahmed Yabari, jefe militar de las brigadas Izzedin Al Qassam. Yabari era responsable de planificar ataques terroristas, disparo de misiles y del secuestro del joven recluta Shalit. Viajaba en su camioneta cuatro por cuatro en un trayecto corto cuando, de repente, un helicóptero Apache israelí surgió como de la nada y disparó con precisión milimétrica un proyectil, sin causar daños colaterales. Pudimos ver esta acción con toda nitidez en las pantallas de televisión. Para los denostadores de Israel, una prueba más de la maldad intrínseca del régimen sionista. Para quienes sufríamos las consecuencias de su lucha para «liberar Palestina», una acción totalmente justificada.

Las FDI también atacaron otros objetivos militares como túneles, lanzacohetes y depósitos de municiones. Nuevamente el ejército advirtió a los civiles, que fungían de escudos humanos, para que evacuaran esas zonas. Una vez más, distribuyó miles de panfletos, realizó llamadas telefónicas y envió mensajes de texto a los residentes. También empleó los llamados «golpes en el tejado», bombas de estruendo que alertaban a los civiles de la inminencia de un ataque. Muchas veces, si las advertencias no eran acatadas, se abortaban las operaciones. Además se utilizaba la más alta tecnología para la identificación de los objetivos.

Mientras *Tzahal* tenía como objetivo reducir al mínimo los daños colaterales, Hamás reconocía abiertamente que su intención era la opuesta. Todo civil israelí era su objetivo, y apuntaba especialmente a las escuelas. Además, se escondían entre sus propios civiles, lo que constituía un doble crimen de guerra.

Hamás estrenó sus nuevas adquisiciones y disparó misiles de largo alcance; las alarmas sonaron en ciudades que no recibían misiles desde la lejana Guerra del Golfo. Las grandes urbes, en el corazón del país, fueron objetos de bombardeos: Tel Aviv, la capital económica financiera, y también Jerusalén, ciudad sagrada para las tres religiones monoteístas, y habitada por un gran número de palestinos; incluso Belén, lugar de nacimiento de Jesús, cuya población musulmana y cristiana era enteramente palestina. Pero Israel contaba con un nuevo elemento defensivo, la Cúpula de Hierro. Un moderno y sofisticado sistema de interceptación de misiles que lograba derribar en el aire a la mayoría de los cohetes que iban dirigidos hacia centros poblados. Esta batería antimisiles demostró ser la más efectiva del mundo en su tipo.

Nuevamente, para establecer la tasa de muertos entre terroristas y civiles, la prensa tomó fuentes oficiales gazatíes. Sin embargo, era incorrecto contabilizar a algunas víctimas como causadas por los israelíes. Muchas fueron provocadas por misiles propios, que no lograban alcanzar el trayecto esperado y se estrellaban en su propio territorio. Tampoco se podía considerar causada por los israelíes la matanza de palestinos acusados de colaboracionistas y asesinados en las calles. Uno de ellos fue atado a una motocicleta y arrastrado con una cuerda hasta despedazarse, espeluznantes escenas que internet y la televisión hicieron públicas.

La electricidad y todos los elementos necesarios para la vida, como alimentos, medicinas y ropa, llegaban por los cruces fronterizos administrados por Israel. Y aunque regía el bloqueo marítimo para impedir el contrabando de armamento, todas las mercaderías podían entrar por el puerto de

Ashdod y luego ser transportadas en camiones. Si bien hay quienes pretenden justificar en esos controles la razón del conflicto, en realidad, el bloqueo se produjo dos años después de la desconexión, como consecuencia de los ataques con misiles.

Desde el punto de vista internacional, los terroristas aumentaron su apoyo. La Asamblea General de la ONU aprobó por aplastante mayoría la aceptación de «Palestina» como observador, no aún como miembro.

Gaza había recibido la visita oficial de un mandatario, el emir de Catar, el jeque Hamad Bin Jalifa al Thani, quien fue el primer jefe de Estado en visitarla. Durante el transcurso del conflicto llegó el primer ministro egipcio Hesham Qandil. El presidente de Egipto, Mohamed Morsi, no ocultaba su afinidad con Hamás. Pertenecía al partido de la Hermandad Musulmana, organización radical y referente ideológico de todos los grupos islamistas como Hamás, Al Qaeda y otros similares. Aspiraba a un regreso al islam ortodoxo y odiaba profundamente a los judíos. Antes de ganar las elecciones, Morsi los había definido como «descendientes de los monos y los cerdos», y en su campaña electoral había prometido «conquistar Jerusalén».

El presidente turco, el islamista Recep Tayyip Erdogan, ya había roto, hacía dos años, sus relaciones diplomáticas con Jerusalén como consecuencia del incidente con el barco *Mavi Marmara*, en el que activistas de una ONG turca pretendieron romper por la fuerza el bloqueo israelí. En el enfrentamiento con la fuerza naval israelí murieron varios activistas turcos, lo que fue considerado por Erdogan como terrorismo de Estado.

Bolivia y Venezuela también habían roto relaciones diplomáticas con Israel. El presidente venezolano Hugo Chávez había acusado a Israel de ser el brazo asesino del imperio norteamericano y de haber asesinado mediante envenenamiento a su «hermano» Yasser Arafat, para producir un cisma en el pueblo palestino que le diera la excusa para arrasar la Franja de Gaza.

Después del incidente de la flota turca de solidaridad, Chávez lo calificó de «masacre que el Estado genocida de Israel cometió contra un grupo de pacifistas que llevaban una carga humanitaria». Y prosiguió: «Condeno desde el fondo de mi alma y de mis vísceras al Estado de Israel. ¡Maldito seas, Estado de Israel, maldito seas! Israel financia a la oposición venezolana, financia la contrarrevolución. Incluso hay grupos de terroristas israelíes del *Mosad* que andan detrás de mí, tratando de matarme (...) ellos no son invisibles (...) y son torpes también. Están acostumbrados a pelear contra indefensos como esta expedición humanitaria».

Egipto, Turquía, los países árabes, Irán, Rusia, Bolivia y Venezuela condenaron enérgicamente las acciones israelíes emprendidas en el marco del Pilar Defensivo. El presidente norteamericano Barack Obama, al igual que la OTAN, le solicitó a Israel que actuara con «contención». Finalmente, la secretaria de Estado de EEUU Hillary Clinton y el canciller egipcio Mohamed Kamel Amr, lograron, tras arduas negociaciones, un cese al fuego entre las partes beligerantes.

Fue la primera vez en la historia que la guerra fue transmitida en directo por internet, a través de las diferentes plataformas digitales y redes sociales. *Tzahal* y Hamás utilizaron estos medios para comunicar lo que deseaban, éxitos militares y desgracias humanas. Hamás utilizó imágenes de la vecina Siria, devastada por la guerra civil, para engañar: así ilustró la catástrofe humanitaria que sucedía en Gaza.

Las páginas gubernamentales israelíes recibieron cuarenta y cuatro millones de ataques cibernéticos, que debieron repeler estableciendo una repartición especial para ese nuevo frente.

La esperanza

Aún faltaba más de un año para el gran acontecimiento nacional, que sería también familiar. Se llevarían a cabo en Israel los Juegos Macabeos, organizados por la Unión Mundial Macabi.

Las Macabeadas son los juegos olímpicos judíos. Una competencia internacional que reúne a todos los deportistas judíos del mundo, que se dan cita en Israel cada cuatro años. Surgieron a principios del siglo pasado. Iosef Iekutieli, inspirado en la Olimpíada de Estocolmo, promovió la idea de organizar una competencia para todos los deportistas judíos del mundo y llevarla a cabo en Palestina, bajo mandato británico, como mensaje de reafirmación de la centralidad de ese territorio para el judaísmo mundial.

Ya Max Nordau, cofundador de la Organización Sionista Mundial, había expresado la importancia del deporte al acuñar la expresión «judaísmo muscular». Durante siglos, los judíos no habían gozado de la libertad necesaria para practicar deportes. Por eso el deporte y el desarrollo físico no formaban parte del estilo de vida ni de la tradición judía. Como parte de la necesaria emancipación, los judíos debían ejercitarse y fortalecer no solamente el espíritu sino también el cuerpo, y así generar confianza y autoestima.

Justamente con esos objetivos, a fines del siglo XIX se creó la Unión Mundial Macabi. Tomó su nombre de los Macabeos, que en el siglo II a. e. c. se rebelaron contra el Imperio griego. Su victoria restituyó la soberanía judía, y se recuerda en la festividad de *Janucá*. Cuando recuperaron el Templo, encontraron aceite para encender el candelabro por un día. Pero sucedió un milagro, y el aceite mantuvo las luminarias encendidas durante ocho. De ahí la tradición de encender velas durante los ocho días que dura la celebración.

Las dos primeras Macabeadas se realizaron durante el mandato británico, más de una década antes de la creación del Estado. Más que eventos deportivos, formaron parte activa del proyecto sionista. Cientos de atletas de todo el orbe, culminados los juegos, decidieron permanecer en la Tierra de Israel.

Los primeros Juegos Macabeos tuvieron lugar en 1932 en Tel Aviv, que en ese entonces solo contaba con cincuenta mil habitantes, y terminó de construir su primer estadio deportivo justo a tiempo para la ocasión. Debido a la enfurecida violencia árabe, la policía británica se opuso a la realización de una importante ceremonia de apertura. Haciendo caso omiso a esa recomendación se organizó un multitudinario desfile inaugural. Las delegaciones transitaron por las calles de la ciudad; muchas aún no estaban pavimentadas. Asistieron legendarias personalidades sionistas, como Jaim Bialik, Henrietta Szold y Najum Sokolov. Las organizaciones rebeldes aprovecharon la ocasión para repartir panfletos reclamando el fin del mandato.

Para evitar una mayor inmigración ilegal, los británicos prohibieron la tercera Macabeada. Tuvo que transcurrir la Segunda Guerra Mundial, el Holocausto, la lucha subterránea contra el mandato y la Guerra de Independencia, para que en 1950 pudiera retomarse su organización.

Los Juegos Macabeos se consolidaron como una forma de reforzar el vínculo entre Israel y las comunidades judías de la diáspora. A través del deporte, promovían la conexión de los judíos con su identidad, sus valores y su tierra. El espíritu de la continuidad los sobrevuela con regocijo. Son uno de los tres eventos deportivos más importantes del mundo, reconocidos por el Comité Olímpico Internacional como juegos regionales.

Atletas de fama mundial participaron en estos juegos. El gimnasta medallista olímpico Mitch Gaylord, el legendario nadador Mark Spitz (primer atleta en lograr siete medallas de oro en una misma olimpíada), el golfista Corey Pavin, el tenista campeón de Wimbledon Richard Savitt, el nadador Garrett Weber-Gale, que obtuvo dos medallas de oro. En baloncesto brillaron Ernest Grunfeld y Daniel Schayes, ambos jugadores de la NBA. Y Tal Brody, el norteamericano que decidió vivir en Israel, encendió la antorcha inaugural de las Macabeadas de 1969 y, ocho años más tarde, condujo a Macabi Tel Aviv a ganar su primera Copa de Europa.

Finalizada la Operación Pilar Defensivo, se retomaron los planes de llevar adelante la edición decimonovena de los Juegos Macabeos. Varios de mis alumnos estaban muy involucrados en la organización, y me hicieron conocer ciertos aspectos más que interesantes. Había una comisión especial que tenía como objetivo hacer participar a pequeñas y aisladas comunidades que nunca antes habían sido parte del evento. Personas particulares financiaron la promoción de las Macabeadas en recónditos lugares para poder atraer a atletas judíos. Por supuesto que la competencia en sí misma no era lo más importante; la práctica de un deporte era un pretexto para tener la oportunidad de conocer el país y a otros judíos de todos los confines de la tierra.

Proyectos como ese posibilitaron que esos Juegos Macabeos hayan sido los más grandes de la historia. Se logró la cifra récord de participación, con más de nueve mil atletas, de catorce a noventa años, provenientes de setenta y ocho países, que compitieron en cuarenta y dos disciplinas.

Participé como voluntaria en la organización, no solamente porque me encantaba la actividad, sino porque me permitió trasmitirle a mi hermana la posibilidad de que podía participar e incentivarla a hacerlo. El esfuerzo era serio y organizado para convocar a integrantes de comunidades alejadas como las de India, Mongolia, Guinea-Bissau, Luxemburgo, Bosnia-Herzegovina, Nicaragua, Ecuador, Bahamas o El Salvador. En ese marco, dirigentes macabeos visitaron Cuba y solicitaron permiso al gobierno para llevar a cabo su programa. Desembarcaron con las valijas repletas de medicamentos que escaseaban y la invitación para los deportistas. El gobierno les comunicó que, a diferencia de lo sucedido en ediciones anteriores, estaba dispuesto a flexibilizar las restricciones y permitir que representantes de la comunidad judía pudieran participar.

Una disciplina era la de *rikudim*, las danzas israelíes. Yudelín era la profesora en la comunidad. Pero como vivía en Santiago yo temía que invitaran a un grupo estable de la comunidad de La Habana. Por eso le insistí en que contactara con la Comunidad Hebrea de La Habana, para que la mantuvieran informada. Ellos tenían varios grupos de danza que participaban en certámenes nacionales, y si bien tomaron como base a su grupo Emuná, realizaron una invitación a todas las comunidades para quien quisiera integrarse a la aventura de viajar a Israel. Yudelín estaba inscripta entre los aspirantes desde antes de que los dirigentes de la comunidad tomaran conocimiento de esa maravillosa oportunidad.

Fue un gran esfuerzo por parte del movimiento macabeo. Filántropos estadounidenses donaron el dinero necesario para que todos pudieran participar. De hecho, la delegación de Cuba fue muy numerosa. Estuvo conformada por cincuenta y seis personas que compitieron en diversas disciplinas como kárate, fútbol sala, tiro con arco, tenis de mesa y *rikudim*. Sus uniformes, con los colores nacionales, fueron donados por Steve Tisch, un productor cinematográfico de Hollywood propietario del equipo de fútbol americano New York Giants, la única persona en el mundo que ganó un premio Óscar y un anillo de Super Bowl.

La inauguración se realizó a toda pompa en el estadio Teddy Kollek de Jerusalén. A través de las pantallas gigantes se emitieron los mensajes de salutación del presidente estadounidense Barack Obama y del primer ministro británico David Cameron. Hicieron uso de la palabra los anfitriones, el presidente Shimón Peres y el primer ministro Biniamín Netanyahu, quien expresó: «Bienvenidos a Jerusalén, la capital eterna de Israel. Año tras año, los judíos en todo el mundo dicen: 'el próximo año en Jerusalén'. Este año decimos: 'este año en Jerusalén' (...). Todos somos una sola familia y un solo pueblo, todos somos el pueblo de Israel (...). Después de ganar medallas y lograr éxitos, paseen por Israel. Este es vuestro país (...) espero que vosotros y vuestras familias decidan después de esta visita venir a vivir aquí».

La jornada había comenzado con el encendido de la tradicional antorcha en las tumbas de los macabeos, que después de su revuelta contra los griegos reinaron Judea por un siglo.

La antorcha fue escoltada hasta el estadio por una caravana de motos Harley Davidson que exhibían las banderas de los países participantes.

Los deportistas accedieron a la pista de atletismo, que bordea el campo de juego, para desfilar encabezados por la bandera de cada uno de sus países. Fue indescriptible mi alegría y emoción al contemplar la bandera cubana, flameando en Jerusalén. Nunca antes, en todos esos años, la había visto ondear. Tras ella, Yudelín, junto a doce chicas del grupo de danzas, encabezaban la delegación cubana, vestidas con los colores azul, blanco y rojo. Quien llevaba la bandera era Abel Hernández Eskenazi, de quince años. Abel obtuvo medalla de bronce en kárate, la primera para Cuba, y la posibilidad de ser recibido por el mismísimo presidente de Israel. Su entrenadora era su madre, que fue la primera participante cubana de la historia de los Juegos Macabeos. Helen Eskenazi llegó a las Macabeadas de 1997 como única representante de su país para competir en kárate. Debía desfilar con su bandera, pero una desdichada tragedia se lo impidió.

Un puente provisional, que se había montado para que las delegaciones entraran al estadio de Ramat Gan en la ceremonia inaugural, colapsó. Cuatro competidores australianos murieron y muchos otros resultaron heridos. Helen permaneció con la bandera en las manos y la mirada perdida. De allí en adelante se propuso como meta lograr que más compatriotas participaran de ese evento. Dieciséis años después, el destino la premió al otorgarle la posibilidad de ver a su hijo portar esa bandera, y luego ganar una medalla.

En gran parte por mérito suyo, la delegación cubana fue muy nutrida, máxime teniendo en cuenta la relación con el tamaño de la comunidad. Su desempeño fue espectacular. Los atletas cubanos lograron cinco medallas, dos de bronce en kárate infantil y tres más; una de oro, en tiro con arco. Roxana y Rafael González, dos hermanos de la minúscula comunidad de Cienfuegos, compuesta por un par de decenas de personas, compitieron en esa disciplina.

Habían practicado el deporte mientras cursaban secundaria, pero después no habían tenido la posibilidad de continuar entrenando. La Federación Israelí de Arco y Flecha los invitó dos semanas antes de que comenzara la competición.

Los proveyó de las armas para practicar y de un entrenador. Deportistas israelíes los agasajaron en sus casas. Como respuesta a tanta hospitalidad, los hermanos González les ganaron a sus anfitriones y a competidores de cinco países más.

Al finalizar el desfile inaugural, todas las delegaciones entonaron juntas el *Hatikva*, el himno israelí. No creo que haya un himno en el mundo que produzca tantas lágrimas de emoción. Por su historia y significado, más que un símbolo del Estado es un símbolo de la nación judía. Cada judío, en cualquier rincón del planeta en que se encuentre, siente como propia la melodía y el mensaje. Y más que eso: sus estrofas lo conectan con las aspiraciones acumuladas de tantas y tantas generaciones anteriores.

El himno es una composición musical emblemática que expone los valores máximos compartidos de la nación. En el caso judío, obviamente, debía alabar la esperanza y exaltar la libertad. *Hatikva* significa «la esperanza». Es un canto a la esperanza eterna del pueblo judío que, aun en el exilio, siempre añoró la libertad en su tierra.

> Mientras en lo profundo del corazón
> palpite un alma judía
> y dirigiéndose hacia el Oriente
> un ojo aviste a Sión,
> no se habrá perdido nuestra esperanza;
> la esperanza de dos mil años,
> de ser un pueblo libre en nuestra tierra:
> la tierra de Sión y Jerusalén.

Junto a Ianiv, parados en la tribuna del estadio, ambos llorábamos de emoción. Allá abajo, lejos, en el césped de la cancha, a Yudelín también le brotaban las lágrimas. Al finalizar las estrofas del himno observé alrededor, y me percaté de que la mayoría también tenían los ojos mojados.

Al terminar la ceremonia fuimos con Yudelín a cenar y a pasear. El reencuentro con mi hermana me llenó de felicidad y emoción. Fueron días inolvidables. Yo disponía de tiempo libre, pues no debía dar clases por estar en época de vacaciones. Estuvimos diez días compartiendo, recordando, disfrutando. Y claro que también fui a verla bailar.

Los organizadores hicieron coincidir las Macabeadas con el festival internacional de danzas folklóricas y étnicas, que se llevaba a cabo anualmente en la norteña ciudad de Carmiel. Ese evento se realiza siempre en verano y tiene una duración de tres días y tres noches, en los que miles de bailarines de todo el mundo se dan cita. Más de trescientos mil espectadores asisten a decenas de espectáculos, que se desarrollan simultáneamente en diversos escenarios, el estadio, el parque, el centro de artes escénicas, y el más importante de todos, el gran anfiteatro. Toda la ciudad participa activamente en el evento. La danza es una manifestación cultural muy arraigada, desde la educación inicial. La gente se integra no solamente como espectadores, sino participando de las multitudinarias rondas callejeras de baile colectivo.

En medio de esa fiesta popular, mi hermana era protagonista; era la primera vez que se presentaba un grupo cubano. Para sorpresa del público, demostraron gran conocimiento y solvencia en danzas israelíes. Y para deleite de todos los presentes, también bailaron danzas típicas cubanas, haciendo gala de un ritmo caribeño que enloqueció al público.

Después de trece años había vuelto a convivir con mi hermana.

—¡Hermana querida, que alegría de verte! Físicamente no estás igual, ¡estás mucho más bella! ¡La maternidad te ha sentado de maravilla! ¡Enséñame fotos de tus hijos!

—Claro. He traído de todos. Aquí tienes. Estos son mis niños, Garislai y Roberquis, y este prieto de amplia sonrisa es Orestes, mi esposo, que te aseguro, no es ningún comuñanga.

—¡Qué guapos todos!

—Y aquí están con los viejos... y aquí con las abuelas Ruth y Tania.

—¡Qué alegría verlos! ¿Cómo están papá y mamá? ¿Cómo camina el bisne de puro?

—Papá está contento. El taxi es oficial, de la estatal Cubataxi y siempre utiliza el taxímetro. Tiene licencia para transportar tanto cubanos como turistas. Mantiene el coche limpio y aparca en el aeropuerto internacional. Los gringos le dejan buenas propinas. A veces lo contratan para hacer excursiones. Mami está muy bien, un poco cansada del agotador trabajo de maestra, pero ella lo lleva en el alma. Aún no se jubila, aunque le quedan pocos años.

—¿Cómo está la casa?
—Tú sabes, todos vivimos en la misma casa de siempre. La hemos querido mantener, pero lamentablemente está venida a menos. Nunca hemos tenido la pasta ni la autorización para conservarla adecuadamente.
—¿Y la situación económica como está realmente?
—Chica, muy difícil. Cuando escasea la gasolina, papá no puede salir a trabajar. Y los salarios no alcanzan. Con la cartilla de racionamiento recibimos frijoles, arroz y azúcar, pero los alimentos frescos son muy caros y difíciles de conseguir. Olvídate de encontrar tomates, pepinos, cebollas, ajos, pimientos verdes, lechugas, cilantro y ni que hablar de aguacates o piñas. Los paladares son los que se llevan primero la mejor mercadería. Ellos la pueden pagar porque trabajan con los turistas.
—Sí, estoy al tanto de las dificultades cotidianas... Y dime, ¿cómo está Yamila? ¿Se casó?
—Pues sí, se casó, tiene tres niños y está muy feliz. Tanto ella como su esposo son autónomos. Él es electricista y ella esteticista, hace manicura y pedicura en un pequeño salón de belleza. Y en su tiempo libre es dirigente de la comunidad de Santiago. Tú sabes, de poco a poco el régimen se va abriendo a la libertad religiosa. Eso repercute en la vida comunitaria que experimenta un renacimiento. Cada vez más la gente joven se acerca, se interesa y quiere ser parte activa. Por otra parte, están disminuyendo las trabas para viajar a Israel.
—¡Qué extraordinario! No te lo pensaba decir, pero justamente estábamos considerando con Ianiv viajar a Santiago para visitar a la familia y reencontrarme con mis orígenes. Él se muere por conocer Cuba.

Las conversaciones se extendieron hasta altas horas de la madrugada. Tuvimos tiempo para conversar sobre las cosas relevantes y también las nimias. Fue una vivencia reconfortante, que llenó mi corazón de nuevas energías y mi alma de esperanza.

—Quiero que le digas a mamá y a papá que los quiero mucho y los extraño. Que estoy muy feliz aquí y que les prometo que nos veremos muy pronto.

Tuvimos la oportunidad de asistir juntas a la función que brindaba el grupo *teimaní* del *moshav* Amka, donde bailaba

Ayelet. Las tres pudimos disfrutar de estupendos espectáculos y mágicas charlas. Como culminación de esos tres días maravillosos, la veraniega y estrellada noche se iluminó con magníficos fuegos artificiales.

Mientras tanto, el maléfico espíritu del antisemitismo no observaba las competencias desde las gradas ni había permanecido inmóvil. Por el contrario, había estado muy activo. Si bien, por un lado, su longevidad le permitía que muchos convivieran con él y lo aceptaran en sus corazones sin ni siquiera percatarse de su influencia y poder, por otro lado, los judíos se habían fortalecido mucho y ya no temían enfrentarlo. Desde que existía Israel, quienes se proponían matar judíos debían tomarse mucho trabajo; dedicar esfuerzos, recursos e ingenio. Y, además, corrían serio peligro de vida. El espectro antisemita sabía que para permanecer vigente debía agudizar el ingenio y estar en permanente evolución. ¡Y vaya que lograba altos niveles de sofisticación!

Debido a las mencionadas dificultades y riesgos de infligir daños físicos a los judíos, los palestinos lanzaron una original campaña, una «Intifada diplomática» con los mismos fines que las intifadas anteriores. Intentaban aplicar un boicot económico, cultural y académico a Israel, denominado BDS, cuyas siglas significan: Boicot, Desinversiones y Sanciones. El objetivo era aislar internacionalmente a Israel y dañar su economía. La estrategia estaba inspirada en las exitosas sanciones internacionales a que fue sometido el régimen del *apartheid* en Sudáfrica. Al establecer ese paralelismo con la lucha no violenta contra el régimen racista, buscaban deslegitimar, denigrar y criminalizar al Estado judío.

Camuflados bajo el disfraz de la defensa de los derechos humanos, esparcían su veneno antisemita acusando a Israel de cargos falsos. Y, por supuesto, captaban sus adeptos entre los más vulnerables a la demagogia antisemita. Está de más aclarar que Hamás apoyaba totalmente al movimiento. Al establecer sus demandas, que partían de premisas falsas, ya denunciaban la verdadera naturaleza de sus intenciones.

Declaraban que perseguían los siguientes objetivos:

1. Que Israel terminara con su sistema de *apartheid*, otorgara a los ciudadanos árabes de Israel plena igualdad, y que cumpliera con las leyes internacionales.

2. Que Israel se retirara incondicionalmente a las fronteras de 1967, desmantelara todos los asentamientos y derribara la valla de separación en Cisjordania.
3. Que Israel recibiera, en su territorio, a todos los refugiados palestinos dispersos por el mundo de acuerdo al criterio de la UNRWA.

El mero planteamiento ya significaba propagar calumnias y difamaciones. Obviamente no existía nada parecido a un régimen racista. Los árabes israelíes gozaban de más derechos que en ninguna otra parte de Medio Oriente. Lo que verdaderamente había ido en contra de la ley internacional era declarar una guerra de aniquilación contra Israel desde su misma fundación. Esa era la violación primigenia. Antes de eso, no había ni refugiados ni asentamientos.

Las fronteras deberían determinarse en negociaciones bilaterales que implicaran compromisos de seguridad. Tirar abajo la valla que detenía al terrorismo sin modificar la causa que lo originaba no parecía muy razonable. Era una solicitud de suicidio que no tendría una respuesta positiva.

La última aspiración de que millones de refugiados y sus descendientes se establecieran, no en el supuestamente deseado Estado de Palestina sino en territorio israelí, revelaba claramente de qué se trataba el asunto. Todo el espectro político israelí, el expresidente de Egipto Hosni Mubarak, e incluso Omar Barghouti, uno de los líderes fundadores del BDS, admitía que: «Un retorno de los refugiados terminaría con la existencia de Israel como Estado judío».

Bajo una sarta de injurias y mentiras, como la acusación de genocidio, se promovía la desaparición de Israel como Estado judío y democrático. Pero el demonio antisemita era tan cínico y artero que quienes propugnaban esta propuesta verdaderamente racista lo hacían en nombre de la lucha contra la discriminación. Era, a todas luces, evidente que no había ni la más mínima intención de ayudar al pueblo palestino.

Las acciones del BDS intentaban afectar negativamente a Israel. Y si bien su efecto era mínimo, habían logrado perjudicar a los palestinos. La débil economía palestina era dependiente de la israelí. Israel era el socio comercial de las dos terceras partes de sus importaciones y más de las cuatro quintas partes de sus exportaciones. Cuanto mayor fuera la colaboración y complementación económica, mayor sería la convivencia, el acuerdo mutuo y, por, las probabilidades de paz. En las empresas israelíes en que trabajaban palestinos, estos recibían salarios y derechos laborales similares a los países del primer mundo. Cuando la empresa Soda Stream decidió mudarse de Maalé Adumim debido al boicot, todos los palestinos que allí trabajaban quedaron desempleados. Lloraron la pérdida de sus puestos de trabajo abrazados a sus compañeros israelíes. La actriz estadounidense Scarlett Johansson, que era la imagen de la marca israelí, continuó siéndolo a pesar de las presiones. Más allá de la atención que le debían prestar los gobernantes y los agentes económicos, el BDS ponía de manifiesto que, como en todas las épocas, había mucha gente que no se sentía avergonzada por gritar consignas y levantar pancartas netamente antijudías.

La discriminación que implicaba el boicot era cada vez peor vista en los países desarrollados como Estados Unidos, Canadá, Francia, Reino Unido y España. Paralelamente los países árabes sunitas estaban cada vez más interesados en establecer relaciones comerciales con Israel.

Israel había desarrollado una economía moderna y pujante, y alcanzado el más alto nivel en las ciencias, las artes, la medicina, la tecnología y la agricultura. Fomentando la innovación, la creatividad y el emprendimiento era líder en invenciones y nuevas tecnologías. Era el país que más invertía en investigación y desarrollo, y que tenía el mayor número de actividad y publicaciones científicas, patentes registradas y compañías *start up* per cápita en el mundo. Sus universidades estaban entre las mejores, y sus científicos habían recibido varios premios Nobel en sus respectivas disciplinas . Era un polo tecnológico global a la vanguardia de las industrias de alta tecnología como la electrónica, computación, farmacología, biomedicina, cirugía robótica, nanotecnología y electroóptica.

Bill Gates, una de las personas más ricas de toda la historia, el famoso programador informático, creador del sistema operativo de *software* y cofundador de Microsoft, opinó: «Israel es, por muchas medidas, el que en relación a su población ha hecho más para contribuir a la revolución tecnológica».

Para ser verdaderamente coherentes, los boicoteadores deberían haberse asegurado no valerse de productos producidos o desarrollados en esa entidad tan perversa. Al ser uno de los mayores exportadores de tecnología avanzada del mundo, Israel tenía una influencia decisiva en casi todos los dispositivos que se empleaban a diario en la vida moderna.

Deberían haberse abstenido de utilizar sus ordenadores, *laptops*, tabletas, memorias USB o móviles, ya que sus procesadores, aplicaciones, piezas claves y *software* antivirus habían sido desarrollados en Israel.

En caso de enfermedad deberían haberse cerciorado minuciosamente de que la medicación y tratamiento no tuviera origen israelí. Deberían observar con rigurosa atención la procedencia de las drogas genéricas que requerían para un tratamiento, o la tecnología de células madre para la regeneración de tejidos, o la cápsula endoscópica, la computadora biológica más pequeña del mundo. Deberían renunciar a utilizar el aparato que permitía caminar a quienes estaban imposibilitados de hacerlo y evitar la utilización de drones. No podrían ni siquiera pensar en incursionar en campos como los coches eléctricos, paneles solares o riego por goteo, cuyo perfeccionamiento en Israel había sido fundamental.

El BDS no prosperará, no porque falten antisemitas, sino porque la aspiración de frenar a la nación judía es una quimera. Quienes miran hacia el futuro y velan por el bienestar de sus pueblos, saben que deben contar con Israel como aliado. Para desaliento de la energía antisemita, en esta época el genio judío cotiza al alza. Y el mundo musulmán no es precisamente una fuente de ciencia ni de innovación.

Una pírrica victoria obtuvo el BDS cuando el mundialmente famoso físico Stephen Hawking declinó una invitación del presidente israelí Shimon Peres. El político en actividad más longevo del mundo organizaba la celebración de su nonagésimo cumpleaños y la quinta edición de la conferencia académica *Afrontando el mañana*, en el Centro Internacional de Convenciones de Jerusalén.

Hawking había estado cuatro veces en Israel, y al seguir el «consejo unánime de sus colegas palestinos» se perdió la oportunidad de manifestar públicamente sus ideas, ya que en Israel, a diferencia de lo que sucedía en los regímenes que admiraban los promotores del boicot, había absoluta libertad de expresión. A pesar de su ausencia, el evento fue maravilloso. La fiesta contó con más de tres mil invitados, entre ellos, representantes de la política, la cultura y la empresa de todo el planeta, como Bill Clinton, Tony Blair, Mijail Gorbachov, el príncipe Alberto de Mónaco, Barbra Streisand, Robert de Niro y Sharon Stone.

Observé el discurso inaugural del presidente por televisión con otros ojos. Necesitaba contagiarme de ese desmedido optimismo que le era característico. Me había enterado de que estaba embarazada. Necesitaba creer en sus palabras: «El ayer entre nosotros y los palestinos está lleno de tristeza. Yo creo que el Israel del mañana y la Palestina del mañana pueden dar a nuestros hijos luz y esperanza (...). Recemos juntos para un mañana de paz para todos los pueblos, para todos los jóvenes, para el futuro de nuestros hijos».

Había sido bendecida con un regalo de Dios. La maternidad marcaba el inicio de una nueva etapa en mi vida. Me hacía reflexionar más aún sobre el absurdo mundo que encontraría nuestro hijo al llegar. Un mundo de guerras, violencia e intolerancia sin sentido. De crueldades y matanzas en nombre de Dios o de cualquier otra doctrina. Cuando debería ser evidente que si el ideal supremo requiere de tanta destrucción para imponerse, eso solo de por sí ya demostraba su invalidez.

Danzaba en mis sueños y crecía en mi vientre un tesoro, una ilusión. Toda madre judía desea que su hijo pueda ser feliz, desarrollarse y crecer en mejores condiciones de lo que lo hicieron sus padres. Que las ramas se eleven altas, mirando al cielo, pero sin olvidarse de sus raíces. Porque no lo puedo negar, el espíritu de la continuidad me cautiva completamente.

Una definición moderna sobre ser judío dice que lo es quien tiene nietos judíos. El judaísmo es una trasmisión de valores. Se basa en traspasar la antorcha de luz a la siguiente generación. Dice en Isaías 42:6: «Yo, Dios, te he llamado en justicia y daré fuerza a tu mano; te protegeré y te pondré como pacto para el pueblo y como luz para las naciones». El pacto de Dios con el pueblo judío radica en que su comportamiento sea «una luz para las naciones». El propio papa Juan Pablo II expresó que ese «pacto es irrevocable».

La luz es la moral. La identidad no es solo la fe. Es un compromiso con la tradición y la moral, que es la esencia del judaísmo. La misión del pueblo judío ha sido trasmitir la supremacía de lo moral, de lo espiritual. Los judíos han impregnado al mundo de sus valores esenciales, y no por medio de la violencia. Nunca intentaron convertir forzadamente a otros a su fe, como sí lo hicieron las otras religiones mayoritarias y dominantes.

Su mensaje fue difundido, aceptado y adoptado como propio por los demás, pero, como por arte de magia, evitando identificar su verdadera fuente. El judaísmo sentó las bases de lo que hoy llamamos derechos humanos y reconocemos como derechos naturales e inherentes. En el transcurso de la historia no estuvieron para nada sobreentendidos. Fueron los judíos quienes proclamaron que los seres humanos fueron creados todos a imagen y semejanza del único Dios. Por tanto, eran intrínsecamente iguales y debían ser tratados como tales.

Dice el primer párrafo de la Declaración Universal de los Derechos Humanos de las Naciones Unidas: «Todos los seres humanos nacen libres e iguales en dignidad y derechos y, dotados como están de razón y conciencia, deben comportarse fraternalmente los unos con los otros».

También el relacionamiento con los semejantes está enraizado en el Viejo Testamento, y puede ilustrarse en estas máximas: «No hagas a los demás lo que no quieras que te hagan a ti» (Tobías 4: 15), y «Amarás a tu prójimo como a ti mismo» (Levítico 19: 18).

Como sostiene Paul Johnson en su epílogo de *La historia de los judíos*: «Ciertamente, sin los judíos, el mundo habría sido un lugar radicalmente distinto. La humanidad tarde o temprano podría haber llegado a descubrir todas las ideas judías, pero no podemos tener la certeza de que hubiera sido así. Todos los grandes descubrimientos conceptuales del intelecto parecen obvios e inevitables una vez revelados, pero se necesita un genio especial para formularlos la primera vez. Los judíos tienen este don. Les debemos la idea de la igualdad ante la ley, tanto divina como humana; de la santidad de la vida y la dignidad de la persona humana; de la conciencia individual y, por lo tanto, de la redención personal; de la conciencia colectiva y, por lo tanto, de la responsabilidad social; de la paz como ideal abstracto y del amor como fundamento de la justicia, así como muchos otros aspectos que constituyen la dotación moral básica de la mente humana. Sin los judíos, el mundo habría podido ser un lugar mucho más vacío».

Aunque la espesa niebla del antisemitismo nuble muchas mentes y corazones, y les impida ver con claridad, Israel se edificó en base a esos mismos principios. Fue creado para ser una luz para las naciones y es, de hecho, un oasis de democracia y respeto a los derechos humanos en medio de un océano de tiranías. Y lo hizo sobreponiéndose a enormes adversidades. Un clima seco, sin recursos hídricos, ni naturales, ni petróleo, rodeado de vecinos hostiles, amenazado por armas de destrucción masiva, ejércitos, terrorismo, boicot económico y deslegitimación política.

Debido a su inigualable resiliencia, capacidad, inteligencia, sentido de la continuidad y amor a la libertad, los israelíes sortearon con éxito todas esas dificultades. Y esas características nos llevarán a un destino venturoso. Lamentablemente nuestro máximo ideal, que es lograr la paz, no está todo lo próximo que deseamos. No es cierto, como algunos ilusos creen, que estemos a solo un par de concesiones de un avance. En lo inmediato las condiciones no están dadas.

Los palestinos están vastamente divididos y no tienen arraigados valores democráticos. Se deben producir cambios profundos en su sociedad que los hagan desistir de su ilusoria meta de hacer desaparecer a Israel. Cuando se convenzan de la conveniencia de convivir pacíficamente junto a Israel y no en su lugar, cuando renuncien a destruir, podrán enfocar sus energías creativas en construir. Entonces, encontrarán a la dirigencia y al pueblo israelí dispuestos a realizar todo tipo de compromisos, como lo han estado siempre, en aras de la paz. Para el judaísmo la vida es más importante que la tierra. Cuando el sionismo se vio enfrentado ante la disyuntiva, siempre optó por la demografía y no por la geografía.

Mientras tanto, la realidad impone que para bajar el nivel de violencia Israel debe recurrir a la disuasión.

Como futura madre judía deseaba que mis hijos, sentados alrededor de una mesa de *Pésaj*, sintieran la curiosidad de preguntar por qué esa noche era diferente a las demás. Y soñaba con que lo hicieran en un mundo en el que se pudiera hacer realidad la profecía bíblica descrita en Isaías 2:4: «El Señor mediará entre las naciones y resolverá los conflictos internacionales. Ellos convertirán sus espadas en arados y sus lanzas en hoces. No peleará más nación contra nación y ya nadie se preparará para la guerra».